PHILOSOPHIE DE LA GUERRE
ET
DE LA PAIX

DU MÊME AUTEUR

ROMANS

Touillard électricien.
L'Orchidée.
La Jeunesse de Paul Méliande.
Paul le Nomade.
L'Amour Menteur.

CRITIQUE. — HISTOIRE DES IDÉES

Les Grands Convertis (Société du Mercure de France).
Paradis Laïques (id).
Le Système du monde. — Des Chaldéens à Newton. (Félix Alcan).
La Guerre et le Progrès (Payot et Cie).
La Vague mystique (E. Flammarion).

JULES SAGERET

PHILOSOPHIE DE LA GUERRE

ET

DE LA PAIX

PARIS
LIBRAIRIE FÉLIX ALCAN
108, BOULEVARD SAINT-GERMAIN, VIᵉ
—
1919
Tous droits de traduction, reproduction et adaptation,
réservés pour tous pays.

PHILOSOPHIE
DE LA GUERRE ET DE LA PAIX

AVANT-PROPOS

Penser à la guerre est important parce que les idées qu'on agite à propos d'elle sont pour beaucoup dans les causes qui la déchaînent ou l'enrayent.

L'humanité a toujours dit en parlant du fléau sanglant : — Éloignez de moi ce calice. — Et elle n'a jamais cessé de tendre en même temps les mains pour le saisir comme si elle avait soif de son contenu.

Cette contradiction existera-t-elle toujours? comment s'explique-t-elle? comment la faire cesser?

Voilà les questions qu'examine ce livre.

Il ne les aura pas, cela va sans dire, résolues ni même posées complètement.

Je me suis attaché à parler de la guerre en général et au point de vue de la biologie, de la psychologie collective et de la politique, en laissant de côté ce qui est plus proprement militaire.

Bien que j'aie eu le souci de ne pas ajouter un volume de plus à la littérature spéciale déjà surabondante qu'a engendrée le gigantesque conflit, la Grande Guerre tiendra une place notable dans les pages qui vont suivre, car elle a été comme un point de convergence de séculaires évolutions.

J'ai écrit tandis que la tragédie du monde se déroulait, avec l'idée d'abord d'en attendre le dénouement comme une leçon essentielle, puis, ne le voyant pas approcher, en cessant de tabler sur lui comme élément de mon étude. Et la Victoire est survenue, soudaine, éblouissante! elle a projeté dans un passé, qui semble déjà si lointain! ce que je mettais au présent et même au futur.

Qu'on me pardonne de ne pas avoir changé le temps de mes verbes : mon livre en aura peut-être davantage l'empreinte de la pensée vécue.

Paris, décembre 1918.

PREMIÈRE PARTIE

LA GUERRE EST-ELLE UNE LOI NATURELLE?

CHAPITRE I

Sens de la question : la guerre est-elle une loi naturelle?

§ 1. — Ni la guerre ni la paix ne représentent une loi universelle, sinon par métaphore.

La guerre est-elle une loi de la nature? cette question a une importance évidente. Assimilable à la mort, à la gravitation universelle, à l'hérédité des caractères spécifiques, à la conservation de l'énergie, la guerre ne saurait s'éviter; la foi en sa permanence devrait régir toute organisation des sociétés humaines; l'homme politique assez absurde pour refuser cette foi ressemblerait à l'ingénieur électricien qui douterait sérieusement de la permanence des lois du courant électrique.

Avant tout, il faut s'entendre sur le sens même de la question posée.

Le regretté Félix Le Dantec a publié un livre, *La Lutte universelle* [1], où il formule cette définition : *être c'est lutter, vivre c'est vaincre*.

Luttant contre l'oxygène, écrit-il, le fer devient rouille ; alors il y a deux vaincus — l'oxygène et le fer —, puisque ni l'un ni l'autre n'a su conserver ses conditions primitives d'existence. Voilà pour les corps bruts. L'être vivant, au contraire, assimile le milieu qui l'environne, se l'annexe, impose son état personnel à l'ambiance qui d'abord différait de lui : un microbe plongé dans un bouillon nutritif grandit, se multiplie, et finit par changer une partie notable de la substance du bouillon en substance de microbe ; *conquête* de la première par la seconde, *victoire* de la seconde sur la première.

Comme il n'y aurait ainsi pour tous les êtres que défaites et victoires, la guerre serait la loi du monde.

En traduisant ainsi, on prendrait des symboles pour des faits. Le Dantec lui-même nous en prévient : l'idée de lutte (il ne dit pas de guerre) lui enseigne un langage fécond, lui fournit une série d'images susceptibles d'un enchaînement facile et qui suggèrent un enchaînement parallèle des phénomènes. Le Dantec agit là comme un savant qui introduirait un nouveau système de notation algébrique ; on l'interpréterait mal si l'on confondait, dans les mots qu'il emploie, leur sens de notation avec celui qu'ils ont dans le langage ordinaire.

Une telle confusion conduirait à dire que les ennemis d'une population assiégée et menacée de famine sont le pain et la viande.

1. Paris, 1906.

Au surplus, une symbolique empruntée au vocabulaire de paix s'appliquerait aussi bien aux phénomènes universels. *Affinités* chimiques, *attraction* universelle, cela se traduit fort bien comme une tendance des corps bruts à *s'unir*, à se *rapprocher*, expressions qui évoquent la sympathie, non l'hostilité.

Les microbes, vainqueurs de leur bouillon de culture, remportent une victoire qui peut se changer très vite en défaite : en même temps qu'ils conquièrent leur milieu, ils le modifient par les déchets de leur assimilation, et se le rendent inassimilable, sinon toxique. Dans un milieu nutritif limité, il arrivera un moment où la colonie microbienne qui en vit n'aura plus rien à manger; elle devra donc, ou bien périr, ou bien se résoudre en spores pouvant subsister longtemps d'une vie latente, léthargique. Mais la face de la terre est un réservoir alimentaire limité, même pour des microbes : les microbes y mourraient, après avoir épuisé leurs vivres, si d'autres organismes n'étaient pas là pour mettre des bornes à leur conquête du milieu ou pour régénérer leurs déchets. Donc, ou bien il n'y aura plus de microbes, ou il s'établira de par le monde un équilibre entre ce qui est microbe et ce qui n'est pas microbe.

Cette loi d'équilibre est tout à fait générale. On a souvent fait la remarque suivante : chaque femelle de morue pond des millions d'œufs, d'où il suit que si un individu adulte provenait sans faute de chaque œuf, la masse totale des morues vivantes finirait par égaler la masse totale de la terre; il ne faudrait guère que quatre ou cinq générations pour arriver à ce résultat aussi fatal aux morues elles-mêmes qu'à tous les autres êtres vivants. Moins vite que ces prolifiques poissons, mais aussi sûrement, n'importe quelle espèce d'animal ou de plante susceptible de la moindre multiplication arriverait à un accroissement pareil, pour peu que tous les représentants n'en mourussent que de vieillesse.

Il faut donc bien que la substance vivante, dans son ensemble, mette un terme à ses conquêtes sur la matière brute, qu'elle souffre de la part de celle-ci une résistance victorieuse, sans quoi, n'ayant plus rien pour s'alimenter, elle se dissoudrait et serait annexée par l'empire inorganique. Il faut aussi que les différentes formes de substances vivantes se limitent dans leurs conquêtes les unes sur les autres, les herbivores dans leur conquête sur les végétaux, les carnivores dans leur conquête sur les herbivores, sous peine de disparition du conquérant par la famine. L'équilibre ainsi nécessaire, pourquoi ne l'appellerions-nous pas un accommodement, un régime de paix, où la nature, rendant les diverses catégories d'êtres solidaires les unes des autres, leur impose par là-même le respect mutuel de leur droit à l'existence?

La paix serait ici la loi du monde; plus haut c'était la guerre. Pour arriver à ces deux conclusions contradictoires, il a suffi de changer de système de métaphores.

Donc pas de métaphores! Nous aurons à prendre la guerre dans son sens positif. Ni les corps bruts, ni les végétaux ne se font la guerre. Si la guerre est une loi naturelle, cette loi ne régit que les animaux, hommes compris.

§ 2. — LA GUERRE EST-ELLE UNE LOI NATURELLE?
CETTE QUESTION REVIENT A LA SUIVANTE :
LA GUERRE SE RANGE-T-ELLE PARMI LES FAITS SCIENTIFIQUES OU PARMI LES FAITS ACCIDENTELS OU HISTORIQUES?

Au sens strict, la guerre n'est qu'un fait; quand et comment aurait-on le droit logique de dire que c'est une loi?

Des analogies permettent de préciser.

La mort, elle aussi, n'est qu'un fait. On la traite cependant de loi sans provoquer de contestation ni de malentendu ; cela vient de son caractère de constance dans ses effets et de généralité. On dira de même que la chute des corps est une loi, parce que *tous* les corps tombent lorsqu'ils sont privés de support et que leur chute s'accompagne *toujours* de certains effets mécaniques.

Pour parler avec plus de rigueur, il faut considérer la chute des corps et la mort comme des faits susceptibles d'entrer respectivement dans un groupe de ces relations invariables qui constituent l'objet de la science, des faits dont les traits principaux se répètent indéfiniment pareils et sont susceptibles de prévision certaine ; ce sont des *faits scientifiques*.

En contraste avec eux il y a les *faits accidentels* dont la production est trop complexe pour que notre prévision puisse s'y appliquer d'une manière pratique.

Voici un exemple :

La pression que la vapeur d'eau exerce en vase clos sous l'effet de la chaleur est un *fait scientifique*. On analyse d'avance la production de ce fait avec tant d'exactitude que l'on combine des multitudes d'engins dont le fonctionnement est basé sur elle ; on prophétise, en les construisant, leur capacité de travail mécanique, leur dépense en combustible... ; l'immense industrie de la force motrice à vapeur mesure par son succès le degré de confiance que méritent ces prévisions.

Considérez, en particulier, le chemin de fer : il y a des règles de construction des voies et des machines, d'épreuves des matériaux pour les rails, les locomotives, les wagons..., toutes utilisant des *faits scientifiques* et telles que, si on les observe, on sera certain, entre autre chose, de la bonne marche des trains et d'une consommation donnée de charbon pour une exploitation donnée.

On n'en aura pas moins des tamponnements, des déraillements, *faits accidentels*. La plupart d'entre eux ayant leur origine dans une faute commise par un homme, on voit à quel point ils échappent à la prévision. Un mécanicien qui a de longs services a toujours observé les signaux; un beau jour il les « brûle »; il a eu une « absence », trouble d'origine physiologique ou morale; elle a coïncidé précisément avec les quelques secondes pendant lesquelles la rencontre de deux trains à un croisement de voies était possible; une catastrophe a lieu. Quel calcul en eût annoncé d'avance la date et l'instant ?

Quand le fait accidentel nous paraît particulièrement remarquable, nous le qualifions de *fait historique*, tel le déraillement accompagné d'incendie où périt Dumont d'Urville, le 8 mai 1842.

Pour le philosophe, c'est cette épithète d'historique qui devrait caractériser tous les faits, quels qu'ils soient. L'Univers, en effet, c'est de l'énergie qui a une histoire; l'histoire ne se recommence pas; elle est irréversible; il n'y a pas deux faits rigoureusement pareils.

Si nous pouvons cependant faire de la science, prévoir, adapter à l'univers notre conduite et notre pensée, et même tout simplement vivre, c'est qu'il y a des faits à peu près constants, qui se répètent dans leurs caractéristiques essentielles, des faits scientifiques.

Délimiter avec une netteté suffisante la catégorie de ces derniers, ce serait l'objet d'une très longue et délicate discussion. On s'en dispensera sans inconvénient en faisant appel à la théologie classique qui ordonne les faits en deux catégories dont la différence a été en général suffisamment comprise du public : la catégorie que régit la Providence divine et celle où la Providence n'intervient pas. Dieu, ayant établi un ordre stable du monde, s'abstient de le troubler lui-même, sauf en cas de miracle — mais nous laissons le miracle de côté comme étranger au sujet —; Dieu interdit donc le caprice aux forces naturelles et garantit aux savants qu'un phénomène bien observé se reproduira sans faute à leur volonté quand ils sauront en reproduire les antécédents; autrement dit, il garantit la constance de certains faits.

Il garantit que les matériaux poreux exposés à la pluie absorberont toujours l'humidité, que, sous l'action de la gelée qui dilate l'eau en la solidifiant, ils se désagrègeront, que si ces matériaux sont le mortier qui scelle une tuile, la tuile ne sera plus retenue à sa place, que si elle est sur un toit à pente assez raide elle glissera et tombera dans la rue, qu'elle aura, au bout de sa chute, une force vive en relation déterminée avec la hauteur d'où elle tombera... Dieu n'exercera son influence ni sur la force expansive de la gelée, ni sur la fusion par le soleil des particules de glace qui, soudant encore en un tout le mortier délité, sont le dernier obstacle au descellement final de la tuile, ni sur l'accélération que cette tuile prendra...

Un théologien n'attribuera jamais la production de ces phénomènes à la gestion spéciale de la Providence.

Il dira au contraire que celle-ci se sera manifestée si un homme d'État passe juste à point pour recevoir la tuile sur la tête et mourir assommé. Cette brisure d'un crâne pourra bouleverser les destinées d'un peuple, peut-être le sort du monde entier. Et quel concours de circonstances infiniment compliquées, quel subtil agencement de petits faits innombrables et insignifiants par eux-mêmes n'a-t-il pas fallu combiner pour la détermination, à point nommé, de ce grave résultat! Tout eût changé, par exemple, si, cent ans plus tôt, le couvreur avait mieux gâché son mortier ou si le fournisseur de la chaux n'eût pas livré dans sa marchandise quelque parcelle défectueuse... Il va sans dire qu'en de pareilles conjonctures l'homme demeure impuissant, faute de trouver une prise quelconque à sa capacité de prévision. Nous parlons alors de hasard; c'est le domaine où agit la Providence pour conduire la marche des choses. La Providence, professait Bossuet, s'exerce dans le fortuit.

Je ne soutiens pas ici la doctrine des théologiens; je la combattrais même si je n'avais à parler de tout autre chose. Elle me sert seulement à titre d'exemple : les faits accidentels ou historiques sont ceux que la théologie considère comme étant sous le gouvernement direct de la Providence, les faits scientifiques ceux que Dieu a déterminés une fois pour toutes et dont, sauf miracle, il ne dérange plus jamais l'ordonnance.

Cette distinction une fois établie, la question : — la guerre est-elle ou non une loi naturelle? — revient à la suivante : — la guerre est-elle un fait scientifique ou se range-t-elle parmi les faits historiques ou accidentels?

§ 3. — Si la guerre est une loi naturelle, un fait scientifique, c'est comme agent général de sélection dans le monde animal.

Naguère encore le public répondait presque toujours affirmativement à la question : — la guerre est-elle une loi naturelle? — Il en jugeait ainsi d'après un darwinisme de seconde main ressemblant peu à celui de Darwin.

Rien de plus clair en apparence : les êtres organisés luttent pour la vie ; ils luttent nécessairement, puisqu'ils se multiplient et arriveraient bien vite à un moment où il n'y aurait plus de moyens d'existence pour tous. Les moins forts, les moins adroits succombent ; il y a survivance des plus aptes à vivre, donc sélection.

De la lutte pour la vie on fait un synonyme de guerre, et c'est ainsi que la guerre a passé pour un agent d'amélioration du monde vivant, pour une force de progrès poussant la vie vers des formes toujours plus hautes.

« La guerre, écrit Bernhardi, est une nécessité biologique, un régulateur dont on ne peut se passer, parce que sans elle il se produirait un développement malsain exclusif de tout perfectionnement de l'espèce... Cette vérité était connue, bien avant Darwin, des sages de l'antiquité...

« Dans la nature, la lutte pour l'existence est en même temps la condition de tout développement normal. Tout ce qui existe est le produit de forces luttant entre elles... Partout règne la loi du plus fort. Ces formes-là survivent qui savent se procurer les conditions vitales les plus favorables et maintenir leur situation dans l'économie générale de la nature. La faiblesse succombe [1]...

D'ailleurs, en se demandant par avance comment la guerre pourrait être une loi naturelle, on arrive nécessairement à penser au darwinisme du gros public et de Bernhardi. Il n'y a pas d'autre solution.

---

1. Général von Bernhardi : *L'Allemagne et la prochaine guerre*, 1913. — Traduction française de Robert Fath. Paris-Lausanne, 1916, p. 10.

On répondra donc à la question posée au début de ce livre en recherchant si, oui ou non, la lutte pour la vie est, dans son ensemble, assimilable à la guerre, et si, oui ou non, la guerre produit une sélection biologique.

CHAPITRE II

La lutte pour la vie et la sélection naturelle.

§ 1. — LA LUTTE POUR LA VIE N'EST QU'UN CONCOURS DE SURVIVANCE.

Toutes les doctrines transformistes sont d'accord sur ce point que les formes des êtres vivants ont été sans cesse en évoluant vers les formes actuelles.

Des variations se sont produites, on ne sait pas encore au juste comment. Les formes nouvelles ainsi apparues ont été mises à l'épreuve par les vicissitudes climatériques et géologiques, par les difficultés de toutes sortes que rencontraient leur subsistance et leur reproduction. Les unes ont réussi à persister, les autres ont disparu.

Cela revient à un concours purement éliminatoire, de survivance : suppression des lignées d'êtres organisés inaptes à vivre. Il n'y a rien d'autre; l'expression de « survivance du *plus apte* » est tout à fait impropre; si la lignée survit, c'est qu'elle est *assez apte* à survivre, et du moment qu'elle est assez apte, cela suffit, quand bien même on aurait le droit de la considérer comme *la moins apte* parmi toutes les lignées qui ont résisté aux causes d'extinction.

Autant que l'on peut se représenter l'évolution, ce concours ne répond le plus souvent qu'à une concurrence très indirecte. Si, en effet, des variations se sont produites au sein d'un groupe d'animaux de même espèce et cantonnés dans un même habitat, les différences de type entre ces animaux n'ont pas tardé à disparaître par l'effet du croisement : il y aura formation d'une espèce locale; va-t-on dire que cela soit par l'effet d'une concurrence? « fusion » serait un terme plus juste. Un second groupe, toujours de la même espèce, mais séparé du premier par la distance et vivant sous un climat différent passe par une phase analogue : variations, combinaison par croisement; il n'y a aucune raison pour que les variations, et par conséquent le résultat final de leur fusion, soient identiques à ceux du premier groupe; on aura donc une seconde espèce locale: Admettez que la première disparaisse par l'effet d'un cataclysme, d'un été trop sec, d'un hiver trop froid, ou parce qu'une invasion d'insectes, une maladie microbienne, auront détruit ses vivres ou ses proies; si cette épreuve a été épargnée à la seconde, la seconde subsistera, et les modifications géologiques aidant, elle pourra un jour se répandre sur un espace considérable du globe; on la voit encore vivante et prospère, et on ne retrouve le premier groupe qu'à l'état fossile; on enregistre alors le triomphe du second sur le premier dans ce qui est bien un concours de survivance, une concurrence vitale.

Telle est la forme la plus générale de celle-ci, comme on doit l'admettre, quelle que soit la doctrine tranformiste que l'on professe. Quand une espèce se modifie sur place, l'expérience nous oblige à croire que les individus qui la composent restent toujours féconds entre eux; elle se modifie donc d'ensemble: c'est une unité qui évolue. Une concurrence implique une multiplicité, au moins une dualité, et ne s'instituera donc au sein d'une même espèce qu'entre groupes d'animaux géographiquement séparés.

§ 2. — La lutte biologique pour la vie ne prend jamais, sauf de rares exceptions, la forme de lutte violente entre groupes d'animaux.

Ainsi séparés, les groupes d'animaux, ne pouvant pas se joindre, ne peuvent pas se battre, et il arrive fréquemment, comme on vient de le voir, qu'il y ait un vainqueur sans qu'ils se soient jamais rencontrés.

Mais, au cours des âges, les circonstances font quelquefois qu'ils viennent au contact. Ce fut précisément le cas pour le rat brun ou rat de Norwège que les bateaux marchands transportèrent dans l'Europe occidentale où le rat indigène était le rat noir. Le rat brun tendrait à supplanter le rat noir. Et les darwinistes à la Bernhardi prétendent que cette concurrence se conduit par la force brutale, que le rat brun « fait la guerre » au rat noir. S'exprimer ainsi, ce n'est que de la littérature; M. Chalmers Mitchell le montre [1]. Toute la supériorité du rongeur intrus sur l'indigène vient de ce qu'il est mieux adapté à la vie des champs, et surtout à la vie dans les égouts que le progrès de la civilisation a singulièrement multipliés. Le rat noir, du reste, est loin d'être détruit; il prospère dans certaines régions d'où il ne fait pas mine de disparaître.

Ainsi de tous les cas où des groupes d'animaux sont en concurrence directe : le rat qui hante les greniers ne se jette pas sur les souris pour les exterminer, le criquet qui

---

1. *Le Darwinisme et la Guerre*, Paris, F. Alcan, 1916, pp. 41-45.

dévasté les pâturages broutés par les moutons ne s'ataque pas aux moutons qui, réciproquement, le laissent en paix, et en Australie, de kangourous à lapins il n'y a pas échange de coups et blessures, bien que les lapins compromettent gravement la survivance de la gent kangourou.

§ 3. — La lutte meurtrière entre groupes d'animaux est le contraire de la concurrence vitale.

D'où vient cependant cette idée si répandue que la lutte pour la vie est, dans l'ensemble, une lutte violente, où le fort extermine le faible ?

Elle vient de ce que les animaux carnassiers tuent des bêtes pour les manger; ils ne peuvent pas vivre sans cela.

Or précisément parce qu'ils mourraient s'ils n'avaient pas de proie à dévorer, ils ne luttent pas pour la vie contre leur proie, mais grâce à leur proie.

Nous, hommes, ne luttons pas pour la vie contre notre bétail, pas plus que contre nos céréales, nos pommes de terre et nos haricots, mais, au contraire, contre d'autres éleveurs ou cultivateurs qui, mieux ou plus mal pourvus que nous, vivent mieux ou plus mal; c'est avec ces autres éleveurs ou cultivateurs que nous sommes en concurrence vitale, c'est contre eux qu'une lutte violente, soit pour leur prendre des vivres, soit pour défendre les nôtres, prendrait le caractère de lutte pour la vie. Cette lutte existe donc, non pas entre mangeurs et mangés, mais entre mangeurs. Entre mangés aussi, entre bœufs domestiques, par exemple : de deux races, nous choisirons celle qui est la plus facile et la plus avantageuse à élever; l'autre disparaîtra.

Il en est de même dans la nature, à l'abri de l'intervention humaine : le loup ne lutte pas pour la vie contre le chevreuil, mais contre les autres mangeurs de chevreuil : chiens sauvages, tigres, lions, panthères. Et, d'autre part, la concurrence vitale s'établit entre mangés : au Sahara, par exemple, entre onagres, mouflons et gazelles, les trois gibiers du lion ; c'est la gazelle qui a triomphé, l'onagre et le mouflon étant déjà devenus très rares, même à l'époque où l'homme commençait seulement à supprimer le lion.

L'animal carnassier diffère de nous en ceci notamment : il ne comprend pas qu'en détruisant les races de ses proies, il détruirait la sienne, de sorte que sa seule garantie contre la famine réside dans une résistance suffisante des mangés à se laisser manger. Si les carnassiers n'avaient pas trouvé plus de difficultés à dévorer les herbivores que les herbivores à brouter l'herbe, ils n'auraient eu qu'une histoire éphémère ; ils ne se seraient pas rationnés eux-mêmes, à coup sûr, ils auraient épuisé leurs vivres en en tarissant à la fin le renouvellement, car ils tuent, tandis que l'herbivore, ne déracinant pas l'herbe, ne la tue pas, lui permet de repousser. Disparition des proies par le massacre, puis des prédateurs par le manque de proies.

De là vient un grand changement dans la concurrence entre mangés suivant qu'ils le sont par l'homme ou par les fauves : les premiers ont avantage à être passifs et de chair savoureuse, car alors nous favorisons leur multiplication, tandis que nous nous débarrassons des animaux peu maniables ou porteurs de mauvais biftecks ou gigots ; les seconds au contraire survivent d'autant mieux que les mangeurs ont moins envie de leur chair ou moins de commodités à y mettre la dent.

Cette différence de concours vital entre les proies de

l'homme et les proies des fauves n'est apparue nettement que le jour où l'homme a cessé de vivre exclusivement de sa chasse pour se faire pasteur. Jusque-là il ne ménageait la « viande sur pied » guère mieux que les fauves; c'était le succès de ses proies à préserver contre lui l'avenir de leur progéniture qui seul lui garantissait l'avenir de ses approvisionnements.

§ 4. — Pourquoi la guerre est a peu près absente du monde animal.

Il serait absurde de dire qu'on fait la guerre à ses propres vivres; c'est pourquoi l'expression de « guerre » appliquée aux massacres qu'accomplissent les fauves manque de toute valeur raisonnable quand on y met autre chose qu'un sens purement symbolique.

Mais puisque la lutte pour la vie existe entre mangeurs, un carnassier aurait intérêt à s'approprier les terrains de chasse en expulsant par la violence les autres carnassiers, et l'herbivore à combattre les autres herbivores pour accaparer les meilleurs pâturages; et ce serait bien là de la guerre.

En fait, on n'a jamais observé rien de tel. Des carnassiers coexistent dans les mêmes régions sans laisser paraître aucune velléité de se disputer l'hégémonie par des luttes sanglantes. Aux Indes, côte à côte avec le tigre, la panthère et le loup, chasse le *dhôle* ou *chien rouge* mis en scène par Rudyard Kipling dans l'un de ses *Contes de la Jungle*; et il est prouvé par les enquêtes sur la faune des Indes[1] que l'illustre écrivain anglais exagère fortement

---

1. Blanford. — *The Fauna of British India. Mammalia.* Londres, Taylor and Francis, 1888-1891, p. 144-146.

quand il représente les dhôles réunis en armée innombrable, massacrant sur leur passage tout ce qui ne fuit pas, et terrorisant le tigre lui-même. En réalité, ces chiens sauvages forment des bandes de vingt tout au plus; ils ne s'occupent pas des autres carnassiers, et ceux-ci les laissent en paix, sauf rencontre sur la piste du même gibier; mais, en ce cas, le plus faible évite en général de se heurter au plus fort. Chacun ses affaires, pas d'intervention, voilà au total la loi des animaux chasseurs.

Elle régit aussi les grands herbivores qui, bien armés et d'humeur pourtant « belliqueuse », voisinent sans engager de querelles violentes. Bien plus, ils supportent des intrus qu'ils seraient sûrs de battre. Au temps de Fernand Cortez, les bisons étaient les seuls grands herbivores vivant en troupeaux dans l'Amérique septentrionale. Arrivèrent, introduits par les Espagnols, les chevaux dont quelques-uns s'échappèrent, retournèrent à l'état sauvage, se multiplièrent et formèrent des bandes qui se répandirent dans tout le nouveau continent; au nord, ils broutèrent la même herbe que les bisons, possesseurs de la steppe depuis les temps préhistoriques; ce fut impunément.

Cette absence de guerre, là où la guerre paraîtrait cependant avantageuse, s'explique fort bien.

Posez d'abord ce principe : il n'y aurait bientôt plus de mangeurs du tout s'il cessait d'y avoir beaucoup plus de mangés que de mangeurs. A un tigre qui n'aurait que des cerfs à chasser, un seul cerf par an ne suffirait pas; il lui en faudrait bien une demi-douzaine. D'où il suit que, dans une aire de chasse déterminée, une bête exclusivement carnivore rencontrera beaucoup moins d'autres carnassiers que de gibier.

Mais, du gibier, elle n'a déjà que sa suffisance : la multiplication de toute bête de proie se règle, en effet, automatiquement, sur la quantité de ses vivres : augmentation des naissances dans les années d'abondance, diminution dans les années de disette; de sorte qu'*en moyenne le carnassier a de quoi ne pas mourir de faim, pas plus*. Si donc une espèce carnivore s'avise de vouloir systématiquement supprimer les concurrents, elle mourra de faim; elle les mangera sans doute, mais comme, en se donnant tout le mal possible, elle n'en atteindra qu'un là où elle se procurait les pièces de gibier par quatre, cinq et davantage, sa ration nécessaire sera réduite dans la même proportion, et aussi son nombre; elle se supprimera elle-même; en outre, la chair des carnivores est beaucoup moins savoureuse, et on court, à y goûter, beaucoup plus de risques.

Quant aux herbivores, ils passent à ruminer presque tout le temps qu'ils ne passent pas à manger. Imaginez qu'ils remportent une grande victoire sur d'autres herbivores. La belle avance! Ils ne pourront pousser la poursuite des ennemis que pendant quelques heures, et il faudra s'arrêter pour pâturer; les vaincus se seront dispersés, auront disparu au delà de l'horizon; où et comment les rejoindre?

Ainsi, dans les cas où la lutte pour la vie pourrait prendre la forme de guerre, elle serait interdite par l'instinct de conservation des espèces, même de celles qui ont l'avantage de la force brutale.

§ 5. — La sélection naturelle.

Bernhardi, après beaucoup d'autres penseurs, nous enseigne que la lutte pour la vie a abouti, dans l'univers, au triomphe du fort sur le faible; le faible aurait été exterminé; il ne resterait que le fort; il y aurait sélection des plus forts.

Ce qui précède nous montre que cette idée est fausse quand elle n'est pas tout simplement dépourvue de sens. Quel exemple plus populaire de la sélection en faveur des forts que le triomphe du fauve sur sa proie? Mais, au point de vue biologique, c'est au contraire la proie qui triomphe. Les espèces mangées, nous l'avons vu, comprennent au total beaucoup plus d'individus que les espèces mangeuses; ce sont donc elles qui jouissent des meilleures conditions de vie, qui sont les mieux adaptées à la vie, et la sélection naturelle s'exerce plutôt en leur faveur.

Au surplus, la notion de sélection naturelle est le point faible du darwinisme. Regardez le monde vivant actuel : il serait l'effet d'une sélection assidue opérée pendant des milliers de millénaires; sélection peut-être, mais de quoi? de la couleuvre et de la vipère; du tigre, arsenal de crocs et de griffes, et de la limace qui ne peut se défendre contre aucun ennemi, fût-ce par la fuite; de la morue et du hareng qui laissent leur progéniture aux soins du hasard et des oiseaux et mammifères qui n'abandonnent leurs petits qu'adultes. Certains animaux pondent et meurent aussitôt, tels beaucoup d'insectes; d'autres, les vertébrés, survivent à plusieurs pontes ou portées; il y en a qui résistent au froid en activant leur chaleur interne; il y en a qui laissent abaisser leur température en même temps que celle du milieu ambiant; la nature favorise les mécanismes vivants les plus simples, microbes, infusoires... qui, ayant le minimum de rouages, sont sujets par là au minimum de dérangements; elle favorise aussi les oiseaux, les mammifères... pourvus d'organes dont la complexité et la délicatesse confond notre intelligence, machines cependant qui, grâce aux dispositifs de sûreté dont elles sont munies en vue de la plupart des accidents possibles, trouvent le moyen de fonctionner pendant des années ; et pourtant, d'après toutes les prévisions raisonnables, elles devraient se fausser dès leur mise en train...

Simplicité ou complexité, résistance ou passivité vis-à-vis du milieu, survie ou non des reproducteurs à la reproduction, indifférence ou sollicitude pour les petits, ardeur ou paresse, vigueur ou atonie musculaires, armement ou désarmement..., la nature s'accommode de ces extrêmes contraires et de tous les intermédiaires imaginables. En un mot, elle n'a pas de préférence ; c'est la négation d'un choix, d'une sélection.

L'effet de la concurrence vitale, de la lutte pour la vie, n'a donc aucune constance. D'où il suit que la lutte pour la vie, la concurrence vitale, doivent être tenues pour des faits historiques, non des faits scientifiques ; elles se réduisent en effet à un concours éliminatoire de survivance. Lors d'un événement quelconque éprouvant un groupe de lignées d'êtres vivants, survit qui peut survivre, voilà la seule loi ; tous les moyens de survie sont bons pourvu qu'ils réussissent, y compris celui d'avoir de la chance, et la réussite de chacun d'eux dépend absolument des circonstances.

Deux espèces proches parentes sont séparées par la distance : une calamité locale extermine l'une ; l'autre, à laquelle la simple différence d'habitat géographique vaut d'être épargnée, de triompher dans le concours de survivance, peut fort bien être celle qui possède la moindre valeur biologique : fécondité, vigueur, agilité, rusticité moindres.

L'évolution des formes vivantes est donc une histoire au même titre que l'histoire politique. Chaque lignée d'êtres vivants a son histoire comme les nations humaines, enchaînements trop complexes pour que nous puissions y démêler la constance et la nécessité, pour que nous ne nous sentions pas absolument libres, lors de chaque épisode remarquable, de concevoir que « les choses auraient pu tourner autrement. »

Il suit de là que la lutte pour la vie, la sélection naturelle, sont des faits historiques, non des faits scientifiques ; même conclusion pour la guerre si elle était vraiment un mode de la concurrence vitale.

Toutefois je ne répondrai pas encore : — non ! — à la question : « — la guerre est-elle une loi naturelle —? ». Il se pourrait, en somme, que la guerre eût l'aspect d'un fait scientifique dans un domaine restreint : celui des espèces animales qui font vraiment la guerre ; il y en a plusieurs ; l'humaine n'est pas la seule.

§ 6. — Le combat sexuel.

Une objection en passant : les mâles, dira-t-on, se disputent par la force la possession des femelles ; les vainqueurs seuls se reproduisent ; il y a donc sélection par la lutte violente.

Il est facile de voir que ce procédé de sélection, si séduisant en apparence, n'a aucune généralité, et ne vaut ni plus ni moins que tout autre rite de reproduction pour faire réussir les espèces dans le concours universel de survivance.

Comme pratique régulière et constante, le combat sexuel n'existe que chez un petit nombre d'animaux. Ce devraient être au moins les plus forts de tous les animaux. Or les grands carnassiers n'ont pas du tout pour habitude de préluder à leurs amours par des duels. Tandis que cette coutume est commune à tous les Cervidés dont elle n'a pas fait des êtres uniformément courageux et puissants, puisque leur famille comprend les chevreuils et d'autres bêtes plus frêles et plus timides encore. Étant donné que les cerfs des différentes sortes servent la plupart du temps de proie à des carnassiers contre lesquels ils ne peuvent se défendre que par la fuite, leur épreuve sexuelle serait plus avantageusement basée sur le flair et la vitesse. Mettre leurs duels de mâles à l'époque du rut sur le compte de la sélection, c'est donc une explication aussi confuse que toutes les autres du même genre.

A quoi aboutissent de tels combats ? à la constitution de familles polygamiques. Si c'est là un choix, la nature a choisi aussi les familles monogamiques dont il y a tant d'exemples. Et l'on retombe encore sur cette constatation que la sélection naturelle, s'accommodant de choix contraires, ne mérite pas son nom de sélection.

Et le combat sexuel, combat singulier, n'est pas la guerre. Il est donc ici hors du sujet.

CHAPITRE III

La Guerre chez les bêtes.

§ 1. — LES CHIENS DES VILLES D'ORIENT.

Les vertébrés ne se font pas la guerre. Partant de ce fait, le public, après des écrivains tels que La Bruyère, Joseph de Maistre, Proudhon, a encore cette pensée : il n'y a pas la guerre chez les bêtes.

On oublie les insectes.

Toutefois, parmi les vertébrés, il y a une exception, une seule : les chiens des villes d'Orient.

Ils ne sont pas domestiqués en ce sens qu'ils ne reçoivent aucun dressage, n'obéissent, n'appartiennent à personne. Ils se nourrissent des ordures et des résidus, leur estomac absorbant ce que, sous un régime plus hygiénique, on confie aux poubelles. Et, cependant, ils ne sont pas vraiment « sauvages », puisque leur subsistance dépend de celle de l'homme avec qui, en outre, ils sont familiarisés.

A condition toutefois que l'homme soit semblable à celui qu'ils rencontrent habituellement. Ils poursuivent, en aboyant avec fureur, l'étranger, différent de costume et d'odeur des habitants de leur ville ; mais le chien qui n'est pas « de chez eux » les exaspère bien plus encore : ils le mettent en pièces s'il n'y a personne pour le défendre.

Jusqu'au dernier quart du xixe siècle, les chiens du Caire et des autres villes d'Égypte et de Nubie habitaient les amas de décombres ou les collines qui avoisinaient l'agglomération; ils se creusaient des terriers; c'était là leur cité à eux, ou plutôt cela faisait plusieurs cités lorsqu'il y avait plusieurs collines, plusieurs amas distincts de décombres. Il paraît qu'entre cités voisines, il y avait hostilité, combats, donc bien guerre[1].

A Constantinople, au lieu d'installer leur domicile nocturne à la lisière de la ville pour venir nettoyer les rues pendant la journée, les chiens se fixaient à demeure dans la ville même, se divisaient en plusieurs communautés dont chacune accaparait un territoire bien déterminé; la guerre éclatait parfois, dit-on, entre bandes de quartiers limitrophes.

Ces exemples de guerre ne sont pas, cependant, tout à fait nets.

Qu'à l'origine de la bataille, il y ait « un incident de frontière », une querelle, sur les confins de deux cités de chiens, entre « citoyens » respectifs de ces cités, cela est observable; mais il est bien possible, une fois la foule canine engagée dans la mêlée, que la distinction ne se maintienne pas entre les partis, que chaque combattant morde, au hasard, l'ami aussi bien que l'ennemi; il faudrait s'assurer si cette confusion est de règle ou non; on ne semble pas s'en être préoccupé.

Bref, le cas de la guerre chez les chiens des villages d'Orient demeure assez confus.

---

1. Brehm. *La vie des animaux*, Paris, 1869-1870.

§ 2. — Les abeilles.

Nul doute, par contre, que certains insectes ne se fassent de véritables guerres.

En premier lieu, les Abeilles : M. Gaston Bonnier vient de le rappeler tout récemment[1].

Comme les chiens, les abeilles s'émeuvent de l'étrange, de l'insolite ; émotion qui se manifeste par leur fureur collective ; c'est pour cela qu'il faut s'abstenir, quand on passe devant leurs ruches, de tout mouvement violent. Par extension, elles sont xénophobes, elles ne supportent pas la présence de l'abeille d'une autre cité qui leur apporte on ne sait quoi — probablement une odeur différente de celle de leur ruche —, on ne sait quoi qui n'est pas habituel et les inquiète ; l'étrangère, aussitôt reconnue, est tuée.

Des sentinelles forment un corps de garde à l'intérieur de la ruche, tout contre la porte, et sont chargées de reconnaître les intrus et de les attaquer en donnant l'alarme.

Rien de plus célèbre que l'activité de l'abeille au travail et que son dévouement à l'intérêt de sa communauté. Malgré cela, ou peut-être à cause de cela, elle est pillarde ; elle cherche à s'introduire chez les voisins et à se gorger de leur miel.

Une ruche prospère est bien gardée aussi ; les tentatives de vol sont promptement réprimées ; les voleurs ne reviennent jamais chez eux. Mais il arrive qu'une ruche périclite ; alors, non moins que le service de garde, celui des travaux publics laisse à désirer : on néglige de boucher

---

[1]. *La guerre chez les abeilles*, Revue hebdomadaire. 19 Août 1916. — Voir aussi J. Perez, *Les Abeilles*, Paris, 1889. pp. 85 et sqq. — Brehm. *Les Insectes*. Vol. I. pp. 538-540.

avec de la cire les fissures qui viennent à s'ouvrir dans le mur de la cité; une pillarde venue de l'étranger parvient à pénétrer jusqu'aux resserres de miel et à rentrer chez elle saine et sauve avec tout ce qu'elle peut porter de butin; une, deux, trois autres l'imitent aussi heureusement, jusqu'à ce qu'un beau jour, comme sur un mot d'ordre, leur nation tout entière se rue à la curée. La ruche attaquée se défend; il y a combat, un combat acharné : deux abeilles aux prises ne se lâchent jamais avant que l'une soit morte; l'armée défaite d'avance, celle de la cité assaillie, ne prend pas la fuite, quelles que soient ses pertes, sinon quand elle se trouve réduite à quelques dizaines de combattants sur plusieurs milliers. Un pillage total suit ce massacre. C'est en somme la destruction complète de la cité vaincue.

En un sens, cependant, on ne peut pas dire que les abeilles soient batailleuses. Eloignées de leurs ruches, elles ne s'attaquent jamais entre citoyennes de deux ruches différentes, mêmes quand elles sont nombreuses; du reste, elles ne jouent alors de l'aiguillon contre aucun être vivant, sinon, et à peine, pour se défendre, par exemple contre un homme qui les prendrait entre ses doigts; elles deviennent une proie remarquablement facile pour tous ennemis tels que le *philanthe apivore* qui est tout juste de leur taille et de leur force; elles ne se secourent pas entre elles.

§ 3. — LES MÉLIPONES.

Tout autre est l'esprit combatif des mélipones, leurs proches parentes.

Les mélipones ressemblent aux abeilles : « lois », mœurs

---

1. Voir Brehm, *loc. cit.* pp. 579-582. — J. Pérez, *Loc. cit.* pp. 146 et sqq. — Edward Drory. *Note sur la mélipone scutellaire: Rucher du Sud-Ouest*, 1re année, 1873.

sociales analogues, même genre de vie, même miel, mais elles n'ont pas d'aiguillon, ce qui ne doit encourager en rien à les braver, car les morsures qu'elles font avec leurs mandibules sont souvent cuisantes et envenimées; et, autre différence notable, elles forment leurs rayons de cellules cylindriques et non pas hexagonales. Elles abondent dans les forêts tropicales, celles du Brésil notamment, où elles construisent leurs cités dans le creux des arbres. On peut les domestiquer comme nos abeilles, mais elles s'acclimatent mal en Europe.

Les mélipones, surtout l'espèce que les Brésiliens appellent *Abelha Uruçu*, se montrent agressives même loin de l'enceinte de leur cité, même sans doute individuellement. A partir du moment où l'on installe une de leurs ruches près d'une ruche d'abeilles, on remarque que nombre d'abeilles rentrent mutilées et les mélipones toujours indemnes.

Il semblerait, quand un rucher contient seulement des mélipones, que chaque ruche dût recevoir son contingent de blessés au retour du butinage. Or ce fait ne se produit pas. Non que les cités méliponiennes aient les unes pour les autres des sentiments naturellement pacifiques, mais, au contraire, parce qu'elles inaugurent leurs rapports par une guerre féroce où s'exhale en une fois et une fois pour toutes leur incompatibilité d'humeur. Ainsi en témoigne M. Brunet, consul de France à Bahia, qui a beaucoup élevé et étudié ces insectes irascibles : « Vient-on, écrit-il, à placer une ruche d'*Uruçus* près d'une autre déjà anciennement établie, presque toujours une bataille ne tarde pas à s'engager entre les deux essaims, surtout s'ils sont nombreux : c'est une lutte corps à corps qui ne se termine ordinairement que faute de combattants, c'est-à-dire quand la Ruche la moins peuplée est à peu près épuisée, car il périt toujours de part et d'autre le même nombre d'individus. La paix faite, les deux colonies réparent peu à peu leurs pertes et vivent ensuite généralement en bonne harmonie... Dans un de ces combats, j'ai pu évaluer le nombre des morts à plus de trois mille... »

Les deux colonies belligérantes ne survivraient jamais ensemble si la fin de l'aventure était, comme chez les abeilles, le saccage de la cité vaincue, laquelle, n'ayant plus ni larves, ni reine, serait privée du même coup de toute possibilité de repopulation. Une telle guerre, il faut le noter, se distingue donc des guerres d'abeilles en ce qu'elle n'est pas une entreprise de pillage ; elle est « désintéressée ».

Sans doute les mélipones sont voleuses, mais elles ne peuvent pas se voler entre elles tant elles se gardent bien : leur logis social est précédé d'un long corridor si étroit que l'unique sentinelle suffit pour l'obstruer presque complètement ; elle s'aplatit contre la paroi pour laisser passer l'ami, tandis que l'ennemi se trouve devant elle mandibules contre mandibules.

Lors donc que les mélipones se livrent bataille, c'est que leur simple rencontre, *hors de leurs ruches*, a suffi pour les animer les unes contre les autres d'une fureur meurtrière. Tout se passe comme si leur seul but était d'assouvir une haine. Voilà le grand contraste avec les guerres d'abeilles : les abeilles ne se reconnaissent pas comme ennemies hors de leurs ruches et elles n'attaquent que par convoitise pour le miel d'autrui.

§ 4. — Les fourmis. guerres esclavagistes.

Le champ d'observation est, en ce qui concerne les fourmis, beaucoup plus vaste et plus instructif que chez les abeilles et mélipones. Celles-ci, en effet, ne représentent que deux groupes d'une famille d'insectes qu'on nomme *Apides* où, à côté d'espèces sociales, il y en a beaucoup d'autres — le plus grand nombre — dont les individus vivent isolés, telles *l'abeille charpentière ou xylocope, l'abeille coupeuse de feuilles, l'abeille maçonne...* et qui, par conséquent, ne sauraient faire la guerre. Tandis que dans la famille des Fourmis, sensiblement aussi riche en genres et en espèces que les Apides, toutes les espèces sont sociales.

Un trait de mœurs bien connu, et tout à fait particulier aux fourmis, est que certaines espèces d'entre elles ont des « esclaves ». Les fourmis « esclavagistes » forment des expéditions, que nous dirions préméditées et concertées, pour assaillir une fourmilière peuplée par certaines autres races que la leur[1]. La cité attaquée résiste, le plus souvent avec courage, sinon avec héroïsme; quand elle succombe, ce qui arrive le plus souvent, les vainqueurs pillent la fourmilière dont ils emportent les larves qui, soigneusement élevées chez eux, y éclosent et y vaquent ensuite aux différents soins que réclame la vie de la communauté.

Il y a beaucoup de degrés d'esclavagisme, depuis celui des espèces chez qui tous les travaux, tous les genres d'activité sont communs aux soi-disant maîtres et aux

1. Pour les combats entre fourmis de même espèce ou d'espèces différentes, voir Forel, *Fourmis de la Suisse*, Zurich, 1874, pp. 263 et sqq; pour l'esclavagisme, pp. 287 et sqq ; pour les fourmilières mixtes, pp. 258 et sqq.

soi-disant esclaves jusqu'à celui des fourmis-amazones *(Polyergus refuscens)* qui sont absolument incapables de toute œuvre nécessaire à la vie des fourmis, sauf des razzia de larves, au point qu'elles ne savent même pas manger toutes seules : elles mourraient de faim si leurs esclaves ne leur donnaient pas la becquée [1].

La guerre esclavagiste devient donc pour les Amazones une industrie vitale.

§ 5. — LES FOURMIS. GUERRES ORDINAIRES.

Huber, le célèbre et, pour ainsi dire, le premier auteur d'observations scientifiques sur les fourmis, d'autres après lui, et notamment Forel, ont surpris à plusieurs reprises des fourmis de même espèce, mais de fourmilières différentes, en flagrant délit de batailles très meurtrières. Il ne s'agissait pas là de suites d'expéditions de pillage, puisque, dans aucun des partis aux prises, on ne voyait de porteurs de larves. Et comme ces mêlées se produisaient en dehors et à distance des fourmilières, il y avait lieu de se demander si elles n'étaient pas dues purement et simplement à des rencontres fortuites.

C'est ce qui fut confirmé.

Une fois constaté le fait de la guerre ordinaire entre fourmis, Forel, observateur sagace et consciencieux, provoqua cette guerre expérimentalement, de telle sorte qu'il en apprit les causes.

Toute fourmi est xénophobe. La fourmi étrangère à une cité ne peut y pénétrer sans qu'on l'expulse presque aussitôt, plus ou moins violemment; sœur de race ou non des « citoyennes », elle n'en subit un traitement ni meilleur

---

[1]. Voir Forel, *loc. cit.* pp. 303-310.

ni pire. En revanche, pourvu qu'une fourmi appartienne à une fourmilière, elle n'est jamais molestée, que la cité contienne des représentants de deux espèces comme chez les « esclavagistes », de quatre et cinq espèces comme dans les cités que Forel a réalisées artificiellement, ou d'une seule espèce.

A l'exemple des mélipones, mais contrairement aux mœurs des abeilles, les fourmis conservent leurs sentiments xénophobes hors de chez elles. Près ou loin de la fourmilière, l'étranger est reconnu comme un ennemi. Si les fourmis de cités différentes qui se rencontrent sont en petit nombre, cas le plus général, elles s'évitent, mais il suffit qu'elles soient en troupes de quelques dizaines pour qu'une bataille s'engage sûrement. De part et d'autre, des renforts surviennent, et peu à peu deux nations entières se trouvent aux prises ; guerre acharnée. Ce n'est qu'une fois la décision obtenue que la fourmilière du parti vaincu est parfois envahie et que les vainqueurs en dévorent les larves. Mais ici le pillage est le résultat, non le but de la guerre.

Il faut insister sur ce point : la question « nationale » entre seule en jeu dans de telles hostilités ; la race n'y fait rien. Que les fourmis qui se rencontrent soient aussi semblables que l'on voudra par leurs hérédités physiologiques ou qu'elles cumulent les plus grandes différences dont on puisse trouver l'exemple dans leur famille zoologique [1], le résultat est le même, du moment que les deux partis sortent de deux fourmilières différentes.

Au contraire, quand des fourmis de deux espèces distinctes sont concitoyennes, le « patriotisme » est le

---

[1]. Il y en a d'énormes, de même amplitude qu'entre le chien et la girafe.

même chez les individus de l'une et l'autre espèce; en cas de guerre, chacun combat pour sa cité avec autant d'ardeur, fût-il du même « sang » que l'ennemi.

Ce dévouement à la cité n'est jamais l'effet de la contrainte plus ou moins directe, plus ou moins virtuelle, que subissent les mercenaires et esclaves des peuplades humaines. C'est avec une entière spontanéité que les fourmis dites « esclaves » se battent pour leur fourmilière, comme elles ont travaillé pour elle depuis leur éclosion.

§ 6. — Quelques conséquences a tirer de la guerre chez les bêtes.

Voilà les seules espèces d'animaux qui ne vivent pas en paix perpétuelle.

Des remarques importantes sont suggérées par ces guerres de bêtes.

Lá Bruyère, dans ses *Caractères*, au dernier paragraphe du chapitre des *Jugements*, disait aux hommes en substance : — Vous êtes les seuls dans la Nature à pratiquer le massacre en grand d'une troupe par une autre; c'est de quoi humilier votre raison, puisque si les animaux faisaient comme vous, ils en paraîtraient à vos yeux encore plus dépourvus de raison.

Mais Proudhon, interprétant et justifiant Joseph de Maistre, réplique : « Les loups, les lions, pas plus que les moutons et les castors, ne se font entre eux la guerre : il y a longtemps qu'on a fait de cette remarque une satire contre notre espèce. Comment ne voit-on pas, au contraire, que là est le signe de notre grandeur [1]...

---

1. *La Guerre et la Paix*, deux volumes, Paris, 1869. — Vol. I, p. 33.

La Bruyère, Joseph de Maistre, Proudhon, se trompent également en rabaissant ou exaltant l'homme à propos du monopole de la guerre qu'ils lui attribuent.

Trait de mœurs de fourmi, de mélipone, d'abeille et de chien demi-sauvage, aussi bien que d'homme, la guerre n'est pas une tare ou un privilège qui nous soient spéciaux. L'animalité en a sa part.

La guerre n'est donc *ni une loi animale,* puisque la plupart des animaux n'y sont pas sujets, *ni une loi humaine,* puisqu'elle règne chez quelques animaux aussi bien que chez nous.

D'où il suit que, contrairement à la thèse célèbre de Joseph de Maistre, *la guerre n'est pas une loi divine.* Ne passe pour divin, en effet, que ce qui régit tous les êtres vivants, comme la mort, ou ce que l'on suppose strictement réservé à l'homme, comme l'âme immortelle.

Un caractère commun rapproche tous les animaux qui font la guerre : non seulement ils vivent en société, ce qui va de soi, mais leur société possède une demeure commune à tous ses membres et relativement fixe : ils forment des cités.

C'est pour cela que l'exemple des chiens des villes d'Orient est intéressant : il montre que le même animal, susceptible cependant d'action concertée, — il chasse en troupes, — ne fait pas la guerre à l'état sauvage et la fait à l'état demi-sauvage; dans le premier cas son habitat social manque de cette permanence qui se réalise quand l'animal dépend, pour ses vivres, d'une agglomération urbaine : la cité de l'homme fait la cité du chien.

Mais les animaux qui vivent en cités ne font pas tous la guerre, témoins les castors, les oiseaux dits républicains, les bourdons, les nombreuses espèces sociales de la grande famille des Guêpes.

Puisque beaucoup de cités ne font pas la guerre, *la guerre n'est* donc *pas une loi des cités*.

Quelques-unes des cités guerrières font la guerre pour des motifs économiques, telles l'abeille pour laquelle le pillage d'une ruche faible représente une économie d'efforts dans la récolte du miel, ou la fourmi-amazone qui ne peut se passer de main-d'œuvre importée; mais il s'en faut que toutes les guerres entre bêtes soient de cette sorte : les mélipones, les fourmis non-esclavagistes, font des guerres auxquelles on ne peut assigner d'autre mobile que la xénophobie. Dès lors donc que beaucoup de guerres ne sont pas économiques, *la guerre n'est pas une loi économique*.

Toutes ces négations d'une valeur de loi attribuable à la guerre ne sont posées ici qu'en passant — quitte à y revenir — pour confirmer que la guerre est un fait accidentel, historique, et non pas scientifique.

Mais une remarque a trait à la discussion en cours sur la possibilité d'envisager la guerre comme une loi naturelle, comme un facteur déterminé de l'évolution des formes vivantes, c'est la remarque suivante : *la guerre, chez les bêtes, ne sert à la sélection ni entre espèces, ni entre races*.

Elle ne favorise pas, en effet, les espèces à cités guerrières aux dépens des autres : les guêpes sociales sont non moins bien armées, non moins vivaces, non moins industrieuses que les abeilles, et cependant leurs cités vivent en paix perpétuelle les unes avec les autres.

Et comment la guerre serait-elle un concours entre races, puisqu'elle met indifféremment aux prises des insectes de même race ou de races différentes? Qu'on ne cite pas l'exemple des fourmis esclavagistes : leur triomphe sur les fourmis esclaves, politique si l'on veut, n'a rien de biologique; ces dernières étant aussi prospères, aussi actives, plus nombreuses que les premières, ne leur cèdent en rien dans la concurrence vitale.

Il n'y a pas, suivant l'opinion répandue chez les penseurs et le public, de causes d'hostilité qui dépendent plus profondément de nos instincts primitifs que la haine des races. On se battrait parce que l'ennemi est naturellement, biologiquement, ennemi, en vertu d'une réaction inscrite dans le « sang » comme le jaillissement de la flamme est inscrit dans la nature des comburants et des combustibles mis en présence; c'est ce que le populaire exprime en disant : on se bat parce qu'on est entre soi « comme chien et chat ». Or la haine de races ne figure pas parmi les mobiles qui jettent l'une contre l'autre fourmilière et fourmilière, ruche et ruche, puisqu'elle ne change rien en plus ou en moins à la haine des cités ; d'où il suit que *la guerre, dans le monde animal, n'est pas une loi des races.*

Chez l'homme non plus, aurait-on le droit de conclure, ce qu'il y a de plus élémentaire, de plus foncier, de plus « biologique », dans les instincts belliqueux de l'homme devant se retrouver dans ceux des animaux. On ne saurait prétendre, d'autre part, que l'animosité de races soit parmi ces mouvements supérieurs de l'âme qui établissent une démarcation nette entre nous et les bêtes.

Toutefois, pour tenir compte des objections soulevées par les gens qui répugnent à une assimilation, quelle qu'elle soit, entre l'homme et l'animal, on peut se demander, par l'étude directe de notre espèce, si la guerre y est essentiellement guerre de races. Et d'abord que sont les races humaines, quelles théories ont été émises à leur égard?

CHAPITRE IV

La « Question des Races. »

§ 1. — Position moderne de la « question des races ».

Si l'on prend le mot de « préjugé » dans son sens étymologique, il n'y a, relativement aux races humaines, que des préjugés. « Préjuger », cela signifie *juger avant* d'avoir réuni les éléments de la cause, ou, quand on les a sous la main, de les avoir examinés avec le soin nécessaire.

Or le dossier scientifique des races humaines est à peine, ne disons pas constitué, mais ouvert : on a des documents, encore insuffisants, malgré leur abondance, sur les caractères anatomiques qui permettent de répartir les hommes en races ; quels caractères psychologiques y correspondent ? à cette question aucun savant digne de ce nom ne peut rien répondre, et c'est elle cependant qui est la seule véritable question des races. Tout jugement qui prononce sur les races est donc rendu avant l'instruction du procès, est donc, en ce sens et *a priori*, un préjugé.

Personne ne prend vis-à-vis de la question des races la seule attitude raisonnable qui est celle de l'ignorance : en revanche, on adopte la seule pratique : on croit ce qu'on a envie de croire et surtout de faire croire à autrui.

Des passions, en effet, sont en jeu.

Il y en a de religieuses et de politiques. Mais on peut aujourd'hui faire abstraction des premières, ou, du moins, les ramener aux secondes.

L'affaire des races ne se trouve pas placée sur le terrain spécifiquement religieux, car elle est apte à diviser entre eux les croyants aussi bien que les incroyants. La théorie de l'unité foncière de l'espèce humaine s'accorde mieux avec l'esprit chrétien, mais favorise aussi les démocrates égalitaires dont tous ne sont pas bons catholiques et réunit en grande majorité les suffrages des Juifs; d'autre part, des antisémites, « cléricaux » en général, professent nécessairement la différence irréductible des races humaines, et ils se rencontrent en cela avec nos doctrinaires de l'aristocratie et du nationalisme, lesquels adhèrent aux dogmes religieux comme nécessaires socialement, sinon comme vrais. De sorte que le même degré de «cléricalisme » ou d'« anticléricalisme » peut s'allier indifféremment avec l'une ou l'autre des opinions sur les races.

Au surplus, les moyens de conciliation ne manquent pas entre les Écritures et la théorie des races.

Si le christianisme défend à l'homme cultivé de mépriser et de maltraiter les gens à l'âme grossière, il n'ordonne nullement de nier qu'il y ait des différences énormes entre les valeurs morales et physiques des divers individus, ni que les qualités ou les tares soient parfois héréditaires. Pourquoi ne permettrait-il pas de penser que le Nègre a moins d'aptitudes intellectuelles que le Blanc? Cette autorisation, les préceptes chrétiens la donnent évidemment, à condition qu'on pratique à l'égard du Nègre les préceptes du Décalogue et qu'on supporte la perspective d'habiter plus tard le même Ciel ou le même Enfer que lui.

Dans l'opinion qui attribue aux caractères distinctifs des races une persistance indéfinie on a bien vu une atteinte au dogme de la descendance des hommes d'un couple unique. Mais Gobineau a résolu sans peine cette difficulté.

Ayant commencé, dit-il, à se répandre sur toute la terre, les fils d'Adam furent divisés en trois groupes que séparaient des obstacles infranchissables et la distance, et cela du fait d'un cataclysme par quoi le relief du sol avait été bouleversé. Une grande crise des climats accompagnait cette révolution géologique. Le régime de température et d'humidité varia si brusquement et d'une manière si différente dans les trois habitats humains que les trois groupes d'hommes s'en trouvèrent du même coup différenciés. De là les trois races fondamentales : Blancs, Jaunes et Noirs. Les caractères spécifiques de ces races, effet d'une violente action des milieux, étaient des empreintes définitives, parce que les milieux ne varièrent plus désormais avec assez de soudaineté et d'intensité pour modifier les organismes vivants. Après la grande perturbation de la surface du globe, les continents prirent peu à peu et sans secousses leurs formes actuelles; les races purent venir au contact, et l'évolution humaine atteignit ainsi le point d'où le comte de Gobineau l'eût fait partir d'emblée s'il n'avait tenu qu'à lui [1].

Voilà un procédé de conciliation entre la Bible et la théorie des races; il y en a d'autres certainement, et susceptibles de réussir, fût-ce avec quelques économies d'imagination et de cataclysmes.

Bref, ni les Livres Saints, ni les dogmes, ni plus généralement la défense de la religion, ne sont intéressés

---

1. Comte de Gobineau. *Essai sur l'inégalité des races humaines*, Paris, 1853-1855. — Vol. I. pp. 198-199, 226 et 599.

dans la question. Reste donc à montrer que celle-ci est du ressort des passions politiques, comment et desquelles. Un court aperçu historique y aidera. On comprendra par lui un trait tout à fait caractéristique de la controverse contemporaine sur les races : elle ne s'occupe que très accessoirement, et par voie de conséquences, des populations d'origine non-européenne ; elle se concentre sur l'homme blond à grande taille et dolichocéphale, c'est-à-dire au crâne allongé d'avant en arrière. C'est lui, disent les uns, qui est le type le plus accompli de l'humanité, supériorité que les autres contestent. Quelque aspect qu'elle revête, la dispute se ramène toujours là.

§ 2. — Bref historique de la genèse de la « question des races [1] ».

Cette dispute prend son origine dans la conquête de la Gaule par les Francs, ou, plus exactement, dans le souvenir qui s'en réveilla lorsque des historiens prirent la succession de nos vieux chroniqueurs.

Deux théories se trouvèrent en présence dès le xvi⁰ siècle : les Francs sont un peuple germanique, les Francs descendent de colonies gauloises qui avaient émigré au delà du Rhin. La seconde l'emporta sous Louis XIV : utilisée après la Fronde, elle favorisait le sentiment de l'unité nationale et, du même coup, fortifiait les titres de l'autorité monarchique à se soumettre également toutes les classes de Français ; plus tard, elle servait à justifier les visées du Roi Soleil sur les pays rhénans. Mais ces avan-

---

1. Voir Ernest Seillière, *Philosophie de l'Impérialisme*, vol. I: *Le Comte de Gobineau et l'aryanisme historique*. Paris, 1903. Introduction.

tages avaient leur contre-partie d'inconvénients, en particulier pour les nobles : si les nobles étaient des Gaulois « comme tout le monde », leurs privilèges ne dépendaient plus que du bon vouloir royal qui seul les maintenait au-dessus des bourgeois, des manants, des serfs eux-mêmes ; tandis que s'ils descendaient d'une race étrangère, différente de celle des premiers possesseurs du sol, ils pouvaient invoquer le droit de conquête, représenter les institutions féodales, — combien altérées déjà, — comme basées sur le pacte fondamental conclu entre les envahisseurs de la Gaule romaine pour se partager les profits matériels et moraux de leur victoire.

Aussi les théoriciens nobiliaires du XVIII° siècle, le comte de Boulainvilliers, le comte du Buat, notamment, en revinrent à la thèse de l'origine germanique des Francs, thèse d'ailleurs évidemment conforme au bon sens historique et qui n'a plus été sérieusement contestée. Mais ce simple retour ne suffisait pas ; on pouvait toujours dire aux féodaux : — Vos privilèges vous viennent des Francs, qui ne les tenaient eux-mêmes que du droit de conquête, c'est-à-dire de la force ; on vous les rogne, ces privilèges, c'est donc que vous avez été impuissants à les maintenir. S'ils n'ont d'autre justification que la force, ils ne sont plus justifiés, puisque la force vous fait défaut. — Il s'agissait dès lors de prouver qu'il y avait, à la domination franque, d'où dérivait — soi-disant — la domination féodale, une autre justification que la force ; que, même incapables de faire respecter par la contrainte leur situation héréditaire privilégiée, les féodaux méritaient de la conserver en raison d'un privilège naturel inhérent à leur caste ; celui-ci ne pouvait être dû qu'à la race ; et comme les nobles d'alors s'attribuaient une descendance germanique, tout l'effort de leur argumentation devait tendre à établir la supériorité du Germain sur le Gaulois.

De là un germanisme intérieur, un *germanisme français*, qui, au cours de son évolution, s'allia fort bien avec les plus violentes antipathies contre les Allemands. Il n'était autre chose qu'une forme de la lutte engagée par l'aristocratie contre la démocratie, et il a gardé jusqu'à maintenant ce caractère essentiel. En outre, phénomène curieux, il en est venu à constituer, à lui tout seul, la « Question des Races », si bien qu'un partisan de la « théorie des races » est, la plupart du temps, un ennemi de notre régime actuel. (Ce qui ne veut pas dire que tous les ennemis de notre régime actuel soient partisans de la « théorie des races »).

Une autre espèce de germanisme, allemand, celui-là, se développa en Allemagne ; il devait engendrer le pangermanisme. Par réaction contre le « gallisme » conquérant de Louis XIV, Leibniz repoussa le berceau des Francs jusqu'aux bords de la Baltique afin de l'éloigner plus sûrement de toute contamination celte. A la fin du XVIIIe siècle, le pasteur Herder (1744-1803), cédant à un fanatisme surtout religieux — car il était cosmopolite —, s'en prit à Rome, à tout ce qui avait une origine latine. De Rome, selon lui, n'étaient venus pour l'humanité que des tares et des fléaux, tandis que toute civilisation réelle dérivait d'idées ou d'institutions germaniques. Ce n'était pas encore là le pangermanisme moderne, puisque de bons patriotes français ont pu professer une doctrine analogue par aversion pour le cléricalisme ou le classicisme ; mais Herder et quelques autres écrivains de mêmes tendances préparaient un terrain favorable à l'éclosion de la teutomanie furieuse qui s'exalta, après les revers de Napoléon, et à la voix de Fichte, d'Arndt, de Kœrner, jusqu'aux excentricités d'un Jahn le Turnvater et d'un Gœrres et à des mascarades romantiques. Il ne s'agissait plus seulement alors de direction spirituelle du monde, mais encore et surtout de règne politique d'une race.

D'ailleurs il était fatal que les efforts de l'Allemagne vers l'unité se manifestassent ainsi. Elle comprenait des États autonomes et parfaitement constitués, des patries aussi patries que la France ou le Portugal. Une solidarité plus étendue que celle qui unit les gens d'une même nation devait donc former le ciment de l'édifice à construire. On pouvait bien « parler » d'une restauration du vieux Saint-Empire Romain Germanique ; pure manière de « parler », en effet, car la réalité historique créa la nouvelle Allemagne de 1871 aussi peu semblable à sa vénérable aïeule que Luther à Pie IX, la Prusse à l'Autriche, la Russie tzarienne à la Suisse, un régiment à une communauté anarchiste ; le retour au passé des Charlemagne, des Othon, des Frédéric Barberousse, des Charles-Quint, était un symbole purement verbal ; il ne restait comme moteur efficace des passions politiques que l'idée de race. Elle seule était exploitable pour imposer aux Bavarois, Hanovriens, Hessois, Saxons, comme une discipline nécessaire, la soumission à un joug peu aimé et que leurs ancêtres, des plus lointains aux plus proches, n'avaient jamais connu.

Tout en se prêtant aux plus violentes antipathies nationales, le germanisme français et l'allemand se rejoignent dans quelques systèmes de pseudo-science : aryanismes divers, anthroposociologie, etc...

§ 3. — GOBINEAU. — L'ARYANISME HISTORIQUE.

Une méthode très simple pour ennoblir le Germain, c'est d'en faire le plus pur représentant de la race blanche. Elle suffirait, encore aujourd'hui ; à plus forte raison à l'époque où paraissait la première édition de *l'Essai sur l'inégalité des races humaines,* de l'œuvre fameuse du comte de Gobineau (1853-1855). En ce temps-là, les Japonais n'ayant pas encore joué du canon avec la virtuosité que connut l'aube du xx° siècle, on était exempt d'un doute : — les Jaunes n'appartiendraient-ils pas, eux aussi, à une race supérieure ? — La question de primauté ne se posait alors qu'entre Blancs.

Gobineau se demanda quels étaient et d'où venaient les premiers ancêtres des Blancs, les Blancs au sang pur.

Il trouva leur patrie d'origine dans une *Arianie* reconnue plus tard comme mythique et les nomma donc *Arians* (« Aryen » a prévalu depuis lors).

L'honneur était la grande vertu dont leur race avait le monopole. Ils se caractérisaient aussi par la passion de l'indépendance personnelle. Bien qu'égaux entre eux, ils marquaient une très grande déférence à l'égard de leurs prêtres, conseillers moraux et politiques dont les avis, toujours reconnus comme inspirés par la sagesse, étaient obéis sans contrainte.

Beaux au moral comme au physique, les Aryens étaient les seuls hommes véritables. Cette opinion qu'ils eurent eux-mêmes tout naturellement après avoir été séparés des Noirs et des Jaunes par le cataclysme cosmique (voir plus haut, p. 40), ne fit que se confirmer le jour où ils vinrent au contact des deux espèces humaines inférieures ; « ils ne purent s'imaginer voir des êtres égaux à eux dans ces créatures d'une hostilité méchante.., d'une laideur hideuse.., d'une inintelligence brutale.., revendiquant elles-mêmes le titre de fils de singes¹ ».

Toutefois les Non-Aryens, ces quasi-gorilles, avaient leurs qualités. Il fallait bien qu'ils servissent à quelque chose, sans quoi une extermination radicale eût été le seul traitement raisonnable à leur appliquer. Les Jaunes — et il faut considérer comme tels les Finnois —, unique population que Gobineau accordât à l'Europe centrale et septentrionale avant l'arrivée des Celtes et des Slaves, sont travailleurs, habiles artisans, ingénieux, mais platement utilitaires, dépourvus de tout idéal de quelque nature qu'il soit, tandis que les Noirs, plus bestiaux encore, animés de passions sensuelles d'une extraordinaire brutalité, ont du moins l'avantage, par le fait de cette sensualité même, de posséder les dons artistiques. Gobineau explique comment les forces génératrices de l'art, faites d'enthousiasme, de soulèvement des sens, de délire, de désordre, sont le contraire même de la raison, apanage des Aryens qui ont pour privilège inné l'aptitude à organiser, discipliner, légiférer, gouverner². La valeur artistique des peuples est en raison de la proportion de sang nègre qu'ils possèdent dans leurs veines; aussi les Grecs anciens étaient-ils beaucoup plus nègres que les Français modernes³. Affirmation un peu moins absurde qu'elle ne le semble, étant donné que, d'après la terminologie gobinienne des races, le fait d'appartenir à l'espèce « jaune » ou « noire » ne préjuge rien d'absolu sur la couleur de la peau.

1. *Essai sur l'inégalité...* Vol. II, pp. 347-348.
2. *Loc. cit.*, Vol. II, p. 90.
3. *Ibid.*, p. 91.

Ces prémisses posées, le travail de Gobineau consiste à faire fonctionner l'histoire universelle suivant un mécanisme constant et très simple que voici :

Un peuple aryen émigrait. Au bout d'un temps plus ou moins long, il finissait toujours par assujettir des Jaunes ou des Noirs, fonder un empire, une civilisation. Les institutions qui étaient à la base de cet édifice avaient pour but essentiel de constituer les dominateurs blancs en caste afin que leur race ne se corrompît pas et que leur pouvoir demeurât intangible. En fait, les croisements n'étaient jamais empêchés, le sang aryen finissait par se diluer, la civilisation déclinait, l'empire se trouvait à la merci du premier envahisseur qui survenait, plus fraîchement ou plus solidement aryanisé. Une seconde migration aryenne progressait donc dans les mêmes conditions que la première parmi des peuples revenus par métissage, par bâtardise, au niveau des demi-singes, les Jaunes ou les Noirs. Nouvelles créations politiques, nouveaux déclins, nouvelles chutes d'empires, jusqu'au rajeunissement par une troisième vague blanche. Cela aurait pu durer indéfiniment si l'Aryanie primitive avait conservé, après chaque grand départ de peuples, une réserve suffisante d'autochtones. Mais il faut croire que les Blancs se dégoûtèrent de l'antique Aryanie ou ne surent pas la défendre. Toujours est-il que ce fut au troisième flot que le réservoir aryen se vida; ce flot apportait les Germains.

Dans le pays qui devint la France, en particulier, ils trouvèrent une population dont le fond ethnique était formé par le métissage des Celtes, très anciens migrateurs aryens, avec les Finnois aborigènes, population dont la tare devait persister indéfiniment en France; « c'est le type le plus laid, le plus vulgaire, le plus commun et dans lequel l'influence finnique est impossible à méconnaître. Nos rues et nos boutiques sont remplies aujourd'hui de ces physionomies[1]. » Au moral, ces Blancs-Jaunes étaient des gens incapables de s'élever au-dessus des soucis les plus matériels, tellement dépourvus, d'ailleurs, d'énergie virile qu'ils avaient été soumis sans la moindre difficulté par les Romains déjà grangrénés eux-mêmes jusqu'à la moëlle.

Les Francs, peuplade germanique, n'eurent que la peine de cueillir ce fruit pourri. S'ils parvinrent à faire revivre un cadavre décomposé comme la Gaule, c'est que, suivant en cela la tradition aryenne, ils mirent une barrière de caste entre eux et les vaincus, barrière qui devint plus tard le régime féodal; moins souillés que les autres Germains par des relations avec l'empire romain et les Slaves, ils conservaient un sang plus pur.

Les Scandinaves, autres Germains, valaient autant, et même mieux que les Francs. Ils conquirent la Normandie, comme ils avaient conquis l'Angleterre, et ce fut en définitive dans ce dernier pays que leur domination eut le plus d'efficacité, que leur sang s'altéra le moins. « Les Anglo-Saxons représentent, parmi tous les peuples sortis de la péninsule scandinave, le seul qui, dans les temps modernes, ait conservé une certaine portion apparente de l'essence ariane. C'est le seul qui, à proprement parler, vive encore de nos jours. Tous les autres ont plus ou moins disparu, et leur influence ne s'exerce plus qu'à l'état latent[2]. »

Les Allemands, eux, ne sont guère plus Germains que les Français : « Après le v° siècle, les multitudes slaves furent mises en mouvement... repassèrent l'Elbe, remontèrent le Danube, apparurent au cœur de l'Allemagne... les popula-

1. *Loc. cit.*, Vol. III, p. 167.
2. *Loc. cit.*, Vol. III, p. 29.

tions de l'Allemagne se trouvèrent définitivement très peu germanisées [1]...

Voilà le trait qui, désormais, distinguera toujours essentiellement le germanisme français du germanisme allemand : *Le Germain des Allemands, c'est l'Allemand, le nôtre, c'est l'Anglais.*

L'*Essai sur l'inégalité des races* n'est pas autre chose, d'un bout à l'autre, et sous des symboles à peine symboliques, tant ils sont transparents, qu'un pamphlet politique, passionné au plus haut point. On reconnaît sans peine la roture, le peuple de la Révolution, dans ces Blancs-Jaunes, laids, vulgaires, bons seulement à faire du commerce et de l'industrie, haineux à l'égard de toute supériorité ; les doctrines de Littré se retrouvent dans les croyances des Finnois premiers occupants de la Gaule et qui se targuaient de descendre du singe ; Gobineau traite de mensonge et de hâblerie l'opinion de ceux qui *par haine de nos origines germaniques et de leurs conséquences gouvernementales, au moyen-âge* appellent Barbares les dépeceurs de l'empire romain [2].

Si Gobineau veut qu'on respecte l'inégalité là où la nature l'a mise, c'est-à-dire entre les races, il estime au contraire que les individus de l'espèce la plus parfaite de toutes, l'espèce de l'homme blanc, sont essentiellement égaux entre eux ; l'honneur, l'attribut aryen par excellence, le démontrerait déjà si nous ne savions en outre par Gobineau que l'Aryen est individualiste, rebelle à la notion de l'État, n'obéissant que par suite d'un libre consentement, n'ayant jamais considéré son chef que comme le premier entre des pairs. Bref, l'Aryen de Gobineau est machiné tout exprès pour

1. *Loc. cit.*, Vol. IV, p. 172-175.
2. *Loc. cit.*, Vol. III, p. 356-357.

démontrer que la monarchie française a eu le plus grand tort de ne pas laisser les seigneurs féodaux maîtres chacun dans leur domaine : répétition de Boulainvilliers.

Gobineau rend à la cause aristocratique un autre service que de crier en sa faveur avec une voix énergique : il lui apporte une méthode qui permet de donner à ce que les démocrates appellent la Réaction des principes d'apparence scientifique. La Race étant posée comme un fait définitif, pratiquement aussi éternel que les propriétés d'un corps simple de la chimie, le régime qui convient à une race ne l'est pas moins ; changer les institutions d'une race devient donc une entreprise aussi néfaste pour sa prospérité que, par exemple, la substitution de la viande au fourrage pour la prospérité d'un troupeau de bœufs ; c'est une absurdité biologique, physiologique ; par là la Tradition se trouve fondée sur l'Absolu. L'Autorité bénéficie de bases non moins impérissables, son origine provenant de la supériorité d'une espèce d'hommes sur d'autres espèces, supériorité non moins évidente que celle du genre humain lui-même sur les animaux.

§ 4. — LE « GERMANISME » ALLEMAND.

Voilà pour le « germanisme français », c'est-à-dire celui que certains rêvent d'adapter à notre politique intérieure. Mais la hiérarchie de races, d'où Gobineau fait dépendre la nécessité d'une hiérarchie de castes, légitime aussi bien, et même beaucoup plus directement, une hiérarchie de nations ; le peuple qui a dans les veines le plus de sang aryen a le droit, le devoir plutôt, d'imposer sa domination aux autres.

Ce sont des Allemands qui « lancèrent » Gobineau ;

Richard Wagner d'abord, dont il était l'ami, puis les wagnériens. Le Professeur Ludwig Schemann, de Fribourg-en-Brisgau, édita en Allemagne et réédita en France les œuvres de Gobineau. Il se fonda en Allemagne une Association gobinienne, la *Gobineau-Vereinigung*, qui comptait en 1901 cent cinquante membres allemands contre une dizaine de Français, dont M. Paul Bourget[1].

Telle fut une des origines principales des procédés pseudo-scientifiques par quoi le pangermanisme justifia ses plus extravagantes prétentions. Il trouva cependant le moyen, même avant 1914, d'être parfois violemment anglophobe, tout en demeurant attaché à la religion gobinienne. Comment, sans en renier le dogme fondamental, s'élevait-il avec haine et mépris contre l'Anglais, le plus Germain des Germains ? L'interprétation du livre de Gobineau permettait, grâce à un peu d'ingéniosité, de justifier ces sentiments. Gobineau, sans doute, affirme que les différences, les inégalités ethniques, la Race, ne sont pas un produit des institutions[2]; mais, d'autre part, il professe qu'il n'y a plus de race pure, même en Angleterre, que partout le sang aryen s'est altéré dans une certaine mesure ; ce sont dès lors les institutions, l'empreinte, l'esprit de la race blanche initiatrice, qui prolongent l'existence des civilisations et des peuples, en vertu de ce principe que, même si une race a totalement disparu, son impulsion persiste encore plus ou moins longtemps dans la civilisation qu'elle a fondée[3]. Le pangermanisme n'a donc pas donné trop d'entorses à l'enseignement du Maître lorsqu'il a dit en substance : — Le germanisme est fait aussi de l'âme de ces antiques Germains

---

1. Ernest Seillière. *Loc., cit*, p. 1-2, 355-370, 441-42.
2. *Essai sur l'inégalité*. Vol. I. Ch. V.
3. *Ibid*. Vol. I. Ch. V.

qui avaient le sang pur; nous, Allemands, dont la race physiologique avoisine celle des Anglais, nous avons tout conservé de l'âme, eux rien; ils ne sont donc pas plus Germains qu'un corps sans âme n'est un homme : anathème sur eux !

§ 5. — L'Aryanisme sans aryens.
M. Vacher de Lapouge.

Après Gobineau, le germanisme français poursuivit sa carrière d'une allure d'ailleurs assez calme, parallèlement à des aryanismes antigermaniques comme celui de Drumont, par exemple, lequel était fait pour exclure les Juifs, naturellement, et aussi les Anglais et les Allemands, du bénéfice d'appartenir à la race noble par excellence, race toujours, par routine, appelée aryenne. Ces aryanismes antigermaniques n'eurent relativement que peu d'importance; ils n'enrôlèrent pas de théoriciens proprement dits de la Race avec une majuscule, sauf peut-être Drumont; mais pour ce dernier la question de race était une affaire de circonstance : pourvu que les Juifs fussent séparés des Européens par le sang, le reste lui importait peu.

Le germanisme français contemporain, au contraire, compta d'illustres gobiniens, comme M. Paul Bourget, et son importance s'accroît du fait qu'il rejoint, dans ses conclusions sur la préexcellence anglo-saxonne et contre la Révolution française, des panégyristes des Anglo-Saxons tels que Taine et bien d'autres.

Il serait trop long d'exposer la contribution personnelle de M. Paul Bourget au développement des théories de Gobineau, les idées du célèbre académicien sur la Race demeurant dispersées dans ses œuvres critiques et ses romans.

Qu'il suffise de savoir que, jusqu'à l'*Étape* du moins, *tous* les bourgeois français des romans de M. Paul Bourget sont des gens chimériques, ou déséquilibrés, ou physiquement dégénérés; *tous* les gens du monde à sang mêlé ont des tares d'esprit ou de corps, sinon des deux à la fois; *tous* les nobles français de descendance pure et authentique et *tous* les Anglo-Saxons valent par ce qui manque aux deux catégories précédentes[1].

Il y a là la même opposition, et de même origine, qu'entre brachycéphales et dolichocéphales de M. Vacher de Lapouge, et comme celui-ci a condensé ses idées en un petit nombre d'ouvrages, nous le prendrons de préférence pour représenter la succession française de Gobineau.

M. Vacher de Lapouge parle encore d'Aryens, bien qu'il n'y ait pour lui, non plus que pour personne aujourd'hui, ni pays, ni langue des Aryens. « Aryen », nom désormais mythique, est appliqué par M. Vacher de Lapouge, comme un nom de baptême tiré d'une fable respectée, à l'*Homo Europæus,* l'homme grand et dolichocéphale, dont le rôle, par rapport à des bipèdes tels que l'*Homo alpinus,* petit et brachycéphale, reproduit celui du Blanc de Gobineau par rapport aux Aryens de sang trop mêlé. L'*Homo alpinus* ne diffère lui-même que de nom des Blancs-Jaunes, Celto-Finnois, de l'*Essai sur l'inégalité*. M. Vacher de Lapouge raconte l'histoire inventée par son maître Gobineau sans y rien changer que pour la mettre au goût du jour par diverses retouches accessoires; la plus remarquable consiste à nous transporter de l'Aryanie désuète en Dolichocéphalie.

Il faut, pour apprécier ce changement de décor, se rap-

---

1. Jules Sageret : *Les Grands Convertis*. Paris, Mercure de France, 1906. pp. 13-82.

peler ce que l'on entend par « dolichocéphale » et « brachycéphale ».

Les figures, tracées en pointillé sur du papier, que les chapeliers retirent d'un « conformateur » après avoir coiffé de cet engin la tête d'un client, donnent une idée approximative de la brachycéphalie ou de la dolichocéphalie. Elles reproduisent à petite échelle un contour, une coupe, une section du crâne[1]. Elles sont toujours ovales, mais plus ou moins; très ovales elles répondent à la dolichocéphalie, peu ovales à la brachycéphalie. On ne reste pas dans le vague à cet égard : on fait des mesures; les anthropologistes se sont entendus pour apprécier en chiffres le degré d'ovalisation, *l'indice céphalique* : ils le définissent par le rapport de la largeur du crâne, ou petit axe de l'ovale, à sa longueur, ou grand axe; et ce rapport s'exprime en centièmes, de sorte que si, par exemple, la largeur est égale aux trois quarts, ou ce qui revient au même à 75 0/0 de la longueur, l'indice céphalique sera de 75.

On est plus ou moins brachycéphale : — hyper ou sous-brachycéphale, — plus ou moins dolichocéphale : — hyper ou sous-dolichocéphale, — ou enfin on se trouve sur les confins de la brachycéphalie et de la dolichocéphalie, auquel cas on se voit appliquer l'épithète de « mésaticéphale » ou « mésocéphale ».

Après cette diversion, on me comprendra mieux si je dis que M. Vacher de Lapouge ne fit que traduire l'épopée gobinienne en langage d'indice céphalique. Le héros sympathique, l'Achille de cette Iliade, conservant, comme nom

1. Les anthropologistes considèrent en réalité une section du crâne qui n'est pas tout à fait au même niveau que celle dont les « conformateurs » fournissent la reproduction. Celle-ci ne fournit donc qu'une indication approximative de la brachy — ou de la dolichocéphalie définies scientifiquement.

de baptême d'origine mythique, celui d'Aryen, s'appelle *Grand Dolichocéphale*, *Homo Europæus*, au lieu de *Blanc* ; le Thersite, naguère *Finnois* ou *Blanc-Jaune*, devient *Petit Brachycéphale*, *Homo Alpinus*. Mêmes caractères : même noblesse d'un côté, même bassesse de l'autre : « C'est par opposition avec notre psychologie servile de brachycéphales, écrit M. Vacher de Lapouge, que l'on arrive à faire comprendre celle de l'Aryen... Supériorité de l'Aryen au point de vue religieux, financier, industriel et commercial...[1] Par sa manière agressive de concevoir la solidarité, l'Aryen possède une supériorité écrasante sur les autres races et sur le brachycéphale en particulier. L'Aryen aime à se mettre en avant, le brachycéphale à rester en arrière. La solidarité du premier est celle de la meute chassant le sanglier... La solidarité du second est celle du troupeau de moutons, où chacun cherche à se cacher derrière le voisin... La solidarité du brachycéphale, quand il lui arrive d'être agressive, c'est celle de la masse liguée contre les chefs, des imbéciles contre les intelligents, des lâches contre ceux qui veulent marcher...[2] »

Même aboutissement, dans les temps modernes, de l'épopée : c'est encore l'Anglo-Saxon qui représente le mieux l'espèce supérieure de l'humanité. Mais, avec M. Vacher de Lapouge, nous avons des précisions, nous savons quelle proportion de sang aryen, de sang de l'*Homo Europæus*, subsiste dans les veines des peuples d'Europe et de l'Amérique du Nord ;

25 p. 100 chez les Anglais et Scandinaves.
20 p. 100 chez les Allemands du Nord et Américains.

1. *L'Aryen, son rôle social*. Paris, 1899, pp. 378 et 392.
2. *Ibid.*, p 375.

4 p. 100 chez les Français.
3 p. 100 chez les Allemands du sud, Autrichiens et Suisses.
2 p. 100 chez les Italiens.
1 p. 100 chez les Espagnols[1].

Comme dans l'*Essai sur l'inégalité*, la civilisation est menacée de mort par la dilution du sang de la race supérieure dans celui des hommes les moins éloignés du singe. Ici, toutefois, il y a une variante : ce n'est pas seulement par métissage des races que l'humanité marche à sa déchéance, c'est par une sélection à rebours qui favorise le brachycéphale aux dépens du dolichocéphale.

Jusqu'à l'ère contemporaine, raconte M. Vacher de Lapouge, le dolicho ne cessa pas de dominer en Europe. Si nous considérons en particulier la région où se forma plus tard la France, nous constatons que toutes les invasions de peuples renforçaient l'élément dolichoïde, le contingent de l'*Homo Europæus*. Gaulois, Kymris, Francs, Normands, apportèrent tous un renfort aryen, de sorte qu'au moyen-âge, notre pays restait très nettement une province de Dolichocéphalie où l'élément brachycéphalien, l'*Homo Alpinus*, était à peine représenté. Mais trois siècles suffirent pour renverser la proportion[2], de sorte que notre pays est aujourd'hui, au contraire, une province de Brachycéphalie où le dolicho devient une exception de plus en plus rare. Nous sommes menacés de bien pis encore : voici que commence à prospérer l'*Homo acrogonus*, un brachycéphale particulièrement hideux dont la variété la plus monstrueuse, un être à indice céphalique de 90, privé d'occiput, se multiplie avec une grande rapidité dans les départements très brachycéphales[3].

1. *Loc. cit.* p. 345.
2. Vacher de Lapouge. *Race et milieu social*. Paris, 1909, p. 321. *Les sélections sociales*. Paris, 1896, p. 382. *L'Aryen*, p. 341.
3. *Race et milieu social*, pp. 69-70. *Sélections sociales*. p. 383.

Cette décadence est un phénomène qui relève de la sociologie. Le dolicho, très migrateur et entreprenant par nature, s'en va demeurer dans les villes, abandonnant les campagnes au brachycéphale sédentaire et routinier. Mais les villes corrompent l'élément noble à mesure qu'elles le drainent : les plaisirs, l'excitation nerveuse, les unions métissées, les raffinements du luxe, y détruisent la race par la diminution extrême de la fécondité et par les tares diverses qu'ils propagent et entretiennent[1].

§ 6. — L'anthroposociologie.

En combinant ces considérations sociologiques avec les déterminations des caractères anatomiques des races, lesquelles appartiennent à l'anthropologie, M. Vacher de Lapouge a fondé, ou à peu près, l'anthroposociologie dont il vénère, dans Gobineau, le précurseur.

Peu prisée en France, cette science a prospéré en Allemagne. « L'anthroposociologie, dit M. Vacher de Lapouge, est à l'heure présente (1908) une science allemande. Ni la France, ni aucun autre pays ne possède l'équivalent de la *Politisch Anthropologische Revue* tirant à deux mille exemplaires, ou de l'*Archiv für Rassen und Gesellschafts Theorie*. Seule l'Allemagne peut citer une liste de spécialistes des plus actifs tels que Ammon et Roese, Wiltser et Kraitchek, Woltmann. »

M. Vacher de Lapouge ajoute que l'anthroposociologie est devenue la base théorique du pangermanisme et de l'impérialisme allemand et que « de nombreux Chamberlain propagent sous son nom des opinions plutôt contestables [2] ».

---

1. *Sélections sociales*, pp. 362-370, 382-383, 397-403.
2. *Race et milieu social*, p. 289.

Cette soi-disant science nouvelle n'est qu'un système politique et demeure basée sur ce principe que le Germain du Français est l'Anglo-Saxon, le Germain de l'Allemand l'Allemand. Quand elle s'occupe d'améliorer les qualités physiques et morales de l'humanité, elle ne se distingue pas de la sociologie; en fait, les applications pratiques qu'elles préconise sont relatives à l'alcoolisme, aux tares héréditaires, à l'encouragement des mariages entre les individus les plus beaux et les plus sains, au maintien de la population rurale, etc..., et pourraient être approuvées par des sociologues tout à fait réfractaires aux idées de race; elle n'ose pas être logique avec elle-même, réclamer, par exemple, des conditions de taille et d'indice céphalique pour l'admission des candidats aux fonctions publiques ou des étrangers à la résidence sur le sol national. Quand elle étudie les caractères anatomiques et physiologiques des hommes, elle est de l'anthropologie. Sociologie, anthropologie, le fait qu'on puisse cultiver ces deux sciences n'engendre pas une science nouvelle, pas plus qu'on ne créera une psycho-minéralogie en s'occupant à la fois des propriétés des pierres et de celles de l'esprit.

La seule originalité de l'anthroposociologie consiste à traiter les races par la louange ou le mépris avant même que l'anthropologie ait commencé de savoir ce que serait une psychologie des races. A défaut d'expérience et d'observation scientifiques, c'est donc auprès de passions que l'anthroposociologie se fournit en adjectifs.

En France, passions de parti. Lorsque l'anthroposociologie française (germanisme français) prend pour type idéal l'Anglo-Saxon, elle se prononce tout simplement contre la Révolution française. Gobineau nous l'a montré, et M. Vacher de Lapouge nous déclare nettement que « la

Révolution... a été avant tout la substitution du brachycéphale au dolichocéphale dans la possession du pouvoir[1] ».

Pourquoi MM. Vacher de Lapouge, Paul Bourget et autres, après Gobineau, invectivent-ils la majorité française? Ce n'est pas avec l'espoir de l'amender, puisqu'ils font dépendre ses opinions, suivant eux détestables, de sa race, et qu'ils professent comme dogme fondamental la permanence indéfinie des caractères de race. Ils n'attaquent pas non plus, en cette majorité, des Français en tant que Français : leur patriotisme sans tache nous le garantit. Il faut donc bien qu'ils agissent sous l'empire de passions politiques contre des adversaires politiques et obéissent à cette loi qui, régissant toutes les hostilités depuis Homère, veut que l'ennemi reçoive des épithètes désobligeantes.

L'anthroposociologie allemande, ou germanisme allemand, s'agite de même sous l'aiguillon de passions politiques, mais de politique extérieure, pour une nation contre les autres nations. Elle se réduit à une entreprise de réclame en faveur de l'Allemand, à une mobilisation des fantaisies philologiques, ethnologiques, historiques, psychologiques... qui établissent le droit de l'Allemand à gouverner le monde. Rien de bien n'a été fait sur terre que par le Germain, et le Germain c'est l'Allemand ; donc les Allemands ne sauraient se dérober à la mission sacrée d'établir leur hégémonie... Inutile d'insister : nous connaissons amplement l'antienne par la littérature de guerre qui a développé toute celle d'avant-guerre.

1. L'*Aryen*..., p. 22.

§ 7. — La race « historique ».
PROFESSEUR GUMPLOWITZ. D* GUSTAVE LE BON.

L'inventeur de la « race historique » est le Professeur Ludwig Gumplowitz qui en parla dans son ouvrage *Der Rassenkampf* publié en 1883 à Innsbruck et traduit en français en 1893[1]. Cet ouvrage est surtout une philosophie de l'histoire et a pour but de démontrer que le choc des peuples, leurs efforts de domination les uns sur les autres, sont le facteur essentiel de l'évolution humaine.

« Il n'existe, dit le Professeur Gumplowitz, aucune race sur le Globe… si l'on donne au mot *race* la signification (naïve du reste) qu'implique l'unité de souche… » D'autre part… « l'individu, par tout son être, a de profondes racines dans l'essence de sa race. Il a conscience de la communauté sanguine : il sent qu'il est comme une goutte de la circulation commune… il a en horreur le mélange avec le sang étranger[2]… » Cette horreur, à la suite des conquêtes, se traduisait autrefois par la séparation des descendants des vainqueurs et des vaincus en castes plus ou moins étanches. Peu à peu, cependant, la fusion s'est accomplie et il s'est formé une nouvelle unité ethnique, une nouvelle race.

Cette race est-elle bien une race au sens vrai du mot, a-t-elle des caractères propres et qui se transmettent par hérédité? Il semble que oui lorsqu'on nous dit : « La race est une unité qui, au cours de l'histoire, s'est produite dans le développement social et par lui. Ce n'est que plus tard qu'apparaît le facteur physique : l'unité du sang. Celui-ci est bien plus puissant : il est le ciment qui maintient cette

---
1. *La lutte des Races*. Traduction Ch. Page. Paris, 1893.
2. *La Lutte des races*, p. 264-265.

unité[1] ». L'unité de sang considérée comme facteur physique désigne assez clairement des hérédités communes. On aurait donc affaire à des races métisses au sens anthropologique du mot, et l'on ne voit guère d'éclaircissements originaux dans cette expression de « race historique » qui constaterait simplement que des métissages de races se sont produits au cours de l'histoire. Au surplus, le professeur Gumplowitz n'approfondit pas la question de race : appelez politique, ou morale, ou linguistique, l'unité qualifiée chez lui d'ethnique, son livre n'en sera pas changé.

Il est assez plaisant de voir un écrivain français insister là où l'écrivain de langue allemande n'a fait qu'effleurer. Tout le long d'un livre, *Les lois psychologiques de l'évolution des peuples*[2], et en maints passages d'autres volumes, le docteur Gustave Le Bon reprend à son compte la notion de « race historique », en s'efforçant de nous l'expliquer.

« Chaque race, dit-il, possède une constitution mentale aussi fixe que sa constitution anatomique »... Dans l'âme d'un peuple se reconnaissent toujours... « un certain nombre de caractères psychologiques communs, aussi stables que les caractères anatomiques qui permettent de classer les espèces. Comme ces derniers, les caractères psychologiques se reproduisent par l'hérédité avec régularité et constance[3] ».

Ces caractères psychologiques remonteraient donc à une origine aussi ancienne au moins que les premières races humaines connues, celles de l'âge de pierre.

Mais, suivant le Dr Gustave Le Bon, ils se sont combinés

1. *Ibid.*, p. 192.
2. Paris, F. Alcan, 1894.
3. *Les lois psychologiques de l'évolution des peuples*, p. 11-12.

à mesure que les différentes races de la terre mélangeaient leur sang ; et lorsqu'un ensemble de peuples a vécu d'une vie commune et à l'abri d'importantes infiltrations étrangères, cette combinaison finit par devenir homogène, et l'ensemble de peuples par former une « race historique », en somme une vraie race, une race tout court, puisque la presque totalité des individus qui la composent ont en commun des caractères qui se reproduiront indéfiniment par hérédité.

L'homogénéité en question peut être atteinte très vite, si l'on en croit le docteur Gustave Le Bon quand il parle des Anglais : « ...Saxon, Normand, ancien Breton, dit-il... fusionnant ont formé un type très homogène... par conséquent, tout est homogène dans leur conduite[1]... » Comme les migrations scandinaves en Grande-Bretagne s'achevèrent au xie siècle, il suffirait d'une huitaine de siècles pour former, avec cinq ou six éléments ethniques différents, une race parfaitement fixée, y compris le temps que ces peuples divers, conquérants et conquis, ont mis à oublier leurs origines et à effacer leurs différences de caste au point de s'entre-marier. Assertion plus qu'aventureuse lorsqu'on sait avec quelle obstination reviennent les types ancestraux dans une race métisse, même surveillée par un éleveur, même réduite au mélange de deux races pures.

Il est vrai que, d'après le docteur Gustave Le Bon, « la plupart des races historiques de l'Europe sont encore en voie de formation [2] », ce qui ne le retient pas de déterminer leurs hérédités définitives. Il prévoit, mais, modestement, à courte échéance : « la période de formation sera bientôt passée [3] ». Non formées encore, certaines de ces races, les

---

1. *Lois psychologiques*, p. 16.
2. *Ibid.*, p. 16.
3. *Ibid.*, p. 16.

races latines entre autres — parmi lesquelles compte la française — sont en décadence : leurs « dispositions héréditaires qui avaient demandé des siècles pour se former » et qui, cependant, pouvaient « être rapidement perdues », sont en train de disparaître[1]. Ces races disparaissent donc elles-mêmes; elles meurent, puisque ce sont les dispositions héréditaires qui font la race; mais on vient de nous dire qu'elles n'ont pas achevé de naître.

Fixité et instabilité des caractères héréditaires, temps énorme et bref que les races historiques ont mis à les acquérir, non acquisition jusqu'ici par les races historiques de caractères héréditaires, agonie d'êtres collectifs qui n'ont pas encore vu le jour, tout cela est à la fois affirmé par le docteur Gustave Le Bon avec clarté, autorité et preuves à l'appui.

Qu'on ne conclue pas à de l'incertitude dans la pensée de l'auteur; il écrit sous l'empire des mêmes passions politiques qui agitaient les Gobineau, les Vacher de Lapouge, les Paul Bourget; aussi arrive-t-il au même résultat : son Blanc, son Aryen, son homme supérieur, son *Homo Europæus*, est toujours l'Anglo-Saxon; et il ne fait que changer en celui de « Latin » le nom du Blanc-Jaune, du Celto-Finnois, de l'Homo Alpinus, du Brachycéphale qui, type unique pour lui, comme pour les autres, représente toujours la Révolution, à cette nuance près qu'il la met peut-être un peu plus à gauche : parmi les socialistes et radicaux-socialistes français.

1. *Loc. cit.*, Livre IV, Ch. I, p. 151 et sqq.

§ 8. — Théorie de la similitude foncière des races humaines.

Les passions politiques contraires, comme on eût pu l'annoncer d'avance, ont répondu par une théorie qui prend le contre-pied des précédentes. Au principe fondamental de la Révolution, Gobineau opposait le droit de suprématie d'une race, droit fondé par les lois biologiques qui ont mis l'homme au-dessus du singe. Quelques démocrates lui ont dit : — Vous avez raison, mais vous vous trompez de race ; la race supérieure est la nôtre qui a su triompher des féodaux germaniques. — Ils n'étaient pas conséquents avec leurs principes. La logique, au moins formelle, exigeait que l'on niât purement et simplement les lois naturelles d'inégalité biologique sur quoi s'appuyaient les théoriciens aristocrates. C'est à ce parti que la plupart se rangent encore.

Tel le regretté Brunetière qui consacra sa vie à un curieux effort de conciliation entre les principes de 89 et ceux du catholicisme. Il combattit la théorie des races, notamment en plusieurs de ses articles de la *Revue des Deux Mondes* : ceux du 1er juin 1886 sur la *France juive* de Drumont, du 15 janvier 1893 sur la *Lutte des races* de Gumplowitz, celui du 15 mars 1898 intitulé *Après le Procès*. Développant des objections très fortes et déjà classiques, il fit valoir que c'est peut-être le milieu qui fait la race — la plupart des voyageurs ont noté des traits de ressemblance physique entre les Américains du Nord, descendants des anciens émigrants anglo-saxons, et les Peaux-Rouges. Quant à la psychologie, Brunetière demanda si les professions parmi les individus, l'histoire, la langue, la littérature, la religion parmi les peuples, n'introduisaient pas des ressemblances ou des différences tout à fait inverses, de celles qu'on prévoirait en considérant la race.

Les Israélites, cela va de soi, combattent aussi en général l'idée de race. M. Finot a écrit un livre, le *Préjugé des Races*[1], qui est excellent dans sa partie critique : on y voit détaillées les chinoiseries érudites qui s'entassèrent autour du germanisme, les contradictions par lesquelles elles se ruinent les unes les autres, les incertitudes de la science et de l'histoire quand elles essaient d'y voir clair dans la définition des races humaines ; bref, rien n'est mieux fait pour nous donner l'idée du chaos et de l'obscurité qui règnent encore aujourd'hui dans la fameuse question. M. Finot est moins heureux lorsqu'il donne sa solution du problème, lorsqu'il affirme que les différences de types humains les plus marquées, celles, par exemple, qu'il y a entre Anglo-Saxons et Nègres, ne correspondent à rien de stable et que les Nègres atteindront très rapidement au niveau moral et intellectuel des Blancs les plus avancés en civilisation.

Qui peut le savoir? et au bout de combien de temps s'achèvera cette ascension? M. Finot cite des exemples pris parmi les Noirs des États-Unis; on en trouverait d'autres tirés du même pays et qui seraient défavorables à sa thèse; surtout on rappellerait Libéria et Haïti où les Nègres, maîtres de leurs destinées, ne progressent absolument pas.

1. Paris, F. Alcan 1905.

CHAPITRE V

Les Races et la Science

§ 1. — LES RACES ET L'ANTHROPOLOGIE.

Si les progrès de la science dénuée de préjugés, basée sur des mesures, des observations, des expériences qui échappent aux partis pris passionnés, si les pièces entrées au dossier scientifique ne permettent pas encore de résoudre le problème des races, ils indiquent déjà dans quel sens interviendront les solutions, ils fournissent des probabilités, dénoncent les inconnues dont la détermination restera toujours vague...

Il serait intéressant de consulter la biologie, mais on s'engagerait ainsi dans une étude de la variabilité des caractères héréditaires, donc du transformisme, étude qui, même schématique, entraînerait trop loin. L'anthropologie suffira.

Je m'en réfèrerai principalement aux travaux de M. J. Deniker. Il a réuni et comparé toutes les données positives de l'anthropologie contemporaine et celles qu'il devait à ses prédécesseurs, presque tous des Français, tels Broca et Collignon (car l'anthropologie a toujours été et reste une science française, par opposition à l'anthroposociologie dont le monopole peu enviable appartient aujourd'hui à l'Allemagne). Les conclusions de M. Deniker paraissent bien, dans l'ensemble, marquer le progrès le plus récent de l'anthropologie.

Qu'est-ce qui fait en somme leur valeur scientifique? C'est qu'elles ont pour point de départ la comparaison d'un nombre considérable de mesures, une statistique de mesures; plus même : des comparaisons de statistiques. Certes les statistiques sont justiciables du soupçon : un auteur peut parfaitement les asservir à une thèse passionnée conçue d'avance. Mais les statistiques se contrôlent les unes par les autres et, lorsqu'elles concordent, les chiffres qui en résultent fournissent bien une donnée scientifique.

Les mesures sur lesquelles portent les statistiques de l'anthropologie sont surtout des indices céphaliques et des tailles. Des aires géographiques ont été déterminées, en chaque point desquelles la taille et l'indice céphalique des habitants restent très voisins d'une certaine moyenne et très nettement différents de ce qu'ils sont dans d'autres aires, même limitrophes. Il est parfaitement tenu compte de l'influence que le milieu, le régime, ont sur la taille — mieux nourris, les hommes sont plus grands —, mais les confins des aires en question séparent le plus souvent des hommes placés dans des conditions identiques de vie et de climat. A cela s'ajoutent d'autres caractères, remarquablement constants, de la population de ces territoires, tels que couleur des cheveux et des yeux, proportion du buste relativement aux jambes, conformation du visage... Il y a bien là des races, car on ne peut croire qu'une population homogène, possédant en commun des caractères spécifiques bien déterminés, change de type d'une génération à l'autre.

M. Deniker distingue en Europe six races :

La race *Nordique* : dolichocéphale, grande, blonde. Habitat : Suède, Norvège, tout le littoral de la Baltique, tant en Finlande qu'en Russie et en Allemagne, Nord et Est de la Grande Bretagne. (On reconnaît là le fameux Aryen de Gobineau, le Germain, l'*Homo Europæus*.)

L'*Orientale* : sous-brachycéphale, petite, blonde. Habitat : depuis la Vistule et peut-être l'Elbe jusqu'à et y compris le bassin du Volga. Certains Polonais et les Blancs-Russiens sont les types de cette race qui se rencontre aussi parmi les Grands Russiens, les Finnois occidentaux, etc...

L'*Ibéro-insulaire* : très brune, cheveux et yeux noirs, teint basané, très dolichocéphale, petite taille. Habitat : toute la péninsule ibérique, sauf certaines côtes, Corse, Sardaigne, Sicile, Sud de l'Italie.

L'*Occidentale* : petite taille, très brachycéphale, cheveux bruns ou châtains, yeux foncés ou clairs. (C'est la race dite — à tort — celtique de Broca, l'*Homo Alpinus* de M. Vacher de Lapouge et des pangermanistes). Habitat : en France, la Bretagne sauf une partie du littoral, le plateau central, et, tout autour, une assez vaste région qui va jusqu'aux Alpes, d'importantes fractions de la Suisse, de l'Allemagne du Sud, de l'Autriche allemande.

La *Littorale* ou *Atlanto-Méditerranéenne* : très brune, taille moyenne, sous-dolichocéphale, face allongée et pointue. Habitat : tout le littoral de la Méditerranée occidentale depuis l'Italie centrale jusqu'à Valence, et plusieurs points de la côte Atlantique en Espagne, Portugal, France.

L'*Adriatique* ou *Dinarique* : brune ou châtain, grande taille, très brachycéphale. Habitat : pourtour Nord et Est de l'Adriatique; Ouest de la péninsule balkanique : Dalmatie, Bosnie Herzégovine, partie de la Serbie et de la Vénétie. Représentée dans les Alpes orientales, les Vosges et les Ardennes [1].

A ces races principales, il faudrait joindre quatre races secondaires : la *Sub-Nordique* et la *Nord-Occidentale*, intermédiaires entre la *Nordique* et certaines races brunes, mais plus voisines de la *Nordique* : on les trouve juxtaposées à celle-ci dans tous ses habitats et en outre en Normandie et dans le Nord de la France, la Belgique, la Hollande. La *Sud-Orientale* a, avec l'*Orientale*, les rapports des précédentes avec la *Nordique* et est répandue dans les Balkans. La *Sub-Adriatique* enfin serait une race Adriatique moins grande et moins brachycéphale ; la carte de M. Deniker la montre très répandue en France au Nord de la ligne Avranches-Nice et dans toute l'Allemagne et toute l'Autriche jusqu'à la Silésie.

Autant qu'en peut juger un profane, les quatre races secondaires sont assez mal déterminées et ne représentent guère qu'un classement, de sorte qu'il serait prématuré d'en parler comme de races proprement dites. Ce n'est d'ailleurs pas sans raison que M. Deniker leur donne ce qualificatif de « secondaires ».

§ 2. — Métissage des races.

Si la race a été stable quelquefois et sur certains territoires, elle ne l'a pas été toujours ni partout. Il est arrivé à coup sûr que deux races se soient mêlées dans le

---

1. J. Deniker. *Les races de l'Europe*. Vol. I, pp. 97-99 Vol. II, pp. 133-125. *La question des races en psychologie* : Année psychologique. Tome XIII, année 1907, pp. 301-306.

même pays, assez nombreuse chacune pour ne pas se « dissoudre » pour ainsi dire dans l'autre. Des métissages se sont produits par croisement.

La supposition se présente à l'esprit qu'ils ont eu çà et là pour effet la formation d'une race métisse homogène, d'une combinaison assez fixe des deux types ancestraux primitifs. Plusieurs anthropologistes sont de cette opinion, entre autres Collignon qui, ayant étudié la race lorraine, la considère comme bien déterminée, stable et issue du croisement de deux races.

Il faut remarquer cependant que s'il y a vraiment des races provenant de croisements, leur formation a dû demander un temps énorme, remonter à la préhistoire.

Car rien n'est plus incertain que le métissage. Les éleveurs l'apprécient peu, non que les produits en soient mauvais, mais parce qu'il est infidèle, parce qu'il se prête plus difficilement à l'exploitation commerciale où il s'agit avant tout de régler la production sur un besoin, connu d'avance, de consommateurs. Les éleveurs ont beaucoup plus de mal, avec le métissage, à obtenir ce qu'ils veulent.

A plus forte raison le métissage humain, qui n'est pas dirigé, doit-il tarder à former une population homogène. Il y a, chez les métis, toutes les combinaisons possibles des types ataviques, et, quand ils s'unissent entre eux, il n'est pas rare de voir leur progéniture reproduire les traits de l'une ou l'autre des races souches.

Que dire lorsque non plus deux, mais trois, quatre races et davantage se brassent ensemble de la sorte? On pourra bien mesurer, chez les populations ainsi formées, des indices céphaliques et des tailles, on aura les caractéristiques de moyennes humaines et non de races. Il faut s'attendre à ce que l'anthropologie, quand elle sera complètement documentée, attribue à ces moyennes pas mal d'aires géographiques européennes (sans parler, bien entendu, des grandes villes où la complexité est à son comble).

§ 3. — Races, nationalités, domaines linguistiques[1].

Il y a, en somme, entre Européens, certaines différences héréditaires établies scientifiquement, c'est-à-dire par des mesures. Mais que sont ces différences? purement physiques. Avant donc de célébrer un triomphe posthume de Gobineau, on devra apprendre à quoi elles correspondent dans l'ordre moral, puisque la « Question des Races » n'est essentiellement qu'une thèse sur les caractères psychologiques de groupes humains.

Or une première constatation, très importante, saute aux yeux : les différences anthropologiques de races n'ont aucune corrélation avec les différences de langue et de nationalité. (Nous ne parlons ici que pour l'Europe, au sujet de laquelle seule s'agite sérieusement la « Question des Races »; la même constatation d'ailleurs aurait vraisemblablement lieu d'être faite en d'autres régions).

Il n'y a de nations un peu homogènes ethniquement que les Iles Britanniques, les royaumes scandinaves, l'Espagne et la Bosnie-Herzégovine-Dalmatie. Ce dernier bloc l'est seul complètement. L'Espagne, le pays le moins composite après lui, comprend, le long du littoral surtout, quelques îlots ou cordons des races occidentale et atlanto-méditerranéenne, mais les neuf dixièmes de son sol sont habités exclusivement par les Ibero-insulaires. L'homogénéité relative des Iles Britanniques et des pays scandinaves vient

1. Carte de Deniker.

de ce qu'ils sont peuplés, outre les Nordiques, des deux sous-races voisines des Nordiques : la Sub-Nordique et la Nord-Occidentale.

La France, au Nord de la ligne Bordeaux-Nice, l'Italie, depuis les Alpes jusqu'à l'ancien royaume de Naples, la Suisse, l'Autriche allemande, l'Allemagne à l'Ouest de l'Elbe et au Sud du parallèle de Calais, forment un ensemble où la mosaïque des races est à peu près interchangeable d'une nation à l'autre : mettez la mosaïque italienne en Allemagne, l'allemande en France, la française en Autriche, l'autrichienne en Italie, vous n'aurez sensiblement altéré nulle part la composition ethnique.

Même interchangeabilité entre l'Allemagne de l'Est de l'Elbe et la partie occidentale de la Russie d'Europe. De sorte qu'on a pu dire de la Grande Guerre, par boutade : c'est, à l'Est, une guerre intestine entre Germano-Slaves et, à l'Ouest, une guerre intestine entre Germano-Celtes.

Boutade supposant que les mots de « germanique », de « celte », de « slave », aient un sens ethnique; ils n'en ont aucun, pas plus que le mot de « latin ».

La France, nation latine, ressemble infiniment moins à l'Espagne, autre nation latine, qu'à l'Allemagne. Le Breton, un Celte, est le frère de race du Bavarois, du Cévenol, de l'Italien de Livourne, tandis que le Highlander, autre Celte, ayant sur tous les hommes la palme de la blondeur, de la taille et de la dolichocéphalie, représente plus purement le Germain de Gobineau que n'importe quel Scandinave ou Anglais; quant à l'Irlande, pays celtique s'il en fût, elle se distingue à peine par les caractères anthropologiques moyens de ses habitants, de l'Angleterre anglo-saxonne.

Les criteriums anthropologiques font du germanisme en

Allemagne un ensemble où l'on pourrait remplacer tous les Allemands par des sujets russes ou français, sans rien changer à la carte ethnographique de l'empire teuton.

Le slavisme ne répond pas davantage à une communauté de sang : dans les deux tiers septentrionaux de la Russie il n'y a pas un seul « Slave » qui soit de la même race que les « Slaves » Tchèques, Sorabes, Serbes, Croates, Dalmates, dont les types physiques, en revanche, se retrouvent en Allemagne, en France et en Italie.

En résumé, lorsqu'on parle de race française, anglaise, russe, allemande... ou latine, celte, germanique, slave... cela a juste autant de sens que de parler de race de cordonniers, d'employés, de charretiers, de dactylographes, de riches, de pauvres, de fumeurs...

§ 4. — PSYCHOLOGIE DES RACES.

Cependant on pourrait s'attendre à voir des caractères de race devenir parfois applicables à l'ensemble d'une nation si l'on parvenait à déterminer les traits psychologiques respectifs des races. Ainsi le brachycéphale brun de petite taille, que M. Deniker appelle l'*Occidental* et M. Vacher de Lapouge l'*Homo Alpinus*, abonde proportionnellement beaucoup plus en France que partout ailleurs ; si donc on connaissait ce qu'il y a de spécifique dans la mentalité de l'*Alpinus*, n'expliquerait-on pas, par sa plus grande fréquence dans notre pays, quelques-unes des différences qu'il y a entre les autres pays et la France ? De même pour l'Espagne, presque tout entière habitée par les *Ibéro-insulaires*.

Or il s'en faut que l'on commence seulement à avoir des données scientifiques sur la psychologie des races :

j'entends des données basées sur des mesures et des dénombrements.

En aura-t-on jamais? C'est peu probable.

Et d'abord parce qu'il n'y a aucun parallélisme, aucune proportionnalité, entre les caractères psychiques et les caractères qui permettent à l'anthropologie de classer les hommes en races.

La dolichocéphalie n'est nullement un signe de supériorité mentale. Les hommes de la race de Néanderthal, les exemplaires les plus simiesques connus jusqu'ici de l'humanité préhistorique, sont nettement dolichocéphales, comme aussi beaucoup de sauvages modernes les plus dégradés. Et pense-t-on que nos germanistes seraient flattés si l'on mettait le Corse, le Sicilien, le Sarde, le Castillan, sur le même pied que l'Anglo-Saxon, sous prétexte d'une égale dolichocéphalie?

Ce sera peut-être la taille qui nous donnera le moyen d'établir une échelle de correspondance entre les caractères anthropologiques et psychologiques? Oui, jusqu'à un certain point, dans l'intérieur d'une même race. A parité de race, les individus soumis à la meilleure hygiène sont en général les plus grands, les mieux bâtis, les plus forts, et il y a des chances pour que leur énergie morale s'en accroisse d'autant. Mais je fais encore appel aux germanistes : ils ne souffriront pas assurément que l'on égale à à l'Anglo-Saxon le Patagon ou même le Bosniaque, des gaillards de haute stature pourtant.

La « blondeur » ne sera pas davantage utilisable, puisqu'une partie des moujiks russes sont des brachycéphales petits et très blonds et que nul ne songe cependant à leur attribuer une mentalité anglo-saxonne.

Les caractères anthropologiques n'ont donc ici que la

valeur de marques de reconnaissance permettant d'étiqueter les races. Ils ne disent rien ni sur la nature, ni sur le degré, ni sur l'existence même des différences psychologiques par quoi elles sont ou seraient séparées.

Supposons donc achevée (et elle ne l'est pas) l'œuvre de détermination anthropologique des races, il faudra instituer, là où les races seront nettement reconnaissables, de vastes et longues séries d'expériences et d'observations portant sur le psychisme des individus qui composent ces races. Ces enquêtes n'auront aucune portée scientifique si elles ne reposent exclusivement sur ce qui est susceptible de mesure précise et de dénombrement, si, en outre, elles ne parviennent à éliminer, dans les sujets étudiés, tout ce qui est influence du milieu, de l'éducation, attribuable à des hérédités purement familiales ou à des dispositions purement personnelles.

La première condition suffit à faire prévoir que la psychologie des races n'établira jamais la vérité concrète, impartiale, attendue d'elle sur les grands traits moraux qui distingueraient les races européennes.

Ce qui, dans les facultés de l'esprit, est susceptible de mesure, ne fournit qu'une indication très fragmentaire, et le plus souvent inutilisable, de la valeur de ces facultés. Soit, par exemple, la mémoire. En comparant la quantité de texte que des enfants également formés et exercés peuvent chacun apprendre par cœur en un temps donné, vous arriverez à classer leurs mémoires, mais ce ne sera que par le côté mécanique verbal. Ce classement différera de ceux que vous feriez des mêmes enfants relativement à d'autres espèces de mémoires — mémoires des chiffres, des formes, des couleurs — et de celui que vous fournirait la moyenne de ces classements; et en quoi tout cela vous avancera-t-il au point de vue de ce qu'on appellerait la mémoire intelligente et qui est la faculté de se rappeler les choses par les rapports que l'on perçoit entre elles ?

Or la mémoire est la valeur mentale la plus facile à apprécier. Les autres présentent une telle complexité que l'on n'arrive pas même à se mettre d'accord sur leur définition. Qu'est-ce qu'un esprit sensible, intelligent, et surtout « véritablement » sensible, « véritablement » intelligent ? c'est un esprit qui nous plaît. Il n'y a là que des jugements de l'ordre affectif.

Avant qu'existe une psychologie des races, attendons au moins que se constitue *une* psychologie tout court. Que nous soyons loin de là, cela saute aux yeux, puisqu'il y a encore autant de psychologies que de philosophes.

Pour le moment, nous pouvons nous faire une idée de ce que serait une psychologie scientifique des races humaines en pensant à nos races canines domestiques, beaucoup plus faciles à observer, puisque beaucoup mieux déterminées et d'âme beaucoup moins complexe. Mettez à part les lévriers, levrettes et chiens du même type dont l'exiguïté crânienne relative correspond à une valeur « mentale » certainement inférieure, vous aurez un ensemble d'animaux entre lesquels il y a certes autant de différences de races qu'entre le plus pur *Homo Europæus* et le pire *Acrogonus* de M. Vacher de Lapouge.

Il faut, pour qu'une comparaison soit valable, ne l'instituer qu'entre chiens placés dans les mêmes conditions de vie. Nous le pouvons, avec une exactitude suffisante, en n'attachant notre attention qu'aux chiens qui vivent dans l'intimité de l'homme, aux chiens qui sont de véritables compagnons, *avec lesquels on se promène*. Qu'apparaît-il alors? C'est que leurs différences de race mesurent d'autant moins exactement leurs différences psychologiques que celles-ci ont trait à des « qualités morales » plus élevées, comme le dévouement, l'affection, l'intelligence.

Si l'on parvient à s'affranchir de la suggestion exercée par des dictons populaires tels que « la fidélité du caniche, le dévouement du terre-neuve », on verra que les mêmes vertus sont l'apanage de races que l'on ne saurait confondre. Comment graduer la nature caressante de bêtes dont l'aspect se confond aussi peu que celui des griffons et celui des fox-terriers? Le dévouement du terre-neuve ne doit sa réputation particulière qu'au fait d'avoir passé dans le style figuré : « on se jette à l'eau » pour tirer un ami d'un péril quelconque — financier, commercial, passionnel, politique — et pas seulement aquatique. En réalité, le terre-neuve s'emploie aux sauvetages qui le caractérisent parce qu'il est bon nageur, par conformation et par goût, mais beaucoup de chiens de beaucoup d'autres races s'exposeraient, pour leur maître, tout autant que lui.

Une psychologie des races canines, de celles dont le volume cérébral est à peu près de même importance, ferait correspondre aux différences de race des différences d'aptitudes et d'instincts très spécialisés relatives à des actes comme l'arrêt du gibier, le rapport, le retour à un endroit éloigné, la traversée de l'eau... en somme des différences portant sur le psychisme le plus rapproché des simples réflexes. Cette science laisserait dans le vague les différences d' « âme » et nous contraindrait, la plupart du temps, à les rapporter à de différences d'ordre individuel.

Il en serait de même d'une psychologie des races humaines d'Europe : elle parviendrait peut-être à classer chacune d'elles suivant des degrés d'aptitudes sensorielles : telle race distinguera mieux les différences de hauteur des sons, telle les différences de timbre, telle les valeurs relatives d'ombre ou de lumière, telle les nuances de couleur, telle les reliefs... Des spécifications analogues se conçoivent en ce qui concerne des instincts, comme le sens de l'orientation, des formes spécialisées de la mémoire : mémoire des chiffres, des contours, des noms, des événements, des lieux... Il est impossible d'imaginer que la psychologie des races puisse caractériser scientifiquement chaque race européenne d'après les hautes facultés de l'âme.

Cette présomption s'autorise encore d'un fait bien connu : la grande supériorité mentale qui élève des hommes au-dessus des autres, le génie, est individuel, strictement ; il ne se transmet jamais par hérédité. A un degré inférieur au génie, les dons remarquables ne restent héréditaires qu'au sein de lignées familiales, et encore pendant trois ou quatre générations, guère plus.

On formulerait donc cette loi : dans un ensemble de races suffisamment voisines par la capacité cérébrale et la civilisation[1], la grandeur des différences psychologiques est en raison inverse de ce que ces différences doivent à la race : hérédité de race pour le psychisme le moins complexe, hérédité de famille restreinte pour les différences ordinaires d'âme, hérédité nulle pour les valeurs supérieures de l'esprit.

L'expérience, enfin, dénonce la vanité des efforts que l'on a tentés jusqu'ici pour établir une psychologie des races.

M. Vacher de Lapouge considère le petit brachycéphale

---

[1]. L'analogue de la civilisation est, chez les animaux, la domestication, si on la dépouille de sa signification spéciale d'asservissement.

brun, l'*Alpinus*, comme l'élément révolutionnaire par excellence. C'est l'A*lpinus* qui aurait fait 93. La carte des races de M. Deniker montre qu'il a fait aussi l'insurrection vendéenne et la chouannerie : la Bretagne, la Vendée, le Poitou, foisonnant *d'Alpinus* qui, aujourd'hui encore, votent plutôt « à droite ».

La localisation, très remarquable, surtout autrefois, des floraisons artistiques, a été mise au compte de différences de races. Il semblait que ce fût la seule explication possible. Si des peuples, sur un territoire restreint, produisaient, en grand nombre et assez longtemps, de belles œuvres d'art, et d'autres peuples rien ou des œuvres très différentes, comment ne pas en induire une diversité d'aptitudes naturelles vraiment spécifiques, qui fussent bien dans le « sang »? Or il faut renoncer à se rendre compte de ce phénomène d'une manière aussi simple. Des peuples de même race diffèrent artistiquement du tout au tout : les Espagnols, qui sont des *Ibéro-insulaires*, ont Velasquez, Ribera..., mais y eut-il des peintres comparables en Corse, en Sardaigne, en Sicile, même dans l'ancien royaume de Naples, tous pays *ibéro-insulaires*? On connaît les magnifiques peintres hollandais ; quels sont ceux de la portion de Basse-Allemagne comprise entre la Hollande et l'embouchure de l'Elbe et où les hommes sont, comme race, identiques à leurs voisins les Néerlandais? Les exemples de cette sorte abondent.

Mêmes mécomptes lorsqu'on s'efforce d'établir des concordances entre le tempérament d'un écrivain et ses origines ethniques. Lamennais, écrivait Brunetière, « était breton, mais s'il y a quelque chose au monde qui diffère des *Paroles d'un croyant*, c'est le *Diable boiteux*, j'imagine, ou Gil blas qui sont pourtant d'un Breton aussi, et d'un Breton de Sarzeau! *I nunc!* Allons maintenant, et tâchons de définir les caractères du génie celtique [1] ». Et M. Gaston Deschamps : « Vous savez ce qui advint aux critiques qui commentèrent la philosophie de René Descartes. On a cru, pendant longtemps, que l'auteur du *Discours de la Méthode* était né en Bretagne. Excellente occasion pour retrouver dans le génie de ce grand homme toutes les vertus des Bretons : ténacité, patience, taciturnité, façon très noble et très sérieuse de comprendre la vie... Or, un jour, on eut des raisons de croire que Descartes était Tourangeau. Les exégètes s'empressèrent de démontrer que l'inventeur des « tourbillons » représentait éminemment l' « âme tourangelle »... Mais à présent, M. Millet a démontré que Descartes était poitevin [2]...

Quand on prétend expliquer l'esprit d'un homme, surtout exceptionnel, par ses hérédités, il faut les connaître toutes, sans en oublier une seule, et jusque bien avant dans la préhistoire, puisqu'un seul élément héréditaire peut être décisif et que l'atavisme peut ressusciter le trait héréditaire le plus lointain, comme en témoigne, çà et là, chez nos contemporains, la réapparition du crâne néanderthaloïde, le crâne de l'homme le plus primitif [3].

D'ailleurs la constation scientifique de la fixité d'une race ne s'applique qu'à la permanence de certaines proportions du squelette et ne garantit en aucune autre façon la pureté du « sang » de cette race où le métissage, universel dans la vieille Europe, a certainement fait son œuvre; mais comment et dans quelle mesure? c'est ce qu'il serait in-

---

1. *Nouveaux Essais sur la littérature contemporaine.* Paris, p. 43.
2. *Le Temps*, 28 Janvier 1903.
3. *Résumé des travaux scientifiques du Docteur René Collignon.* Cherbourg, Imprimerie Le Maout, 1900, p. 9.

sensé de compter apprendre. Donc le fait, pour un individu, d'appartenir à une de ces races bien déterminées laisse son héritage psychique dans le plus absolu mystère.

La psychologie des races ne saurait ainsi rien baser sur la recherche des hérédités des hommes remarquables, qui est absolument vaine ; et comme elle se montre, d'après tous les exemples, impuissante à faire état des hérédités d'hommes moyens, elle apparaît condamnée à demeurer une pseudo-science.

§ 5. — La langue et la nationalité produisent l'illusion de la race, le milieu, l'illusion de l'hérédité.

La politique, tant extérieure qu'intérieure, des États civilisés peut-elle espérer se justifier scientifiquement par une connaissance positive des races humaines civilisées ? Toute la question, dite des races, réside en fait là. La réponse est, comme on a eu le loisir de s'en assurer, nettement négative. En d'autres termes, il n'y a pas, entre États européens, ni à l'intérieur de ces États, de question de races ; ce qui nous agite tant, sous ce nom, correspond peut-être bien à une question, mais pas de races.

L'agitation n'en existe pas moins et comporte exactement les mêmes passions, les mêmes mobiles sentimentaux, que s'il s'agissait d'êtres ayant dans le sang des hostilités natives les uns contre les autres. Tout se passe comme si les grands antagonismes collectifs étaient des antagonismes de races.

C'est qu'il y a des différences de conditions de vie qui équivalent, dans leurs effets, à des différences héréditaires.

Tel était le cas pour les nobles et les paysans de l'ancien régime. Le laboureur, ignorant, menant une vie grossière, contraint, faute de recours suffisant, à se montrer servile envers le seigneur, paraissait avoir naturellement les traits de caractère que son propre nom a servi à flétrir ; rustre, manant, vilain ; il avait les mains calleuses, la taille voûtée, la démarche lourde, le teint hâlé. Son père avait été comme lui, comme ses aïeux, comme le seraient encore ses enfants et ses petits-enfants. Cette continuité d'un type à travers les générations était celle qu'eût réalisée une transmission héréditaire. Et de même le prestige du noble se perpétuait comme s'il fût provenu d'une qualité du sang. Apparences rendues plus fortes encore par la persistance de privilèges de caste que les bénéficiaires tendaient à maintenir en leurrant les autres et leur propre conscience par des illusions appropriées. Tout se passait donc bien, dans l'intérieur du royaume, comme si deux races eussent été en présence.

Les antagonismes ayant pour origine l'illusion de race sont intervenus aussi, et surtout à l'époque moderne, dans la politique des nationalités. Ce sont alors les langues qui ont passé pour correspondre à des démarcations de races, et cela en vertu d'une analogie bien plus profonde.

Le langage est l'instrument nécessaire de la pensée. N'en déduisons pas qu'un langage bien fait suffira pour que naissent de grands penseurs, mais que, faute d'un langage assez perfectionné, les hommes doués de la plus haute intelligence naturelle n'auraient ni le moyen ni l'occasion d'utiliser leur cerveau. Il n'y a, par exemple, ni science ni métaphysique possibles dans la disette de termes généraux et abstraits où se trouvent encore actuellement beaucoup de populations sauvages; pas d'idées, en somme, puisque l'abstraction et la généralisation sont les compagnes indispensables de l'idée proprement dite. Pourvus de langages différents, les peuples civilisés ont des instruments de pensée différents, lors bien même que les valeurs de ces instruments seraient équivalentes ; et par là, nécessairement, ces peuples ont des manières de penser différentes.

Ils vivent ainsi dans des milieux moraux différents où les valeurs morales ne sont pas cotées au même cours. Comme les langues se perpétuent, suffisamment constantes, pendant un grand nombre de générations, les milieux moraux qu'elles créent persistent assez pour imprimer des caractères communs aux âmes des aïeux et de leur descendance, effet semblable à celui d'une transmission héréditaire, à un phénomène de race, d'autant plus de race qu'il s'agit là souvent de traits psychologiques fondamentaux.

De même que le milieu créé par le langage, tous les milieux, quels qu'ils soient, pourvu qu'ils se modifient assez lentement, sont aptes à produire, sur les collectivités soumises à leur influence, l'effet d'hérédité, l'effet de race, et toujours pour la même raison : ils donnent aux pères une empreinte commune qui se retrouve sur les fils, les petits-fils, arrière-petits-fils... Tels sont la religion, les traditions, les souvenirs d'une histoire commune. Ces milieux se superposent, en se contrariant parfois, d'où proviennent plusieurs des causes des antagonismes intérieurs aux États.

Pour conclure, les êtres collectifs diffèrent. Quand ils se disent l'un à l'autre : — Je ne suis pas de ta race, — cela n'est qu'une manière entre mille d'exprimer qu'ils sentent cette différence. Voilà tout le sens politique de la race.

Répétons une fois de plus que nous avons parlé pour les seules populations européennes, ou d'origine européenne,

CHAPITRE VI

Valeur indifférente de la guerre pour la sélection des races humaines

§ 1. — LES GUERRES DE RACES NE SONT NI PLUS FRÉQUENTES NI PLUS VIOLENTES QUE LES AUTRES.

De l'examen de la question de races, il ressort qu'il peut à peine y avoir guerre de races entre les pays peuplés par les races européennes.

Strictement, ce serait même impossible, puisqu'il n'y a nulle part de race pure. Un conflit armé met aux prises des États, et comme les États sont toujours composés de mélanges chaotiques de races, la guerre ne sera jamais de race contre race, mais d'une mixture ou combinaison de races contre une autre mixture ou combinaison.

Il arrive cependant que la composition ethnique de deux pays soit assez différente pour que leur guerre mérite à peu près le nom de guerre de races; telle serait une guerre entre l'Espagne et la Grande-Bretagne, ou la France ou l'Allemagne; entre la France et la Russie, ou les États scandinaves, ou l'Angleterre.

De tels conflits ont eu lieu, mais leur violence ne se distingue en rien d'autres conflits qui opposent des hommes de même race, ou des combinaisons à dosage égal des mêmes races. Notre longue hostilité contre l'Angleterre, hostilité de race, si l'on veut, n'a rien eu d'aussi implacable que la Grande Guerre où les deux partis aux prises ont une composition ethnique tout à fait pareille, sauf une proportion supérieure de Germains de notre côté, si l'on appelle ainsi les Nordiques de l'anthropologie. Il faut ajouter, en ce qui concerne l'Angleterre, que nos guerres contre elle, jusqu'au temps de Jeanne d'Arc, étaient des guerres purement féodales mettant des Français aux prises avec d'autres Français, puisque les Plantagenets étaient, en toute légitimité, de grands seigneurs féodaux chez nous.

La gallophobie anglaise d'antan, antipathie attribuable théoriquement à la race, n'avait rien de supérieur à ce que devint la gallophobie des Allemands qui, pour une bonne moitié, sont reconnus par M. Deniker et ses collègues comme identiques aux deux tiers des Français.

D'après les travaux des mêmes savants, les grands antagonismes tels que ceux de germanisme contre slavisme et latinisme s'exercent entre deux moitiés d'un même mélange ethnique.

Notre guerre contre Frédéric II était une guerre de races, puisque les possessions et les conquêtes du monarque prussien se situaient, pour la presque totalité, au delà de l'Elbe où le mélange ethnique ne comprend qu'en doses infimes des éléments qui entrent dans la composition des populations françaises. La Prusse de 1870, au contraire, lançait contre nous les Rhénans, des frères consanguins, et tous les brachycéphales de l'Allemagne du Sud où l'*Homo Alpinus* qui, suivant M. Vacher de Lapouge, caractérise la France, règne au moins autant que chez nous;

ce n'était donc plus une guerre de races. De ces deux guerres, la première ne s'accompagna d'aucune animosité sérieuse ; on n'en dirait pas autant de la seconde.

Nombre d'exemples montrent que, même dans ce qu'on aurait à peu près le droit d'appeler guerre de races, aucun rôle n'est joué par l'instinct vraiment biologique de race qui inspirerait une hostilité comme de « chien à chat » contre l'homme d'un autre sang ; cet instinct devrait pourvoir les peuples d'un flair ethnique infaillible et graduer les antipathies collectives proportionnellement aux différences des caractères anthropologiques. S'il n'était pas un vain mot, nous aurions, au cours de nos vieilles guerres anglaises, ressenti une inimitié particulière pour les Ecossais dont le type « nordique » est encore plus accentué que celui des Anglais et, en 1870, contre les Posnaniens, seuls sujets allemands dont la race ne soit rigoureusement pas représentée chez nous. Or les Ecossais ont été longtemps nos alliés et notre sympathie pour eux est regardée comme une vieille tradition ; quant aux Posnaniens, nous les tenions pour des amis contraints par les circonstances à nous combattre.

Tout ce qui est dit là de l'époque moderne s'applique aussi bien à l'antiquité.

La non-coïncidence des races avec les ensembles linguistiques remonte bien au delà des premiers temps de l'histoire, de sorte que l'on ne peut pas savoir des guerres entre Gaulois et Germains, Grecs et Perses... quand c'étaient ou si ce furent jamais des guerres de races.

Le grand conflit qu'on a coutume d'évoquer comme le type de la guerre de races, la lutte des Grecs contre les Perses, opposait peut-être des consanguins, puisque Perses et Grecs passent pour également « aryens ». Au surplus, il y eut autant de Grecs du côté de Darius et de Xerxès que du côté des Athéniens et Spartiates : Thessaliens, Thébains, Grecs d'Asie-Mineure. Les cités helléniques et les partis qui s'y disputaient ne se faisaient jamais faute, dans leurs querelles, de briguer l'appui des Perses ; on jetait un jour à son adversaire le reproche de « médisme », mais le lendemain, si l'on avait assez d'or pour faire changer les sympathies d'un satrape, on ne manquait pas de pratiquer le médisme soi-même.

Trouverons-nous des guerres de race dans les conflits entre cités antiques ? On songe tout de suite à Sparte dorienne contre Athènes ionienne. Mais la rivalité entre Sparte et Argos, deux cités doriennes, fut aussi longue, aussi aiguë que la précédente. Et il y eut toujours, dans les grandes coalitions helléniques adverses, des cités doriennes dans les deux camps ; on en dirait autant des ioniennes, éoliennes, achéennes... Aucune différence dans la cruauté entre les traitements infligés par Sparte dorienne à la messénienne Hélos et par Thèbes béotienne à la béotienne Platée.

Mêmes faits dans l'Italie antique. Rome passa les quatre premiers siècles de son histoire en des luttes où les cités latines étaient tantôt ses ennemies, tantôt ses alliées, et le plus souvent partagées entre son camp et le camp adverse, et il en était de même des cités étrusques et italiotes, de sorte que ses guerres furent indifféremment guerres de races ou non. Plus tard guerres de races contre Carthage ? Guerres aussi entre alliés de Carthage et de Rome et qui opposaient souvent des peuples d'un même sang.

Plus tard encore, Rome alla en Gaule appelée par des Gaulois contre des Gaulois, et, dans beaucoup d'autres contrées, appelée par des indigènes contre des indigènes. Ces guerres de race avaient donc pour origine une guerre qui pouvait fort bien n'être pas de race. Et quelle guerre de race fit Rome lorsqu'elle devint cosmopolite dans sa population, ses armées, ses empereurs, sa religion?

Le procédé d'intervention de Rome est absolument général : il s'étend à toutes les phases de l'histoire — de la préhistoire aussi sans doute — et à toutes les régions de la terre. Ce fut aussi pour soutenir des indigènes contre des indigènes que les Germains pénétrèrent en Gaule, et avant eux les Kymris, les Ibères, les Celtes...

Les empires coloniaux modernes se fondèrent ainsi. Fernan Cortez n'aurait jamais conquis le Mexique si des tribus mexicaines n'avaient lutté pour lui contre des sœurs ennemies.

Concluons que les guerres des hommes sont comme les guerres d'insectes — de fourmilière à fourmilière, de ruche à ruche — et que la différence ou similitude de race n'y change rien.

§ 2. — LA GUERRE ET LA SÉLECTION DES RACES HUMAINES.

Puisqu'il en est ainsi, l'effet de sélection produit par la guerre sur les races humaines ne saurait être qu'indifférent. Tantôt, en effet, elle sévit au sein d'une même race qui s'affaiblit par là même, et alors il y a sélection en faveur d'autres races qui ne se sont pas ou se sont moins détruites elles-mêmes par des luttes violentes, tantôt elle diminue une race plus faible au profit d'une autre plus forte ; le plus souvent les deux effets se contrarient, grâce à l'alliance que l'un des peuples consanguins engagés dans une querelle soi-disant fratricide contracte avec une cité, ou tribu, ou nation, ou Etat allogènes ; de sorte que la résultante n'est plus que la différence entre les deux effets ; l'un peut aussi bien l'emporter que l'autre. Même possibilité variable quand il s'agit de guerres entre les indescriptibles mélanges de races que sont les nations européennes d'habitat ou d'origine.

Voilà une conséquence nécessaire de ce fait que les guerres sont indifféremment guerres de races ou non et qu'il y a similitude complète entre ces deux catégories.

On ne voit pas que la guerre ait contribué à la sélection dans un sens déterminé au sein des races blanches, et on ne peut pas le voir, parce qu'il faudrait suivre dans le détail, depuis le début des sociétés humaines, la répartition des races entre les clans et les tribus, leurs guerres, les résultats de ces guerres. Entreprise folle.

C'est seulement dans le cas des hommes que nous appelons sauvages que la question devient un peu plus claire, et cela pour deux raisons principales : les différences de races sont, en ce qui concerne les sauvages, souvent beaucoup plus nettes, et les événements d'une partie importante de leur histoire se sont passés sous nos yeux. Or on constate là que la sélection opérée par la guerre est indifféremment à rebours, dans le bon sens, ou nulle.

Les Espagnols ont, beaucoup plus que les Anglo-Saxons, fait la guerre, et une guerre plus exterminatrice, aux indigènes d'Amérique. Quelle sélection en est-il résulté? Les Peaux-Rouges des États-Unis ont presque disparu tandis que, sur le territoire des républiques soi-disant latines, le peuple est resté le même peuple que du temps de Fernan Cortez; il a mis des pantalons, va à la messe, et parle espagnol (et encore pas toujours : en Bolivie il conserve le langage quitchua); c'est un changement, mais pas ethnique, bien qu'il serve d'argument aux théoriciens de l'infériorité des « races latines ». Une forte dose de guerre a laissé pulluler l'indigène américain du Centre et du Sud, relativement peu guerrier, très apte à être supprimé par les massacres ; une moins forte dose de guerre a coïncidé avec le dépérissement des peuples plus belliqueux du Nord. La guerre n'est donc ici qu'une cause accessoire de sélection, et si c'est elle qui a choisi, elle a choisi les moins beaux hommes.

Peu de guerres entre blancs et indigènes d'Australie (des meurtres isolés et des brigandages surtout) ; en Nouvelle-Zélande, guerres véritables entre Blancs et Maoris ; résultat : ces derniers sont devenus des quasi *gentlemen*, les concitoyens des Blancs, leurs frères d'armes dans les troupes de l'Anzac, tandis que les Australiens autochtones tombent à l'état de curiosité rare.

Beaucoup plus que la guerre, ce sont la tuberculose, la syphilis, l'alcool, apportés par les Blancs, qui ont éprouvé la vitalité des hommes dits sauvages, éliminant les uns, conservant les autres.

Un climat favorable aux Européens fait qu'ils éliminent, parfois sans guerres, d'assez belles peuplades ; un climat où ils ont peine à vivre les rend impuissants, fût-ce avec beaucoup de guerres, contre des sauvages hideux et dégradés. Sélection en faveur de ceux-ci.

Quand il s'agit, pour l'espèce humaine, en général, de la race, non plus entendue au sens ethnique, mais considérée comme un ensemble quelconque de lignées, la guerre intensive détermine une sélection défavorable aux hommes qui se battent et favorable, par contraste, à ceux qui ne se battent pas ou se battent moins.

C'est ce qui a lieu dans la guerre actuelle. Dix millions de jeunes hommes[1] sont les pères de la génération de de-

---

1. Chiffre purement théorique, auquel je n'affecte qu'une valeur d'illustration.

main; deux millions sont inaptes au service militaire pour faiblesse de constitution, tares physiques diverses. Il n'y a pas la guerre : la génération future sera engendrée par un cinquième de pères qui sont, physiologiquement, un déchet. Il y a la guerre : les deux millions d'inaptes restent chez eux sains et saufs, deux millions de « bons » sont tués ; la génération future sera fille de huit millions de pères, dont deux, soit un quart, transmettront un sang défectueux. Mauvaise hérédité d'un quart au lieu d'un cinquième, voilà la sélection à rebours opérée par la guerre.

Mais, à la suite de la Grande Guerre, cette détérioration de la race se produira beaucoup moins chez les Américains, pas du tout chez les Asiatiques, les Scandinaves, les Hollandais, les Espagnols, en faveur de qui il y aura donc sélection ; la race sera plus belle chez eux.

Admettez que les belligérants soient tous barbares et les non belligérants tous civilisés, il y aura sélection dans le bon sens ; admettez l'inverse, il y aura sélection à rebours. Les deux résultats se sont certainement produits l'un et l'autre depuis que la guerre existe.

Comment ne pas conclure que la valeur de sélection de la guerre est tout juste celle d'une pluie d'aérolithes s'abattant sur notre planète, et assez dense pour écraser une bonne partie des humains ?

CHAPITRE VII

La Guerre n'est pas une loi naturelle. Comment il faut la considérer.

La guerre choisissant n'importe comment, aussi bien parmi les animaux en général que parmi les hommes, ou, plus souvent encore, ne choisissant pas du tout, son rôle sélectif dans la nature est nul. Or il n'y a que par la sélection qu'elle pourrait intervenir comme facteur constant de l'évolution et mériter ainsi le nom de loi naturelle, de fait scientifique. On ne se trouve donc pas en face d'elle comme d'une de ces grandes lois physiques contre lesquelles il serait absurde et malsain de prétendre s'insurger.

Déclarer possible la suppression de la guerre n'a ainsi rien d'irrationnel ni d'anti-scientifique.

Mais l'opinion contraire se défend aussi au nom de la science et de la raison. Si, en effet, la guerre peut se comparer à un accident de chemin de fer, par exemple, on ne doit pas négliger l'expérience des compagnies : elles savent qu'il y aura toujours des accidents, malgré toutes les précautions, et bien que chacun d'eux, en particulier, soit la plupart du temps évitable. Juger des guerres comme les Compagnies elle-mêmes jugent des tamponnements et déraillements, c'est très raisonnable.

Avant d'aller plus loin, il faut s'occuper d'une troisième opinion qui, en renvoyant dos à dos les deux opinions précédentes, proclame oiseuse toute discussion entre elles.

Inutile, argue cette troisième opinion, de s'occuper de l'avenir, une fois qu'on l'a préparé de son mieux. Des ingénieurs d'une Compagnie étant parvenus à se concerter sur les mesures qui garantissent à l'exploitation le maximun de sécurité, on imagine très bien qu'ils évaluent différemment la diminution future des accidents ; cette divergence d'opinion sur l'avenir ne change rien à rien. Que les hommes s'entendent de même sur certaines conditions comme étant les meilleures pour éviter les guerres, il sera loisible ensuite de croire que la paix établie sur de telles bases durerait cinquante ans, trois siècles, ou toujours. Optimisme ou pessimisme dans la prophétie ne sont pas ici de plus de conséquence. C'est donc un pur jeu d'académie que de spéculer sur l'éternité ou la non-éternité des guerres.

Ainsi conclut la troisième opinion. Elle envisage un accord entre les hommes, mais elle oublie que cet accord est précisément conditionné par leur croyance relativement à la possibilité d'une paix stable.

A la première et à la seconde opinion sont liées, en effet, des politiques tout à fait opposées.

Affirmez qu'il y aura toujours des guerres, et vous proclamerez par là-même que les appétits, volontés, passions, intérêts nationaux, ne se concilieront jamais, qu'une notion commune de droit et de solidarité ne prévaudra jamais contre leur conflit. L'égoïsme national absolu découle de là. On serait dupe en sacrifiant ses désirs nationaux à une morale que l'étranger, prévoit-on, violerait tout le premier vis-à-vis de vous s'il se jugeait le plus fort. Un homme d'État imbu de telles idées considérera comme un devoir sacré de pousser son pays à l'offensive préventive lorsque les circonstances lui paraîtront favorables. Guerre pour guerre, et puisqu'il y aura toujours des guerres, mieux vaut faire tout de suite celle où l'on est à peu près sûr d'être vainqueur ; cela recule d'autant celle où l'on aurait des chances d'être battu.

Quand vous croyez, au contraire, au règne de la paix, vous faites par là crédit à une raison et à une conscience générales de l'humanité dont la révolte finirait un jour par réfréner les appels à la violence. Vous vous opposez à l'impérialisme. En attendant la réalisation de votre idéal, vous ne pratiquez que des armements défensifs, ce qui, par parenthèse, ne dispense pas de les faire sérieux.

Il y a donc grand intérêt à discuter deux opinions qui sont liées à des politiques différant ainsi du tout au tout.

On serait obligé de conclure aussitôt en faveur de l'éternité des guerres s'il était certain qu'elles fussent assimilables rigoureusement aux accidents de chemins de fer qui se renouvelleront, c'est certain, aussi longtemps qu'il y aura des chemins de fer ou des modes analogues de transport.

Mais comparaison n'est pas raison et se suit rarement jusqu'au bout. Entre la guerre et les faits accidentels dont la récurrence indéfinie est inévitable, tels que catastrophes du rail, des mines, écrasements de piétons par les autos..., il y a une différence essentielle : ces derniers sont des épisodes de la lutte entre l'esprit humain et les forces de la matière brute, des défaites de détail dans la victoire continuelle que nous remportons sur la nature inanimée. Comme les choses sans âme n'obéissent, par elles-mêmes, qu'à des lois relativement simples, la complexité de tels accidents provient surtout d'un seul côté, le côté de l'homme ; elle est donc beaucoup moindre que dans la guerre qui oppose l'homme à l'homme et où la complexité à son plus haut degré vient des deux côtés à la fois.

Les partis belligérants sont en outre des personnalités collectives dont l'espèce a beaucoup varié au cours de l'histoire. Si, dans le cas des cités antiques, on avait pu pronostiquer avec certitude sur l'éternité ou la non-éternité des guerres, ces conclusions ne s'appliqueraient plus au régime féodal ; ainsi de celui-ci par rapport à l'État monarchique d'ancien régime, et de cet État par rapport à la nation moderne.

Chacune de ces phases de la personnalité collective implique de nouvelles causes d'opposition, mais aussi de rapprochement des volontés.

Nous sommes entrés, depuis assez peu de temps, dans la phase nationale. L'achèvement s'en trouve en jeu dans la présente guerre que l'on peut appeler guerre des Nations contre les États. Ainsi la question de la paix perpétuelle se présente avec des inconnues sur lesquelles l'expérience trois ou quatre fois millénaire de l'histoire demeure tout à fait muette et dont on n'a pas le droit de décider *a priori* si elles sont menaçantes ou rassurantes pour l'avenir.

Voilà plus de raisons qu'il n'en faut pour répudier cette analogie : — Il y aura toujours des guerres comme il y aura toujours des accidents dus au moyens de transport. — Elle n'a ainsi aucun titre à clore dès le début la discussion entre partisans et adversaires de la possibilité d'une paix stable.

La guerre n'en demeure pas moins avec son caractère de fait accidentel, et, par conséquent, il est normal d'en traiter suivant le plan d'une technique d'accidents : causes des accidents, leurs suites, moyens de les prévenir.

DEUXIÈME PARTIE

LES PERSONNALITÉS COLLECTIVES. LEURS PASSIONS, CAUSES DE GUERRES

CHAPITRE I

Psychologie collective

§ 1. — LA PERSONNALITÉ COLLECTIVE.

La guerre a lieu entre collectivités dont on parle comme de personnes : la France, l'Allemagne, Athènes, Sparte, Rome. On en dit qu'elles veulent, comprennent, souffrent, se réjouissent.

C'est même le fait que l'on puisse répartir les combattants en deux groupes ayant, *d'après le langage courant*, une personnalité déterminée, qui oblige à distinguer la guerre de certaines rixes et bagarres.

Telles les rixes ou bagarres dont sont coutumiers quelques

chiens, les chiens polaires, par exemple. Lors de la mémorable expédition où il découvrit le pôle sud, Amundsen[1] emmena de ces animaux comme bêtes de trait. Leur grand passe-temps consistait à se battre. Les mêlées générales étaient fréquentes et d'une violence extrême, mais, en somme, chaque combattant, suivant l'expression vulgaire, « tapait dans le tas » pour son propre compte et comme aiguillonné par le seul plaisir de jouer des crocs; chacun était l'ennemi de tous. Parfois, les chiens attelés à un traîneau se précipitaient avec leur charge sur ceux d'un autre traîneau, mais les deux équipes n'en constituaient pas pour cela deux armées belligérantes; une fois la bagarre commencée, impossible de dire quel parti se battait contre quel parti. Et quand les chiens, libérés d'attaches et de travail, se livraient à leur sport favori, on ne voyait rien non plus chez eux d'une division en deux troupes.

Ce n'était pas la guerre. La guerre suppose une action collective; il faut qu'il y ait deux groupes hostiles, que pendant quelque temps au moins avant, pendant et après une même bataille, chacun d'eux conserve sa cohésion et demeure reconnaissable comme nettement distinct de l'autre, il faut que chaque groupe ait une certaine persistance dans son être de groupe; tout se sera passé alors comme s'il avait eu une *sorte* de personnalité, éphémère ou non. Et réciproquement, si de telles *sortes* de personnalités n'existent pas, il n'y aura qu'un chaos d'actions individuelles et non une action collective, puisque nul concert entre des combattants ne se sera manifesté; il n'y aura pas guerre.

J'ai souligné personnalité *dans le langage courant*,

---

1. Roald Amundsen. *Au Pôle Sud*. Adapté par Ch. Rabot. Paris, 1913.

« *sorte* de personnalité », car il s'agit de savoir si le langage courant ne brouille pas là le sens des mots. Or une contradiction apparaît dans le terme de « personnalité collective » : ce qui est collectif s'oppose à ce qui est personnel. Des millions de personnes sont réunies dans une grande nation moderne, des personnes bien et dûment personnes; en les appelant telles on témoigne par définition qu'on les considère dans ce qu'elles ont de tout à fait indépendant de leur groupe. Comment donc la France, la Grande-Bretagne, l'Italie, la Russie, seraient-elles des personnalités? Des impersonnalités faudrait-il dire logiquement.

Il semblerait donc que des expressions comme « la grande personne morale qu'est la France » n'aient qu'un sens purement sentimental et ne soient destinées qu'à exhaler un amour patriotique.

Elles l'ont sans doute, cette puissance affective, et à un très haut point, ce qui ne les empêche pas de correspondre à une réalité concrète et profonde dans l'ordre scientifique.

Qu'on se reporte à l'analyse si philosophique, si logique, de la vie, que contient l'œuvre de Le Dantec, on en déduira qu'il y a deux parts dans l'être même de l'organisme vivant, l'une qui lui est propre, intérieure — son hérédité —, l'autre qui lui est extérieure, et dépend exclusivement de son milieu.

Prenez deux glands, plantez-les dans une même terre, et assez près l'un de l'autre pour que, sans se nuire réciproquement, ils soient soumis aux mêmes vicissitudes climatériques, vous aurez toujours deux chênes différents, parce que deux glands ne sont jamais identiques, parce que deux chênes n'ont jamais des patrimoines héréditaires rigoureusement semblables.

Et vous savez bien aussi qu'un même gland ne vous donnera pas le même chêne suivant que vous le planterez ici où là; de très faibles variantes dans le sol et le sous-sol, dans l'exposition, auraient pour conséquence des variantes très appréciables dans le port, la forme, la frondaison, le bois de l'arbre.

Un « mauvais » gland dans une bonne terre et sous un climat favorable ne donnera jamais qu'un chêne manqué, non plus qu'un gland parfait dans un sol et sous des cieux dont son développement s'accommode mal.

Ce qui est dit là du gland et du chêne se répéterait de tout germe fécondé et de l'être vivant qui en provient.

Vérité générale de l'ordre physiologique qui s'étend aussi à l'ordre psychologique.

Chez l'abeille, par exemple, il y a une certaine personnalité, individuelle, pourrait-on dire, en ce sens que si on y regardait de très près on verrait que telle abeille n'a pas exactement au même degré qu'une autre les dons de son espèce : activité, instinct de l'orientation, flair du pollen et des sécrétions sucrées des fleurs, irritabilité...

Mais toute l' « âme » de l'abeille dépend de la ruche; loin de la ruche, et en tout ce qui ne concerne pas les affaires de la ruche, l'abeille est le plus inerte, le plus stupide des insectes.

Ce qu'il y a de supérieur dans « l'âme » de l'abeille dépend donc de la ruche. L'abeille n'est intelligente, industrieuse, active, irritable, dévouée, qu'en fonction de la ruche. Deux parts existent ainsi dans sa personnalité, l'une individuelle, l'autre conditionnée par le milieu social; et puisque celle-ci, commune à toutes les abeilles d'une ruche, les fait agir avec autant d'harmonie que les membres d'un même corps, tout se passe comme s'il ne s'agissait dans leur concert que d'une seule personnalité. Pour lever la contradiction qui existe entre les mots « personnalité » et « collectif », il suffit de considérer séparément dans chaque abeille la part de personnalité « individuelle » et la part qui tire son origine du milieu social, ou, pour abréger, l'abeille individuelle et l'abeille sociale qui existent dans chaque abeille; la personnalité collective d'une ruche serait une abeille sociale grossie comme puissance à une très grande échelle.

Ces deux parts de la personnalité sont apparentes chez tous les animaux qui forment des sociétés, même temporaires. L'abeille a cela d'intéressant que la part individuelle est négligeable chez elle, ce qui n'a lieu nulle part ailleurs.

§ 2. — La dualité humaine.

De là une dualité dans un même animal, toutes les fois qu'ayant des facultés psychiques assez développées, il exerce une action en commun avec plusieurs de ses semblables.

Cette dualité caractérise l'espèce humaine infiniment plus qu'aucune autre.

L'homme ne saurait vivre sans l'aide de l'homme, j'entends par vivre le simple fait de ne pas mourir. On cite Robinson comme type de l'individu livré à lui-même et capable de soutenir son existence par le seul moyen de son ingéniosité; mais Robinson possédait, dans le navire échoué sur les récifs de son île, un magasin de toutes sortes d'objets et d'outils, résultats des efforts accumulés par l'industrie humaine pendant des dizaines de millénaires. N'eût-il pas eu cette ressource, il était pourvu de certaines connaissances qui lui eussent, à la rigueur, permis de se tirer d'affaire avec de la chance. Admettons, par exemple, la présence dans l'île du champignon-amadou, du silex et du fer météorique, Robinson faisait du feu, mais qui lui avait appris l'existence et l'usage du feu, la production du feu par le briquet, comment se reconnaissent le silex, le fer et l'amadou?... Il l'avait appris d'autres hommes.

Il en serait de même d'un Robinson issu d'une tribu de sauvages, et des sauvages les plus arriérés. Si l'on suppose des circonstances très favorables, il parviendrait à vivre de sa chasse et de sa pêche en fabriquant des engins; mais ces engins eux-même : arcs, flèches, lignes, hameçons, pièges, et l'art de faire du feu par percussion ou frottement, il ne les aurait pas inventés par le seul pouvoir de son génie personnel, ces acquisitions n'ayant pu être réalisées qu'au cours d'une très longue histoire, grâce à une série de rencontres entre des chances heureuses et des éclairs d'intelligence; c'est à son séjour passé parmi ses congénères que le Robinson sauvage doit son industrie et par conséquent sa vie.

Plus étroitement encore que la vie du corps, la vie spirituelle d'un individu dépend du milieu humain où il a grandi.

C'est ici que la comparaison avec le gland et le chêne prend toute sa valeur. Un gland n'est qu'une possibilité de chêne, possibilité plus ou moins riche en promesses; mais le degré où ces promesses seront tenues dépendra, depuis le néant jusqu'au maximum, du milieu où le gland germera et où la plantule se développera, devenant plante, puis arbuste, et arbre enfin.

Le cerveau d'un homme, à la naissance de cet homme, ne contient de même que des possibilités d'esprit, auxquelles, d'ailleurs, on ne peut plus rien ajouter; leur réalisation, une fois la part faite des vicissitudes physiologiques, dépendra ensuite du seul milieu extérieur humain.

Celui-ci agit surtout par le langage. Sans langage, il n'y a pas de pensée, du moins en tant que nous considérons la pensée comme nous distinguant des animaux.

La pensée proprement humaine se caractérise par ceci que l'image y est un signe n'ayant, le plus souvent, qu'un rapport purement conventionnel avec l'image réelle, directe, de l'objet représenté. Qu'y a-t-il ainsi de commun entre le soleil et la forme de l'assemblage de lettres qui constitue le mot « soleil »? ou les sons que l'on émet en proférant ce mot? ou les mouvements de doigts par lesquels les sourds-muets remplacent l'articulation de ce mot? Nous pouvons cependant penser au soleil en nous représentant la vision de cet assemblage de lettres ou de mouvements des doigts, ou l'audition de cet assemblage de sons, tout aussi bien qu'en imaginant un disque éclatant.

Cette substitution des signes aux images réelles ne suffit pas à elle seule pour caractériser la pensée humaine. La pensée humaine analyse et généralise toujours plus ou moins, et les signes avec quoi elle travaille servent, en immense majorité, à désigner les éléments dissociés par l'analyse et les catégories qui ont un ou plusieurs de ces éléments en commun; les signes ne correspondent pas seulement à des « objets » mais à des relations entre objets, à des modifications, à des attributs des objets; pas seulement à la pierre, par exemple, mais à sa forme, sa couleur, son poids, sa situation, sa dureté..., aux actions qui s'exercent par elle ou sur elle : tomber, rouler, glisser, s'user, se briser, se pulvériser... ; ils s'appliquent infiniment plus à des généralisations d'objets qu'à des objets proprement dits : à la pierre en général, à certaines catégories de pierres, qu'à tel ou tel caillou d'entre les cailloux.

La pensée humaine n'existe que dans la mesure où on peut la communiquer. Quand vous pensez, vous vous parlez à vous-même ou vous lisez en vous. A moins que vous ne sentiez en votre esprit une germination parfois puissante dont vous vous dites : — il y a là une pensée ! — mais jusqu'au moment où vous pouvez vous formuler cette pensée, vous ne savez pas ce qu'elle est; et si vous ne parvenez jamais à vous la formuler, tout se sera passé comme si elle n'avait jamais existé. A-t-elle existé cependant d'une manière latente? question bien oiseuse : tout ce que vous connaissez, c'est l'agitation de votre cerveau; il a fait effort dites-vous, donc c'est vers quelque chose; pourquoi? pourquoi ne serait-ce pas une activité sans but ni coordination, comme celles des enfants qui remuent pour remuer?

Se parler, lire en soi, se formuler, cela suppose un langage. On pense donc avec un langage, et, réciproquement, sans langage, on ne pense pas. Le langage dont on se sert pour penser, on ne l'a pas inventé, on l'a appris du milieu humain dans lequel on a vécu; et quelque rudimentaire qu'il soit, il est le fruit d'une élaboration aussi longue, plus longue peut-être que celle de l'industrie humaine, et paraît miraculeux dès qu'on l'examine d'un peu près.

Un homme rigoureusement solitaire depuis sa naissance ne referait pas une œuvre pareille, fût-il doué du cerveau le plus génial; et d'abord, d'où lui viendraient le besoin, l'idée de l'entreprendre? Il ne penserait donc pas. Son cerveau serait comme le gland qui eût donné en bonne terre le plus beau des chênes, mais qui est tombé sur un rocher bien sec et n'a pas même germé.

Bien que le langage des peuples arriérés les mette à une

distance prodigieuse au-dessus des animaux les plus intelligents, il ne se prête cependant qu'à une pensée encore très embryonnaire, presque nulle dans l'ordre rationnel. Pas de termes abstraits ni généraux dans un tel langage; d'où résulte qu'il est impropre au raisonnement logique; les contradictions fondamentales n'y apparaissant pas. Il ne permettra, par exemple, de concevoir aucune incompatibilité entre « absence », et « présence », « unité » et « multiplicité », « être » et « néant », dépourvu qu'il est de tout procédé pour exprimer ces abstractions.

Il y a des sauvages d'autant de bon sens que nous en tout ce qui touche les choses familières; ceux-là ne croiront pas que tel d'entre eux, qu'ils connaissent bien, est à la fois devant eux et répandu à plusieurs exemplaires dans différents endroits du monde, et reproduit tout entier par chacun de ces exemplaires, qu'au surplus il est à la fois un homme et autre chose, et même rien du tout. C'est ici leur expérience concrète qui leur évite la contradiction; elle se manifeste entre Un Tel présent ici et Un Tel absent d'ici, puisqu'il serait ailleurs... Mais quand il s'agit de quelque chose d'inconnu, d'insolite, ou sur quoi les sens n'ont qu'une prise incomplète, en particulier de ces êtres ou forces dont nous disons que les sauvages font des « Esprits », rien n'empêche que le « primitif » adopte n'importe quelle croyance que nous qualifierons d'absurde : il peut croire qu'un de ces soi-disant « Esprits » est à la fois arbre, pierre, animal, homme, présent en dix endroits différents, un et multiple, inexistant et existant... Dans ce cas, en effet, son expérience concrète ne lui enseigne plus rien, tandis que nous, nous pouvons éviter cette confusion par la simple logique : là où il n'y a pas contradiction entre les données de nos sens, parce que ces données sont insuffisantes, nous la trouvons entre « absence » et « présence », « un » et « plusieurs », « ici » et « ailleurs », « être » et « non-être », ce que le sauvage ne saurait faire, puisque les notions abstraites lui manquent, faute de pouvoir les exprimer aux autres et à lui-même.

Avec un tel langage ne saurait coexister la moindre pensée philosophique, scientifique, rationnelle. Qu'un homme pourvu du cerveau que Newton avait en naissant soit réduit à ce langage toute sa vie et depuis ses premiers bégaiements, il ne fera en rien ce qui mériterait de notre part le nom d'œuvre de penseur. Le champ de la spéculation rationnelle lui restera fermé. Sera-t-il même un grand homme dans sa tribu? pas nécessairement, si le premier rang y est attribué à la force physique, aux succès de chasse... Son activité cérébrale, ne pouvant se dépenser en raison, se tournera sans doute vers la carrière de la magie et du mysticisme, presque toujours largement ouverte chez les « primitifs »; il deviendra un éminent sorcier.

C'est ainsi que tout cerveau humain doit à une humanité un instrument indispensable de la pensée et que sa possibilité de penser sera proportionnée à la valeur de l'instrument.

Ces considérations suffisent[1] pour montrer que l'homme dépend de son milieu humain incomparablement plus que n'importe quel individu vivant dépend du milieu formé par ses semblables.

Si l'on s'en tient à la vie purement animale, on voit que l'homme le plus sauvage mourrait presque toujours de faim sans l'industrie humaine.

---

1. Il y en a d'autres, notamment les principes de la raison : principes de la raison suffisante, de causalité etc... en tant qu'ils ne sont pas seulement de la logique verbale, mais encore du « bon sens »; l'expression d'une longue expérience ancestrale. Voir Jules Sageret, *La Guerre et le Progrès*. Paris, Payot 1917, pp. 96 et sqq.

Mais l'homme n'est homme que par la pensée; elle seule l'empêche de rester confondu parmi les animaux. Or il ne penserait pas sans le secours d'une collectivité humaine, héritière elle-même des efforts accumulés d'innombrables collectivités humaines pendant des milliers de générations. Autrement dit, l'esprit d'un individu est conditionné par toute une humanité; l'individu n'apporte que son cerveau, l'humanité y ajoute ce qu'il faut pour faire l'esprit. Je ne sais si quelqu'un est jamais parvenu à imaginer vraiment, à « réaliser » l'âme indépendante du corps; mais, à coup sûr, on se représente encore bien moins la vie d'une âme indépendante, dans son présent et son passé, de tout milieu humain : ce serait concevoir la vie d'un chêne à qui on aurait supprimé la terre, l'eau, l'air, l'action du soleil. Où y a-t-il, dans l'Univers, une fusion, une combinaison plus étroite que celle d'un homme avec une humanité?

Il semblerait donc que l'homme fût le moins individuel des êtres. C'est tout le contraire, et l'individu se sépare d'autant plus facilement et complètement de l'humanité qu'il lui doit davantage.

Toute pensée est nécessairement consciente, ou l'a été, ou le devient, à défaut de quoi elle reste toujours latente, et nul ne saura jamais si elle n'a pas été aussi bien inexistante. Le développement de la pensée et celui de la conscience marchent de pair, le plus haut degré de conscience consistant à *se penser soi-même*. Quand l'individu arrive ainsi à projeter de la lumière sur son Moi intime, il y voit un monde hermétiquement clos de sensations, de sentiments, qui ne peuvent se manifester à l'extérieur que par des signes, et il conclut à une pareille imperméabilité de tous les Moi, tels des prisonniers séparés par des murs trop hauts, qui agiteraient des mouchoirs attachés au bout de longues perches, et ne verraient jamais que cela les uns des autres.

Bien plus, dès que la pensée en arrive au stade métaphysique, elle permet à l'individu de se considérer comme l'être unique. — Il n'y a que nos sensations, — ont dit bien des philosophes que l'on répète encore aujourd'hui. — Il n'y a que *mes* sensations, corrigera-t-on logiquement. Je connais de vous votre forme, vos gestes, les caractères manuscrits de vos lettres, imprimés de vos livres, des sensations visuelles, *mes* sensations visuelles; je connais encore vos paroles, des sensations auditives, *mes* sensations auditives... Cessez donc de vous associer à moi en disant : *nos* sensations; vous n'existez pas en dehors de *mes* sensations, en dehors de moi. Il n'y a que moi. —

Le progrès de la pensée a donc ce caractère paradoxal de résulter d'une solidarité accrue entre l'individu et l'humanité et d'augmenter en même temps la facilité de l'individu à détacher son âme de l'humanité; le progrès de la pensée rend l'homme plus social dans sa formation, plus individuel dans le pouvoir de son esprit.

Voilà la dualité humaine, origine de la plupart des drames, cause de notre grandeur et des souffrances qui en sont la rançon.

§ 3. — Aperçus généraux du champ d'études de la psychologie collective.

Dans le sens où il y a personnalité collective, il y a aussi psychologie collective, puisque toute personnalité est susceptible, par définition même, d'une activité morale.

Cela ne veut pas dire qu'une âme collective vient se superposer à l'âme individuelle, ou même la remplacer complètement à certaines minutes. Il n'y a, dans une telle conception, qu'une image, un symbole, non dénués de prix, d'ailleurs, au point de vue littéraire : je m'en servirai, sans doute, mais à titre de procédé verbal; il faut que ce soit bien établi d'avance.

La psychologie collective s'applique à chaque âme individuelle en particulier. Elle n'est qu'un aspect ou un chapitre de la psychologie tout court, au même titre que la psychologie des sentiments, de la volonté, des réflexes moraux, de l'action, de la pensée spéculative.

Pour éviter l'idée de la superposition ou de la substitution d'âmes qui peut être suggérée quand il s'agit de personnalités collectives, Gabriel Tarde employait le terme d'*interpsychologie* : psychologie des individus dans leurs rapports entre eux.

Je conserverai cependant celui de psychologie collective : il est plus familier ; en outre, il ne me paraît pas se rapporter ici tout à fait au même objet.

Dans la dualité humaine, le terme individuel s'est développé au point, semble-t-il, que l'individu puisse abolir l'emprise du milieu humain, se croire seul au monde, ou du moins la seule source de ses pensées et de ses volontés. C'est là une illusion absurde. Pas plus qu'on ne saurait débarrasser un billot de chêne de ce qu'il doit à autre chose qu'au gland dont il est issu, l'individu n'est capable d'échapper aux forces mises en lui, depuis sa naissance, par une collectivité humaine.

L'orgueilleux le plus égoïste est esclave du besoin d'être admiré, par qui ? par d'autres hommes, par le plus grand nombre d'hommes possible, et admiré pourquoi ? pour certaines raisons d'esthétique morale ou autre dont il n'aurait pas le moindre soupçon sans la société dans laquelle il a vécu.

Un idéal religieux a conduit le solitaire vers la cellule où il s'emmure : — *religieux*, ce qui relie les hommes entre eux. —

Est-ce le séjour parmi les hommes qui crée le misanthrope ? c'est du moins, répondra-t-on, le dégoût de les voir si éloignés de la perfection ; mais ce type de perfection dont l'inachèvement chagrine le misanthrope, le misanthrope l'aime grâce précisément à l'humanité qui l'entoure et qu'il n'aime pas ; né parmi les sauvages, il ne serait pas devenu un Alceste.

Le sentiment invincible d'évidence que nous éprouvons devant certains énoncés nous resterait étranger sans les principes de raison expérimentale lentement formés parmi les civilisés et transmis jusqu'à nous ; ceux-ci nous paraissent formulés au fond de notre être intime, nous croyons entendre la voix d'un instinct naturel faisant partie de nos hérédités ; c'est une erreur : mis en nourrice et oubliés chez les Fuégiens, nous manquerions de ces bases de notre activité intellectuelle.

Il n'y a pas de Dieu sans un langage pour le prier ; isolés dès le berceau, quel langage aurions-nous ?

Dieu, raison, buts d'activité, ambitions..., tout ce qui met en branle l'individu est d'origine collective. Il est fatal que ces forces motrices produisent aussi à certains moments des effets collectifs contre les prévisions, le gré même parfois, et souvent à l'insu des individus qui les subissent.

La production de ces effets collectifs constitue le champ d'études de la psychologie collective.

On se fera une idée plus approfondie du sujet en se rappelant l'évolution sociale humaine telle que la présente Gabriel Tarde.

Elle s'opère, écrivait l'illustre sociologue, par une série

d'inventions suivies d'imitations, lesquelles à leur tour sont toujours corrélatives de besoins ; si les hommes suivent, en effet, l'exemple que leur donne une initiative ou, ce qui revient au même, une invention quelconque, c'est que l'idée leur est suggérée par là de la satisfaction d'un besoin, soit qu'ils n'aient pas songé au besoin lui-même, soit qu'ils apprennent un moyen nouveau de le satisfaire.

Remarquons — et c'est là l'idée maîtresse de Gabriel Tarde — que l'invention précède le besoin.

On reconnaît la justesse de ce principe dans le cas des choses qui se mangent et se boivent : la pomme de terre répond aujourd'hui à un besoin ; il n'en était pas ainsi autrefois : les Romains s'en passaient à merveille, comme aussi du thé, du café, du tabac ; ce qui prouve bien qu'il a fallu trouver la pomme de terre, le thé, le café, le tabac, avant qu'on en eût besoin.

Ce qui est vrai de l'ordre dit matériel, économique, ne l'est pas moins de l'ordre moral. Il y a une invention morale avec les formes nouvelles qui apparaissent en religion, en politique, en philosophie, en esthétique ; il y a imitation morale et création d'un besoin moral correspondant avec le développement de ces formes. Partager des croyances, des opinions, cela revient, en effet, à conformer les démarches de son esprit à celles d'autres esprits, *à faire comme eux*, à les imiter[1].

La création de besoins n'est, bien entendu, pas plus que n'importe laquelle, une création au sens métaphysique du mot : elle ne tire rien de rien. Quelque chose préexiste dans l'individu qui se met à souffrir un beau jour du manque d'une nourriture physique ou morale, manque dont il ne se fût pas

---

1. Voir Gabriel Tarde : *Les lois de l'imitation*. Paris, F. Alcan. 1890.

même aperçu quelque temps auparavant. Ce qui préexiste au besoin senti, dont la non-satisfaction devient une souffrance, c'est ce qu'on peut appeler un *besoin latent*. Je ne prends ce mot de « besoin latent » que pour sa commodité. Il n'a pas de valeur logique, et c'est à tort qu'il prétendrait en avoir une explicative ; qu'on s'abstienne surtout de lui chercher un air de profondeur. « Besoin latent » signifie surtout que nous ignorons bien des particularités de notre être tant physique que moral — et qui s'étonnerait de cette ignorance? — La constitution de notre système nerveux et de notre âme est telle que le contact de nos papilles avec certain aliment nouveau ou de notre esprit avec certaine doctrine nouvelle nous satisfera. Tant que ce contact ne se produira pas, l'effet nous en demeurera caché. Voilà tout le mystère du besoin latent, que j'appelle d'ailleurs « besoin » faute de mieux, car rigoureusement ce n'en est pas un : pendant des siècles sans nombre, l'humanité s'est fort bien accommodée de manquer des nouveautés morales ou matérielles qu'inventèrent les époques historiques ; elle n'en eut donc, à vrai dire, pas besoin.

Ceci étant exposé sur la part de convention qu'il y a dans le terme de « besoin latent », on n'en verra que mieux — tout en acceptant la théorie de Tarde — comment ce qu'il sert à étiqueter précède l'invention.

Avant la découverte de la pomme de terre, il y avait le besoin latent d'une nourriture variée, besoin bien connu aujourd'hui et auquel les chefs avertis, officiers ou explorateurs, accordent tant d'attention quand ils veulent maintenir à sa plus haute puissance la force morale humaine qu'ils dirigent. Avant la découverte du thé, du café, des boissons fermentées, il y avait le besoin latent d'excitation du système nerveux. Avant l'introduction d'un aliment jusque-là inconnu, il y avait des papilles nerveuses conformées de manière à le faire trouver savoureux quand on l'essaierait, et cela aussi bien chez les animaux que chez l'homme. Le nourrisson, à partir du moment où il est sevré, fait pour son propre compte une série des découvertes alimentaires de sa race, tout ce qui n'est pas le lait étant nouveau pour lui; chacune d'elles s'accompagne d'une reconnaissance : ce qu'il goûte pour la première fois avec plaisir, il le reconnaît en fait par là comme adapté à une constitution de ses cellules nerveuses, et celle-ci, dans l'ensemble, lui est commune avec tous les individus de son espèce. Mais nous sommes là en une région où la physiologie et la psychologie se pénètrent si étroitement qu'on ne peut guère y tracer de limites entre l'une et l'autre.

On n'en répètera pas moins la même chose quand on sera dans le domaine propre de la psychologie, et de la psychologie la plus complexe : celui des phénomènes religieux notamment.

Un « besoin latent » préexistait dans l'âme des hommes qui se sont convertis au christianisme nouvellement prêché, nouvellement « inventé »; ils ont *reconnu* cette doctrine comme adaptée à la constitution de leur être intime.

Les Apôtres, en effet, n'avaient ni plus ni moins de force persuasive par leur métaphysique, leurs récits, leurs miracles, que les philosophes et les thaumaturges leurs contemporains. Comme ils admettaient les anges et les démons, leur monothéisme ne différait pas essentiellement de la croyance déjà antique et très répandue en un Être Suprême créateur des dieux et des hommes. L'histoire du Christ avait ce désavantage d'être dépourvue de toute notoriété publique, de toute attestation signée par des écrivains pourvus de prestige; très inférieure en cela aux légendes d'Hercule et de Bacchus, elle n'était qu'une histoire obscure, ayant eu un théâtre obscur et contée par des gens obscurs. Quant aux miracles, ils foisonnaient en ce temps-là, et l'on n'avait d'autre méthode, pour les classer parmi les faits réels ou les impostures, que de juger d'après les sympathies inspirées par leurs auteurs.

En fait de force démonstrative, l'enseignement évangélique ne se distinguait donc en rien d'un autre enseignement contemporain quelconque. Aucun motif d'ordre rationnel n'inclinait les intelligences à le préférer. Sa puissance fut uniquement d'ordre affectif. On crut à Jésus-Christ parce que l'on admira et aima l'idéal moral de ses premiers adeptes. Si des néophytes se passionnèrent pour cet idéal au point de lui sacrifier leur vie, c'est qu'il répondait à des aspirations secrètes de leur être, à la conformation de leur âme, c'est qu'il était un besoin latent, c'est qu'il était déjà depuis longtemps, mais inconsciemment, leur idéal; par leur conversion, ils ne faisaient en réalité que le reconnaître.

Maurice Mæterlinck a parlé de l'*hôte inconnu*; il aurait fallu dire *les* hôtes inconnus. Leur multitude et leur force sont également grandes. Ils comptent parmi eux tous ces besoins latents, ressorts tendus à notre insu et que nous ne connaissons que par le choc puissant qu'ils exercent lors d'un déclic dont nous sommes parfois les premiers surpris. Ils représentent dans notre âme ce que représente dans le corps de l'enfant la disposition à l'attrait ou à la répugnance pour les aliments dont il goûtera plus tard, mais qu'il ignore encore.

Beaucoup d'hôtes inconnus méritent le nom de collectifs,

non pas seulement parce qu'ils habitent en tous et en chacun, mais parce qu'ils dépendent, pour l'instant et l'intensité de leur action, d'une excitation collective. Telle l'imitation qui est un besoin par elle-même, une tendance d'autant plus impérative, une épidémie d'autant plus violente pour chaque individu qu'elle s'étend sur un plus grand nombre d'individus rassemblés.

La psychologie collective comprend l'étude des hôtes inconnus de ce genre. Elle se confondra donc pour une grande part avec la psychologie de l'inconscient. Le principal des hôtes inconnus est en effet l'*homme-abeille*, l'homme social.

Or l'activité type de la sienne, celle de l'abeille-insecte, n'est pas consciente, puisque la conscience est nécessairement individuelle et que l'abeille laisse paraître si peu de facultés de se conduire suivant des fins individuelles qu'elle sait à peine, hors de la ruche, sauvegarder sa propre existence. Au surplus, la conscience nuit à une telle activité plutôt qu'elle ne la favorise : mieux on sait un métier, plus on l'accomplit inconsciemment ; quand la conscience s'éveille, c'est en présence d'une difficulté imprévue qui nécessite un effort d'intelligence, dans un cas, par conséquent, où la connaissance du métier fléchit, car la perfection de cette connaissance serait qu'il n'y eût jamais de difficulté imprévue. Et l'abeille sait parfaitement son métier : il n'y a jamais chez elle de cette agitation désordonnée, de cette contradiction entre les efforts, de ces hésitations, de ces tâtonnements, qu'il y a chez les fourmis au travail.

De même l'homme-abeille : cet hôte inconnu nous fait agir avec d'autant plus de promptitude, de vigueur et de décision qu'il demeure mieux un hôte inconnu ;

qu'il apparaît moins dans notre conscience : notre élan de sacrifice pour les grands idéals religieux, politiques, moraux, patriotiques, humains, est le plus ardent au moment où il jaillit, avant que nous sachions pourquoi ni comment. L'*homme-abeille*, ce sont nos instincts, nos intuitions, nos croyances, nos respects, nos répugnances, nos goûts, quand ils intéressent les consonnances qui accordent les âmes individuelles en un effort commun. De là la prédilection que les « conservateurs » ont pour ce qui échappe au sens critique, pour ce qui dépasse, prétendent-ils, la pensée consciente, pour le mysticisme, la religion, la tradition...

Comment l'*homme-abeille* et l'*homme-individu* s'arrangent-ils cependant ensemble? Il semblerait que l'un dût détruire l'autre, à moins d'une complète neutralisation de l'un par l'autre. Or nous constatons qu'ils ne cessent pas de coexister en chacun de nous et que cela ne nous empêche pas, au total, de vivre et d'agir.

C'est que l'*homme-abeille* et l'*homme-individu* se manifestent ou prédominent alternativement dans une même âme donnée. Le premier, tout inconscient, ne l'emporte, bien entendu, qu'en faisant baisser l'étiage de ce qui implique la pensée consciente : raison, sens critique, esprit d'examen... Cela explique le fait, très justement observé par le docteur Gustave Le Bon [1], que le niveau intellectuel d'une foule est en général très au-dessous du niveau intellectuel moyen des gens qui la composent ; cela explique aussi le fait inverse dans l'ordre affectif : le niveau passionnel des foules sera en général très supérieur, comme intensité, au niveau passionnel moyen de leurs unités humaines considérées isolément : haines et amours beau-

[1]. Voir *Psychologie des Foules*, Paris, Alcan, 1900.

coup plus fortes. On assistera même parfois à de véritables renversements de caractère, une foule d'avares devenant prodigue, de pusillanimes brave, de braves lâche, de paresseux travailleuse...

Il n'y a que par métaphore, c'est le lieu de le répéter, que l'on parle là de substitution d'une âme à d'autres : tout ce que la foule est censée donner à ses membres, chacun le possédait déjà avant de se mêler à elle ; il n'y a rien eu de nouveau qu'une occasion particulièrement favorable fournie par la foule à l'*homme-abeille* existant en chacun de prédominer avec son inconscience et son ardeur.

Mais quand on passe de l'abeille insecte à l'*homme-abeille*, une grande complication s'aperçoit : l'abeille ne connaît qu'une ruche ; il n'y a pas pour elle de collectivité plus vaste ou plus restreinte qui inspire son activité. Tandis que l'*homme-abeille* se dévoue à des ruches de tout ordre et de toute grandeur qui le sollicitent parfois en sens contraire : famille, religion, corporation, parti politique, patrie locale, grande patrie, groupe linguistique, civilisation, humanité...

C'est ce dont aura souvent à tenir compte la psychologie collective qu'implique une philosophie de la guerre.

§ 4. — LA MORT D'UN SOLDAT.
EXEMPLE DU DÉVOUEMENT DE L'*homme-abeille* A SA RUCHE HUMAINE.

Nous agissons parfois sous l'empire de l' « âme » collective contrairement à ce que nous croyons être notre raison, nos désirs, nos sentiments, notre volonté propres. M. G. Bonnet en a donné un magnifique exemple dans son article intitulé *Réflexions à propos de la mort d'un soldat* [1]. L'auteur est un officier; un de ses amis vient dans un poste de l'avant lui raconter le cas du brigadier Lauteu. Lauteu, ouvrier électricien dans le civil, exhalait quelques instants plus tôt sa tristesse, son découragement; « il répétait sa peur inexprimable de la mort... Il disait que c'était trop bête de travailler pour la gloire quand on avait une peau à conserver... que, lui, il savait bien qu'il ferait l'impossible pour se défiler... » Pendant qu'il tenait ces propos, le commandant l'appela; il s'agissait de réparer coûte que coûte des fils téléphoniques rompus par le bombardement qui justement se mettait à sévir de nouveau plus dru que jamais. Lauteu prend ses outils sans mot dire, se met en marche tranquillement, disparaît derrière les chicanes de la tranchée. A partir de cet instant, il est son maître; nulle surveillance : tout le monde se terre dans les abris; rien ne l'empêche de rester lui-même à couvert et, après avoir laissé quelques minutes s'écouler, de revenir expliquer qu'il n'a rien pu faire : boyaux trop éboulés, fils introuvables...; tout le monde le croira. Or, à l'accalmie suivante, on le trouva tué par un éclat d'obus et couvrant de son cadavre les fils téléphoniques qu'il avait commencé de réparer.

Et M. G. Bonnet médita longuement sur cette mort glorieuse. En confrontant le cas de l'héroïque brigadier avec les résultats de son expérience personnelle, il conclut que ce cas était, non point une exception, mais une illustration en beauté du type moyen de nos soldats.

La psychologie de ces hommes n'apparaît pas dans des livres pareils à « Grandeur et Servitude militaire » ; ils ne

---

[1]. *La Revue*. 1-15 Octobre 1916. Reproduit un chapitre de *L'Ame du soldat*, du même auteur. Paris, 1917, pp. 111-140.

professent en rien les grands sentiments : Devoir, Honneur, Amour du Sacrifice, de la Gloire, du Danger, des Combats, non plus qu'ils ne sont mus par la crainte des châtiments. Quant à la cause pour laquelle ils se battent, ils ne sauraient l'expliquer. Un brave et honnête poilu est en train de faire sécher ses souliers humides au feu d'un brasero : — Sais-tu, lui dit M. G. Bonnet, que tu es le champion de la liberté et de la civilisation? — Il sourit et répond : — Ça me fait une belle jambe; j'aimerais mieux rentrer chez moi. — Une telle réponse ne signifie pas du tout que le poilu croit ses souffrances exploitées pour atteindre un but injuste ou futile; elle signifie : — J'ai une idée claire, c'est que je serais content que la guerre finisse; pourquoi il faut que la guerre dure, ça je ne le comprends pas aussi bien. — Pour compléter sa pensée, il ajouterait ce mot familier à ses camarades : — Mais enfin, il faut ce qu'il faut.

Quand le poilu expose ainsi son état d'âme, aimons-le davantage encore pour sa sincérité. C'est un homme simple, ce qui ne veut pas du tout dire ici inintelligent. Les gens les plus cultivés sont logés souvent à la même enseigne que lui, mais là où il se tait, eux parlent; comme lui, ils savent exprimer la répercussion de la guerre sur eux : c'est direct, c'est concret. Est-il vrai que nous comprenions lorsqu'ils abordent les idéaux au nom desquels on se bat : Droit, Civilisation, Démocratie, Nationalités..? nous sentons plutôt, très vivement, si toutefois les auteurs ou orateurs ont du talent. Sommes-nous curieux de préciser, nous constatons, soit du flou dans la pensée quand les gens cultivés réalisent un accord unanime, soit un désaccord entre eux quand la pensée est claire. Au gré de plusieurs, c'est une sorte de devoir que de ne pas comprendre : des idées comme celle de Patrie « transcendraient » l'intelligence ; elles seraient mystiques.

Quoi qu'il en soit de ces choses obscures, elles ont une force décisive. Nous parlons ; elles nous mènent. Lauteu a parlé contre elles, elles l'ont conduit à la mort, et de son propre gré ; il ne savait pas bien ce qu'elles lui disaient : elles l'ont persuadé tout de même.

Lauteu, les poilus moyens qui n'ont comme idée nette que le désir de rentrer chez eux, ces braves gens, presque toujours très braves, sont sûrs : on peut compter sur eux ; jusqu'à quel point, le monde entier le sait aujourd'hui.

C'est qu'il y a en eux *l'homme-abeille*. Quand l'esprit de ruche le prend, il se dévoue sans limites. L'insecte en fait autant, mais sans avoir à vaincre un esprit de conservation, des tendresses, un sentiment du charme de la vie : il n'a rien de tel. Tandis que l'*homme-abeille* est doublé d'un individu conscient qui, même s'il ignore les « raisons » de la ruche, voit ce qu'il en coûte de la servir et lui obéit cependant. Il triomphe d'un instinct personnel en faveur d'un instinct mis en lui par une humanité ; c'est bien la victoire de l'esprit sur la matière, grandeur attachée à la dualité humaine.

CHAPITRE II

L'Évolution des sociétés politiques

§. 1. — Cités et empires anciens.

Les passions et intérêts collectifs dont le conflit suscite les guerres sont éminemment variables suivant le genre des collectivités. Il y a une différence très marquée, par exemple, entre les sentiments de peuples qui sont conduits au combat par la volonté d'un roi absolu et ceux d'une nation démocratique aux prises avec un État voisin, entre les réactions que produit la politique étrangère sur une communauté de plusieurs millions d'hommes telle que la France, la Grande Bretagne, l'Allemagne, l'Italie, les États-Unis, et les cités helléniques anciennes qui comptaient, même au temps de la démagogie la plus « avancée », à peine autant de milliers de citoyens qu'il y en a de millions dans les patries modernes.

Comme les espèces animales, les espèces de personnalités collectives ont évolué au cours des siècles et présentent encore des types divers que l'on ne saurait confondre. Il en est de même des « âmes » de ces personnalités.

On devra donc jeter un coup d'œil rapide sur les espèces d'unités politiques et leur transformation au cours de l'histoire, autant qu'elles intéressent du moins l'état de choses actuel.

A l'origine de notre civilisation, il y eut Rome et les Barbares, Rome, une cité qui fonda un empire, les Barbares, agrégat de peuples que nous appelons des tribus comme nous parlons de tribus nègres ou peau-rouge. C'est une désignation peu rigoureuse que ce terme de « tribu » : il s'applique à des genres de collectivités très différents, mais peu importe ici.

La cité antique, telle que fut Rome *à ses débuts*, nous intéresse particulièrement, parce que c'était déjà un État très organisé; elle différait surtout d'un État moderne en ce qu'elle se réduisait à peu près à une ville et aux champs d'alentour possédés par les citadins [1]. Si démocratique que fut son régime, elle était toujours en fait gouvernée par une oligarchie, car la majorité de sa population consistait en esclaves, affranchis et métèques, lesquels n'eurent jamais que des droits politiques nuls ou très incomplets. A ne compter que les citoyens, une cité comme Athènes, qui fut populeuse, équivalait à une de nos médiocres préfectures.

Les discordes civiles ne pouvaient manquer d'être acharnées dans un cercle aussi resserré. Il s'en éleva d'autant plus que les cités devinrent florissantes. Les commerçants et les armateurs enrichis secouèrent le joug des propriétaires fonciers qui, de par la tradition, détenaient seuls le pouvoir, et ceux-ci eurent aussi contre eux les cultivateurs obérés à leur égard de lourdes redevances. Aristocratie, ploutocratie, tyrannie, démocratie plus ou

---

1. A l'origine, c'était une ville, un ensemble d'édifices, possédé par les propriétaires d'alentour.

moins oligarchique ou démagogique, entrèrent en lutte.

La guerre civile se confondit avec la guerre extérieure. Toutes les fois qu'il y avait deux partis dans une ville grecque d'Asie Mineure, l'un appelait les Perses, l'autre les Grecs d'Europe. Les démocrates et les aristocrates d'une même cité s'appuyaient, lors des longues guerres du Péloponnèse, les premiers sur Athènes, les seconds sur Sparte.

Les cités grecques ne purent même pas ébaucher un petit empire équivalant à deux ou trois départements français. Leurs tentatives pour fonder un conseil fédéral n'aboutirent qu'à l'institution des Amphyctionies, fêtes religieuses, espèce de congrès aussi peu efficaces pour maintenir la concorde entre Grecs que les congrès eucharistiques ou l'Internationale pour éviter la Grande Guerre. Il y eut quelques confédérations assez stables comme celle de trente minuscules cités phocidiennes qui, à elles toutes, ne remplissaient pas la Phocide, minuscule elle-même, ou la ligue béotienne dominée par Thèbes. Tout cela demeura petit. Malgré la légende, aucune hégémonie importante ne s'éleva parmi ce monde des cités : celle d'Athènes ne remplit qu'un moment fugace des guerres du Péloponnèse; Sparte n'eut pas une domination beaucoup moins éphémère : en 404 av. J. C., l'occupation d'Athènes par Lysandre et l'installation du pouvoir oligarchique des Trente marqua sa victoire décisive. Elle déclina presque aussitôt, subit en 387 le traité d'Antalcidas favorable aux Perses qu'avaient soutenus les Athéniens, puis fut battue par Thèbes à Leuctres et à Mantinée; Epaminondas envahit la Laconie en 370. Depuis lors Sparte ne compta plus.

Faut-il assimiler à des tribus ou à des cités les noyaux des anciens empires? Toujours est-il que ces géants, qui nous en imposent encore, furent des colosses aux pieds d'argile. Dans l'empire perse, les satrapies devinrent à peu près indépendantes du souverain : aucun lien entre les peuples soumis; et quelle vague vassalité les rattachait souvent au Grand Roi! Rien ne garantit que les conquérants perses eux-mêmes constituassent une force stable : des divisions en factions, tribus, clans..., pouvaient très bien compromettre la permanence de leur cohésion. Au surplus, ils se divisaient certainement en formant des garnisons d'autant plus éparses que le territoire de l'empire était plus grand; les chefs de ces troupes jouissaient de grandes facilités pour accaparer une souveraineté locale.

Par l'effet de cette dispersion de l'armée d'occupation, l'empire d'Alexandre se brisa de lui-même aussitôt après avoir anéanti la domination perse; les morceaux, importants d'abord, se fragmentèrent jusqu'à ne plus former, en Asie Mineure tout au moins, qu'une poussière de royaumes.

Les essais des Barbares pour fonder des États un peu étendus aboutissaient moins bien encore, comme on le vit en Gaule, et c'était toujours pour les mêmes raisons auxquelles se joignait, chez eux, un manque beaucoup plus flagrant d'organisation.

Après la chute de Rome reparurent des colosses aux pieds d'argile, tels, en Europe, les empires visigoths et francs, et, autour d'elle, les empires arabe et tartare. Toutes ces vastes constructions s'effondraient. Elles étaient élevées, comme les précédentes, par un homme que servaient son génie et les circonstances, mais ne lui survivaient guère : il y manquait un support compact, homogène, relativement volumineux, qui leur eût donné de la stabilité; elles se construisaient trop vite, le ciment n'avait pas le temps de prendre; or le ciment des États qui se sont avérés viables est à prise lente.

§ 2. — Rome.

Rome seule constitua ce support nécessaire. Elle y mit le temps : quatre siècles environ, si on évalue ce temps d'après les données officielles, plus encore s'il est vrai qu'au moment où le légendaire Romulus la fonda, deux des sept collines fussent déjà couronnées par les villes de Saturnia et de Pallantium. Rome absorba ses voisins immédiats par fusion ou autrement; elle lutta pour l'hégémonie parmi les cités latines, l'obtint, la reperdit, ne fut longtemps qu'une unité quelconque parmi toutes ces petites puissances de l'Italie centrale parmi lesquelles les alliances se concluaient, se rompaient, indépendamment des soi-disant liens de la race, opposant cités étrusques à cités étrusques, latines à latines, sans préjudice pour toutes les complications qu'apportaient dans cette bagarre perpétuelle l'intervention des Eques, Volsques, Samnites, peuplades qui, sans doute, ne devaient pas faire faute de se diviser entre elles; et cette lutte à demi millénaire avait pour champ clos un territoire à peine équivalent au cinquième du royaume actuel d'Italie. En 338 av. J. C. seulement, Rome mit définitivement la main sur le Latium, véritable annexion : deux ou trois cités latines, sur une quarantaine, conservaient une indépendance nominale à titre d'alliées; le reste fut soumis à une sujétion étroite.

A partir de ce moment, et malgré la médiocre étendue d'un domaine qui l'eût mise aujourd'hui au-dessous de la plus petite nation d'Europe, Rome était virtuellement la maîtresse du monde antique. Ses conquêtes, lentement étendues aux dépens d'autres cités, lui avaient permis d'absorber réellement et de « digérer » ces rivales, et de n'être pas seulement — souveraineté précaire! — une présidente de ligue. Il y avait une surface continue de terres avec une centaine de villes ou bourgades où tout était incorporé à Rome aussi intimement que les quartiers eux-mêmes de la Ville.

De sorte que Rome représentait déjà une puissance que rien n'égala jamais avant notre ère. En vertu de son caractère de cité, elle bénéficiait d'une véritable organisation d'État, et, en particulier, d'un recrutement militaire dense et régulier : mais cette organisation et ce recrutement, elle les étendait à un territoire plusieurs dizaines ou centaines de fois aussi grand que les territoires faisant proprement partie des cités d'Athènes, de Sparte, de Syracuse, de Carthage... : c'était symboliquement un territoire national comparé à des territoires municipaux.

Rome n'avait donc plus rien à craindre. On ne pouvait triompher d'elle que temporairement, parce qu'il n'existait nulle part de force stable sur quoi la sienne n'eût une supériorité véritablement écrasante. Ses rivaux : tyrans, rois, cités, Carthage même, n'avaient à lui opposer que des forces intermittentes : tributaires et alliés qui trahissaient à la première occasion favorable, armées de mercenaires sans réserves assurées.

Ce qui fait la valeur de l'exemple de Rome, à part l'intérêt sentimental que nous attachons à cette aïeule de la civilisation politique, c'est que Rome fut le seul État ancien comparable à nos États modernes. L'Italie romaine, une fois admise au plein droit de cité, constituait une véritable nation analogue à l'Italie de nos jours. Elle ne se maintint pas telle uniquement parce qu'elle fut noyée presque aussitôt dans une domination de caractère mondial dont la faillite constitue un enseignement digne d'être considéré.

Lorsque l'empire romain atteignit sa pleine extension, le droit de cité se répandit de plus en plus jusqu'au moment où des nécessités fiscales le firent attribuer ou plutôt imposer à tout le monde. Il n'y eut plus de patrie romaine, mais une « romanité », une civilisation, la seule, parce que seule connue : au delà des limites de l'Empire habitait une obscure multitude de Barbares ; les Indes, la Chine, se perdaient dans un lointain fabuleux.

Être citoyen de Rome, c'était, comme nous le dirions aujourd'hui, être citoyen du monde. On n'avait de différend national avec personne. Le Barbare n'apparaissait pas lui-même comme un ennemi extérieur : il s'infiltrait dans l'Empire, non avec l'intention de le rendre gothique, germanique, sarmate, vandale, mais afin de s'appeler, lui, Barbare, un Romain ; il y mettait de l'amour-propre, voyant dans ce titre un brevet de distinction, un supplément aux profits matériels qu'il recherchait, bien entendu, les premiers.

Cette « romanomanie » du Barbare persista, jusqu'après Charlemagne, chez les premiers Kaisers qui voulurent que le nom de « romain » s'ajoutât à celui de leur Saint Empire germanique.

Rome périssait pour avoir perdu ce qui faisait sa force au IVe siècle avant notre ère : un noyau territorial compact qui lui fournît exclusivement toutes les sources de son pouvoir politique. Ce noyau avait foisonné en se ramollissant par l'effet de l'excessive diffusion du titre de citoyen romain, et surtout Rome avait recruté trop de soldats parmi les Barbares.

Elle n'en avait pas moins réussi quelque temps à former une société humaine englobant toute la civilisation. Régime d'hégémonie qui assura la paix, car les expéditions guerrières devinrent ce que sont pour nous les expéditions coloniales.

§ 3. — L'État d'ancien régime.

Après Rome, mais bien longtemps après Rome, les premières fondations politiques solides furent celles dont proviennent directement les États modernes, au moins en Europe occidentale et centrale. Elles ont comme origine essentielle des « propriétés » privées peu à peu arrondies.

L'anarchie générale, déjà presque complète pendant le dernier siècle d'existence de l'Empire d'Occident, ne décrut pas sous la domination des Barbares. L'instabilité de leurs royaumes fut constante depuis les temps de Clovis jusqu'à ceux de la première croisade. Purs trompe-l'œil que des règnes comme celui de Charlemagne ! ils n'avaient aucun lendemain, ils ne fondaient rien, comme les successeurs du grand homme se chargèrent de le prouver. Tout s'émiettait.

Tant que persista la vieille coutume du partage des domaines entre les fils des princes, ce fut la division perpétuelle du pouvoir. Comme la richesse mobilière était pratiquement nulle, un souverain se voyait obligé de payer ses hommes en terres : de momentanée, puis de viagère, il en transforma la jouissance en un usufruit indéfiniment transmissible de père en fils, supplément de paye qu'il octroyait aux bénéficiaires lorsqu'il avait besoin de se confirmer leur fidélité et qu'il ne voulait pas se démunir de terres nouvelles. Finalement les ducs, comtes, marquis, dont le nom désignait à l'origine des fonctionnaires révocables, se trouvèrent à la tête de monarchies héréditaires; leurs souverainetés commençaient à condenser chez nous ce qui fut nos provinces : Normandie, Bretagne, Anjou, Champagne...

Mais ce travail de concentration ne s'était pas fait sans luttes. L'emportait celui qui possédait le plus de ressources dans son domaine propre, qui avait su le mieux maintenir intact le premier fonds territorial sur lequel il exerçait un pouvoir direct, et ensuite l'augmenter : en un mot, le plus gros « propriétaire ». (Traduisez ce terme de propriétaire par celui de « détenteur de pouvoir foncier, en général », car il ne tarda pas à s'établir des modes infiniment variés de possession de droits sur la terre et ses habitants.)

Le Roi obtint la primauté sur ces souverains pour la même raison qu'ils étaient maîtres dans leurs duchés, marquisats, comtés : parce qu'il devint le plus gros « propriétaire » parmi eux. Sans doute, ce titre de Roi avait un prestige historique et idéal qui était à lui seul une force : les vassaux opprimés, les communes qui tendaient à s'affranchir, recouraient au Roi comme au Justicier le plus immédiatement investi par Dieu. Ils ne l'eussent pas fait s'il n'avait détenu un pouvoir effectif, et ce pouvoir il le devait, en dernière analyse, à son domaine. Aussi les Carolingiens dépossédés de terres furent-ils supplantés, malgré leur caractère sacré, par les Capétiens qui en avaient.

Ces origines expliquent ce que devint la souveraineté d'un État monarchique d'ancien régime : une propriété personnelle, indivisible, incessible. Bien entendu, elle ne se confondit plus pratiquement avec la propriété foncière, mais elle en était issue, conservant tous les traits essentiels qu'avait dû prendre celle-ci pour permettre l'édification d'un pouvoir stable.

§ 4. — L'ÉTAT MODERNE.

L'État moderne est une sorte de retour à la Cité antique.

Repoussons les assimilations trop précises. L'esclavage et la formation d'une caste d'affranchis qui en fut la suite introduisent une différence fondamentale entre les sociétés de civilisation gréco-latine et les contemporaines. Une autre, plus importante encore, vient des progrès économiques. Et enfin, puisque la Cité antique était toujours municipale, au moins d'origine, elle devrait se comparer à Venise, Florence, Gênes, aux villes hanséatiques, tous États qui ont disparu ou sont tombés dans une situation subordonnée.

Ces réserves faites, on ne suivra que mieux l'évolution. Elle consiste essentiellement en ce que l'État est devenu impersonnel. Comme la Cité demeurait la Cité, qu'elle fût gouvernée par un ou dix magistrats qu'assistaient ou non des assemblées populaires, de même l'être et la continuité de l'État moderne sont ceux d'une entité morale indépendante des formes de gouvernement, et non plus ceux d'un patrimoine héréditaire dynastique.

— Vous oubliez la France ! — dirent maintes fois les non-républicains aux gens qui parlaient de défendre la République. Le même reproche aurait été mal compris avant la Révolution s'il se fût adressé à des serviteurs du Roi : le Roi incarnait la personnalité idéale de la France ; le suivre en exil, c'était accompagner la France veuve de son foyer, trahie par ses fils.

— Vous oubliez la Nation ! — Voilà ce que criaient au

Roi les hommes de 89. Et ils formulaient peut-être ainsi l'essentiel de la Révolution.

Le point de vue juridique du Congrès de Vienne était encore celui-ci : entre Louis XVI et Louis XVIII, il n'y avait rien eu en France comme action valable de l'État, puisqu'il n'y avait pas eu de roi légitime ; l'État se confondait avec le Roi. Aujourd'hui on les distingue universellement : les monarques sont conçus comme représentant une entité qui existe en dehors d'eux, qui survit à l'extinction de la souveraineté exercée par leur dynastie : la Nation.

Comme le Roi était un baron féodal qui avait absorbé pratiquement toute la souveraineté féodale, il n'y avait dans l'Ancien Régime que des vassaux, des hommes-liges, des tenanciers, dont le lien collectif général était une sujétion plus ou moins étroite, et commune à tous, vis-à-vis du même homme : le suzerain ; il n'y avait que des sujets.

Avec l'État moderne apparaissent, comme dans la Cité antique, les citoyens. Puisque la Nation constitue la base de cet État et qu'elle est essentiellement une communauté, le lien collectif attache ici directement les individus les uns aux autres par un rapport de coopération. Le stade le plus évolué de l'État moderne, c'est la république démocratique ; là, en effet, tous les hommes sont pleinement citoyens et jouissent de droits égaux à la constitution du pouvoir politique. Un tel régime réalise la fusion la plus complète entre l'individu et la Nation. Absorption de l'individu, dit-on par critique : oui, et aussi de la Nation qu'absorbe entièrement la somme des individus ; absorption réciproque, c'est bien fusion.

Je ne fais là que des schémas. Les États réels ne sont

pas des types purs : presque partout le Roi a fait des compromis, plus ou moins involontaires d'abord, avec la Nation qui a maintes fois rogné son autorité jusqu'à n'en laisser subsister que le nom, et la Nation a toujours réussi à obtenir des concessions au moins apparentes. Les derniers tzars ne se sont pas crus dispensés de la leurrer, ce qui était une façon de la reconnaître.

L'État d'Ancien Régime et l'État moderne semblent se rejoindre, malgré leur opposition foncière de principes, dans une même conception du droit de souveraineté territoriale; royal ou national, le sol d'un pays est une propriété indivisible, inaliénable, sacrée, grevant les populations qui l'habitent d'obligations communes rigoureuses : devoirs de sujets ou devoirs nationaux. Et il est vrai que, sans connaître en rien la nature d'un État, on peut le représenter symboliquement comme une personne d'une intransigeance absolue relativement à l'intégrité de sa domination sur les hommes et la terre. Si elle consent assez facilement à l'accroissement de cette domination, elle n'y souffrira la moindre atteinte qu'à un prix de sang. Pronostiquez ainsi et vous serez sûr de ne pas vous tromper.

Mais, à côté de ce droit de souveraineté, tend à s'implanter un nouveau droit dont tout le monde est obligé de s'occuper aujourd'hui : celui des peuples à choisir eux-mêmes leur État souverain.

§ 5. — Les nationalités.

Le Roi d'Ancien Régime disait souvent « mes peuples » au lieu de « mon peuple », et il exprimait ainsi beaucoup plus exactement la réalité historique. Il avait acquis, en effet, plusieurs souverainetés, comme on acquiert des propriétés, celles notamment de ses anciens grands vassaux ; quand elles formaient des unités politiques homogènes, elles s'appliquaient chacune à un peuple caractérisé par son dialecte, ses coutumes... Cela faisait donc bien *des* peuples.

Il arriva d'abord souvent que leur passage d'une souveraineté à une autre ne changeait rien à leur sort : c'était un simple changement de titulaire non de nature de la souveraineté. Le nouveau suzerain s'engageait à respecter les franchises et us locaux, et il était rare que lui ou ses successeurs tinssent rigoureusement parole, mais comme cette désinvolture avait toujours caractérisé le pouvoir avant lui, là non plus le changement ne se faisait pas sentir. L'oppression, quelle qu'elle fût, prenait rarement un caractère national. A moins que ce ne fût pour des questions religieuses, le peuple se souciait peu que sa langue eût un caractère officiel ou non, fût enseignée ou non dans des écoles où il allait peu : lui-même parlait ce que les lettrés appelaient un jargon et entendaient aussi mal qu'ils étaient entendus des « jargonneurs ». Sauf la même exception des questions religieuses, le Roi ne cherchait pas noise aux dialectes ; il n'y avait aucun intérêt. Tant que chacun de ses peuples demeurait bien et dûment son peuple, pourquoi le chicaner sur les caractéristiques par lesquelles il différait des autres ?

Mais la Nation se fonda. Ce fut d'abord, en Europe, la nation française. Elle eut pour acte de naissance une fédération des peuples du Roi de France qui juraient spontanément d'un commun accord, et sans pression de l'un sur l'autre, de former un seul peuple. Leur union indissoluble procédait d'une commune volonté que n'avaient influencée en rien les variétés d'idiomes : langues d'oc, allemand d'Alsace, flamand du nord-est, italien de Corse, catalan du Roussillon, basque, dialectes celtiques de Basse-Bretagne. Un nouveau principe juridique se posait donc : c'est le consentement mutuel, au moins tacite, qui fait la Nation ; consentement nécessaire, et qui suffit entièrement : il remplit à lui seul tout le droit en la matière ; il se confond d'ailleurs avec le devoir d'insurrection que la Charte de 89 impose au peuple ou à la fraction de peuple que l'on prive de liberté et d'égalité politiques.

Le Congrès de Vienne, ne tenant aucun compte de ce fait considérable, qu'il crut sans conséquences, remania la carte d'Europe suivant le droit de souveraineté ancien dérivé entièrement de l'idée de propriété.

Ce Congrès a pour image exacte une assemblée de propriétaires réunis après une catastrophe sociale qui a tout brouillé dans la répartition de leurs biens fonciers. Gens équitables et modérés. En gros, on rétablira l'état antérieur des choses ; mais pourquoi ne pas profiter de l'occasion pour améliorer les domaines en les arrondissant de parcelles tombées en déshérence? Et puis, certains propriétaires avaient des champs très éloignés du noyau principal de l'exploitation ; ils ne seraient pas fâchés que celle-ci s'étendît sur une surface ininterrompue. Quelques-uns au moins de ces desiderata paraissent réalisables ; on les satisfera par un jeu de compensations exactes où entreront en ligne de compte toutes les sources de revenus agricoles : superficie et fertilité du sol, cheptel, main-d'œuvre, outillage, bâtiments... afin que les échanges se fassent à richesse scrupuleusement égale. Ainsi nul n'aura lieu de jalouser ses voisins ; paix durable entre les propriétaires !

Telle fut l'œuvre, digne en effet de réussir si vraiment la

transaction n'avait porté que sur des biens pouvant faire l'objet d'une possession individuelle héréditaire comme des « couronnes » et ce qui en dépend. Mais il s'y mêlait autre chose : l'élément national intervenait, et, par rapport à lui, les stipulations du Congrès de Vienne n'avaient aucun sens. Si, en effet, la Nation existe par le consentement mutuel des hommes, elle repose sur un sentiment ; l'opération qui consiste à tracer une ligne sur une carte et à céder le terrain qu'elle délimite ne délimitera pas des sentiments quand on ne regarde qu'au terrain, ou il faudra vraiment avoir de la chance !

Le Congrès de Vienne en eut peu. Moins de quinze ans après sa clôture, la construction politique élaborée par lui s'effritait déjà : la Belgique se séparait de la Hollande ; et, quarante ans plus tard, qui eût reconnu l'Europe savamment combinée par les grands maîtres de la diplomatie ?

C'est que, principalement grâce à l'exemple de la Révolution française, il s'était constitué des Nationalités, si l'on appelle ainsi des nations qui aspiraient à se former ou des peuples maintenus séparés d'autres peuples auxquels ils désiraient s'unir.

Ce mouvement fut entretenu d'abord par la politique des Etats qui réagissaient contre l'esprit révolutionnaire : ils sentaient fort bien que l'idée de libération des nationalités et l'idée de souveraineté du peuple n'en faisaient logiquement qu'une.

Souhaiter, en France, l'affranchissement de la Pologne ou de la Lombardo-Vénétie, cela passa auprès des « ultras » pour aussi subversif que de crier : — Vive la République ! — Il n'y eut pas jusqu'aux premières agitations en faveur de l'unité allemande qui n'eût pour ennemis les princes germaniques et leur noblesse — opposition entre les États allemands et la Nation allemande —, si bien qu'en 1870 encore, les Junkers prussiens voyaient avec peine poser la couronne soi-disant de Charlemagne sur la tête du roi Guillaume.

De là le combat contre les nationalités, dont la cause était censée — quelquefois à tort — se confondre avec celle du libéralisme. Mais une nationalité ne s'étouffe qu'au profit d'une autre ; la Pologne, par exemple, devait être russifiée en Russie ; russifier, c'était nationaliser dans le sens russe.

Souvent, quand une nationalité se constituait en nation, elle s'efforçait d'absorber les autres nationalités résidant sur son territoire ; celles-ci, qui parfois s'ignoraient, prenaient conscience d'elles-mêmes et résistaient. Ainsi, les Magyars, que les Autrichiens tentaient de germaniser, se révoltèrent, se sentirent une nationalité plus que jamais magyare, ce qui leur fit abandonner le latin, jusque-là leur langue officielle ; une fois indépendants, ils ne cessèrent de magyariser les peuples soumis à la couronne de Hongrie ; à la fin de 1917 encore, ils fermaient des écoles roumaines en Transylvanie. D'autant se réveillaient les nationalités slovaque, roumaine, serbe, croate.

Ce sont les Allemands qui ont identifié l'idée de nationalité avec l'idée de langue. Comme ils étaient divisés en États, il leur fallait une notion plus extensive que celle d'État pour exprimer leur communauté. Ils prirent l'idée de race, mais comme la prétendue « race » se détermine en pratique par la langue, fut germain tout homme usant d'un dialecte germanique, allemand tout pays où l'on parlait allemand, ainsi que Arndt le dit.

La réciproque, quand l'Empire d'Allemagne se fonda, fut

que tout ce qu'il y avait en Allemagne devait être allemand, donc parler allemand. Et l'on germanisa en Alsace-Lorraine, en Slesvig, en Posnanie. Par réaction, les Alsaciens-Lorrains, les Danois, les Posnaniens, se sentirent moins allemands que jamais. On peut même dire que les Posnaniens en furent polonisés : depuis leur annexion à la Prusse au xviii⁰ siècle, ils se montraient assez bons sujets du roi de Prusse; ils étaient un peuple polonais ayant un souverain étranger ; aucune raison pour que cela ne durât pas; mais le jour où l'on donna la schlague à leurs petits pour les forcer à prier en allemand, ceux-ci sentirent énergiquement, à même la peau, qu'ils n'étaient pas du tout Allemands; cela les nationalisait polonais en opposition à la nation allemande. Or ces faits sont tout récents. Et depuis, on a encore exproprié les paysans posnaniens de leurs terres.

La thèse allemande qui identifie langue et nationalité est fausse : ce qui fait le lien de nationalité, c'est le désir qu'on en a : ni les Canadiens de Québec et de Montréal, ni les Wallons, ni les Suisses romands, n'ont la moindre envie d'être Français, bien qu'ils parlent français, aussi n'avons nous aucune revendication à exercer à leur endroit, tandis que les Irlandais, dont la presque totalité parlent exclusivement anglais, réclament leur autonomie, sinon leur indépendance, réclamation qui les constitue en nationalité.

En fait, c'est le plus souvent la communauté de langue qui excite ce désir d'où naît le lien de nationalité : une langue commune crée une littérature commune, une cohabitation dans un même cercle de pensées et de sentiments, une fraternité de « race » d'âmes. Et il faut prendre là le mot de littérature dans son sens le plus général : ce qui est écrit, parlé, imprimé, lu, entendu, et non pas seulement ce à quoi on attribue l'épithète de « littéraire ». Aussi le mouvement de nationalité croit-il en raison directe du Progrès, progrès des communications, diffusion de la presse, de l'instruction primaire ; les chemins de fer, les tramways, les routes, accroissent prodigieusement les moyens de répandre des journaux et développent en général les rapports des opprimés entre eux et avec leurs oppresseurs, ce qui revient au même ; l'école fait aussi partie de ces moyens de communication, puisqu'elle apprend à lire, à entrer en relation avec d'autres hommes par l'intermédiaire de l'imprimé qui supprime les séparations de l'espace.

Les États oppresseurs de nationalités s'efforcent de se mettre en travers : ils ferment les frontières, ils interdisent des journaux, mesures de plus en plus inefficaces : elles se prennent à un moment où la nationalité mécontente a déjà conscience de ce qui l'oppose à l'État maître de ses destinées, sans cela elles ne se prendraient pas ; elles arrivent donc trop tard, et, par dessus le marché, elles aggravent le mécontentement avec la résistance qui le traduit ; redoublement de sévérité, redoublement de résistance au moins passive ; la tension hostile peut augmenter jusqu'à produire des troubles graves, y compris la guerre, quand il y a sympathie entre la nationalité opprimée et l'extérieur.

C'est surtout par l'école que la question de nationalité s'envenime, comme on l'a vu dans le cas des Posnaniens. Aussi la diffusion de l'enseignement primaire, qui, dans certaines régions, est tout à fait contemporaine, éveille-t-elle les nationalités endormies. Le souci du Progrès engage les États à multiplier les écoles ; ils les font servir à ce qu'ils croient être l'intérêt de leur domination : la primauté d'une langue ; et, précisément, cela rend les langues défavorisées plus chères à ceux qui les parlent.

§ 6. — Les confédérations.

Les mécontentements de nationalités et les troubles qui en résultent seraient évités par le système fédéral. L'État idéal de ce type forme entre plusieurs peuples une association où chacun figure avec des titres pareils et assuré du respect intégral des particularités auxquelles il tient. Dans une telle confédération, il n'y a aucune raison pour que s'élèvent de violentes chicanes entre nationalités, mais il n'y a aucune raison non plus pour que la société ainsi constituée reste habituellement capable d'un effort commun. Si une autorité suffisamment forte ne maintient pas l'association en un faisceau compact vis-à-vis des autres États, tels ou tels associés feront bande à part quand leur intérêt ou leurs sentiments les y pousseront. Il faut que le gouvernement fédéral soit à même de toujours empêcher ces scissions, au besoin par la contrainte ; cela peut conduire à la prédominance d'un confédéré.

Les confédérations sont donc exposées, quand elles évitent la dissolution, à subir le joug de l'un de ces confédérés. Nulle dans l'antiquité n'a su naviguer entre ces deux écueils. Des cités, des tribus, ont bien pu s'unir : leur union ne durait jamais. On s'alliait contre un ennemi commun ; s'il était vaincu, on s'entre-battait pour le partage des dépouilles ; sa victoire débandait la coalition : c'était à qui ferait le premier la paix afin de l'obtenir plus avantageuse sur le dos des autres. Pour qu'une ligue persistât un peu, il fallait qu'une cité en fût le chef reconnu. Ce peu ne suffisait pas tant que les cités coalisées conservaient de l'autonomie : la cité-présidente ne pouvait alors empêcher les défections, car les associées mécontentes de son autorité — il y en avait toujours — se joignaient à l'en-

nemi dès qu'il s'en présentait un qui leur parût assez fort.
De fait, le système fédéral, dans l'antiquité, ne fonda rien.
Rome, qui avait commencé par présider la ligue des cités
latines, dut asservir complètement ses confédérées avant de
prendre l'essor.

Il fut donné à l'époque moderne de réaliser ce que la
vieille civilisation méditerranéenne n'avait pas connu : des
États stables basés sur le principe de la confédération. Tels
sont les États-Unis, la Suisse, les Dominions britanniques,
l'Allemagne.

Les États-Unis et la Suisse évitèrent, par des guerres de
Sécession¹, le péril de la dissolution, et surent parer à celui
de l'hégémonie d'un confédéré. Tel ne fut pas le cas de la
Confédération germanique qui, instituée en 1815 par le
Congrès de Vienne, tombait cinquante et un ans plus tard
sous la domination de la Prusse.

§ 7. — L'Empire d'Allemagne.

Parmi les États de l'Europe actuelle, il en est un qui ne
saurait s'assimiler à aucun autre, c'est l'Empire d'Allemagne, construction toute neuve, mais revêtue de stuquages en style archaïque modelés d'après les indications
des professeurs d'histoire. Ne méprisons pas ces ornements :
ils contribuent à la force de l'édifice par les idées de vieux
droits imprescriptibles et sacrés qu'ils suggèrent aux Allemands. Les sozial-demokrats eux-mêmes exploitent le fait
que l'Alsace-Lorraine appartenait jadis au Saint-Empire

---

1. Guerre du *Sonderbund* en Suisse : *Sonderbund* signifie *Ligue séparative* : 7 cantons catholiques suisses s'associèrent pour résister à des décrets anticléricaux de la Diète fédérale. Le général Dufour contraignit cette ligue à se dissoudre, presque sans effusion de sang, d'ailleurs.

Romain Germanique, souveraineté reconnue par tout le monde, y compris la Prusse, l'Autriche et les États allemands secondaires, comme abolie et sans héritiers.

L'évolution qui fit passer notre pays de l'état franc barbare au morcellement féodal, puis à la royauté d'ancien régime, s'accomplit avec plus de deux siècles de retard dans la région germanique. Au XII° siècle encore, le successeur à la couronne impériale de Charlemagne gouvernait suivant le système carolingien : il subsistait des ducs qui étaient ses hauts fonctionnaires. Le morcellement féodal ne s'acheva qu'à la fin du XIII° siècle et ce fut alors seulement que commença le travail de concentration.

Il aboutit tardivement à la formation d'États importants comme ceux des Habsbourg, la Bavière, la Prusse, tandis qu'une notable partie de l'Allemagne persistait dans l'émiettement; l'Empire lui-même devint un nom qui désignait un territoire; les États y étaient en lutte, et la dignité impériale, échue à la maison de Habsbourg, ne lui valut aucun supplément appréciable au pouvoir qu'elle tirait de ses souverainetés directes.

On n'a pas assez remarqué le rôle de Napoléon Ier dans la formation de l'Allemagne. Il contribua à en diminuer le morcellement par l'abolition de toutes les souverainetés ecclésiastiques, et le Congrès de Vienne sanctionna cette œuvre, qui resta définitive.

Même sanction apportée à la suppression de l'Empire d'Allemagne : en 1806, François II avait abdiqué le titre de Kaiser germanique qu'il remplaça par celui d'Empereur d'Autriche. Le Congrès de Vienne ne rétablit pas le premier et conserva le second, en même temps qu'il créait une Confédération germanique où le Habsbourg ne jouait qu'un rôle de président de Diète par l'intermédiaire de ses délégués.

On sait comment ce dernier vestige de prééminence lui fut enlevé par la guerre de 1866. La Prusse, victorieuse de tout le reste de l'Allemagne coalisée contre elle (sauf quelques petits États demeurés neutres), s'accrut d'un bon cinquième en territoires et en population par l'annexion du royaume de Hanovre, de l'électorat de Hesse-Cassel, du grand duché de Nassau, de la ville de Francfort, d'une grande partie de la Hesse-Darmstadt, soumit le reste de l'Allemagne du Nord à un protectorat étroit sous forme de Confédération qu'elle dirigea politiquement et militairement, conclut une alliance défensive avec les États du Sud, et exclut entièrement l'Autriche des affaires allemandes.

Cette œuvre fut parachevée en 1870 aux dépens de la France. Bismarck eut l'habileté de provoquer Napoléon à une déclaration de guerre, ce qui fit jouer le *casus fœderis* avec les États de l'Allemagne du Sud et les entraîna contre nous. De notre défaite s'éleva l'empire prussien-germanique.

Le fait d'être fondé sur une annexion violente, celle de l'Alsace-Lorraine, est une des caractéristiques essentielles du nouvel empire germanique. Voici les autres qu'il faut aussi considérer pour s'expliquer l'esprit national allemand.

Cet empire est une confédération monarchique. De là cette nécessité qui a voulu l'emploi de la force dans sa fondation. Si les peuples germaniques avaient été en démocratie, ils fussent peut-être parvenus à s'unir par le seul effet de leur désir commun. Mais ils vivaient sous un régime monarchique, et les princes se montraient tous très jaloux de leur autorité, et par conséquent de leur indépendance. Aucun de ces souverains ne consentit jamais à diminuer ses prérogatives au profit d'un pouvoir fédéral quelconque : ils n'obéissaient déjà pas à l'Empereur quand il y en avait un, à plus forte raison entendirent-ils ne se soumettre à personne à partir de 1815, quand il n'y eut plus d'Empereur. Ils résistaient donc énergiquement à tout essai de fédération réelle, tandis qu'une partie croissante de leurs sujets, intellectuels et bourgeois, aspiraient à l'unité allemande et se classaient par là même dans l'opposition, parmi les libéraux. Les petites souverainetés germaniques étaient dans le plus parfait émiettement féodal; cet état ne pouvait cesser que, comme partout ailleurs jadis, par l'intervention du sire le plus puissant qui détrônerait les plus faibles ou les assujettirait à une étroite vassalité. Ainsi intervint en 1866 le roi de Prusse; il était roi absolu, et en même temps il réalisait le rêve des « libéraux »; de là une union singulière entre libéralisme et prussianisme.

Confédération hiérarchique en même temps que monarchique, l'empire allemand étage ses confédérés suivant des nuances variées de sujétion. Tout en bas l'Alsace-Lorraine, dont serait l'image une colonie, pourvue, à la vérité, d'une certaine représentation indigène, mais tenue en main par une police, des autorités, une chambre haute de colons et de fonctionnaires, un gouverneur, tous pouvoirs issus de la métropole. Puis se superposent des États dans l'ordre décroissant de leur subordination, depuis ceux qui jouissent d'une autonomie purement administrative et décorative jusqu'à la Bavière qui a ses postes et télégraphes, son armée, son ministre de la guerre, une représentation à l'étranger. Et enfin, en haut de l'échelle, se tient la Prusse avec son roi-empereur et son premier ministre chancelier impérial; elle domine aussi par la masse de sa population atteignant presque aux deux tiers de la population allemande totale et par sa richesse industrielle et financière dont la prépondérance est encore plus marquée.

Un paradoxe fait la principale singularité de l'empire allemand, c'est que la constitution politique de l'Allemagne diffère entièrement de celle de certains États qui la composent. On voit ainsi le Mecklembourgeois demeurer vis-à-vis de son souverain dans la même dépendance légale qu'un manant du moyen-âge vis-à-vis du seigneur, et élire un député au Reichstag avec la liberté dont jouirait le citoyen d'une démocratie. Un peu moins extrême, le cas du Prussien est analogue. Le roi de Prusse gouverne en monarque de droit divin quarante millions de sujets, mais en tant qu'Empereur il n'a sur les Prussiens en tant qu'Allemands qu'un pouvoir de monarque constitutionnel. Le Prussien sans fortune est pratiquement exclu de tout contrôle sur les affaires prussiennes ; s'agit-il des affaires de l'Empire, où son pays tient la plus grande place, son suffrage, pour l'élection d'un député au Reichstag, vaut celui d'un noble ou d'un riche. Le Reichstag se recrute, en effet, suivant le système le plus démocratique qui soit[1] : ainsi l'a remarqué, avec fierté! je ne sais quel journaliste allemand. A vrai dire, cette assemblée manque d'influence : ses décisions demeurent lettre morte chaque fois qu'il plaît au pouvoir.

On s'étonne de ce qu'un monstre politique tel que l'empire fédéral allemand se soit avéré viable. Or non seulement il a vécu, mais il fait preuve d'une puissance que le monde n'avait peut-être jamais connue. Il la doit à son organisation militaire et économique : c'est là un ciment qui prend dans un bloc les membres disparates de l'organisme germanique, ciment de fabrication toute prussienne.

1. Sauf en ce qui concerne la répartition des circonscriptions : elle est telle qu'il faut deux fois plus de voix pour élire un socialiste qu'un Junker.

A la fois forte et riche en illogismes et en bizarreries, la structure de l'Allemagne moderne met son empreinte sur l'esprit allemand ; on expliquerait par là ce qui nous déconcerte en lui.

Rappelons-nous aussi une grande différence entre l'Allemagne et notre patrie : la France n'a jamais cessé, depuis les rois Capétiens, de constituer une unité vivante, tandis que la vieille Allemagne du moyen-âge mourut réellement, déchirée en mille pièces, morceaux qui, pareils à ceux des hydres d'eau douce, prirent une existence indépendante, parfois très prospère. Le lien qui leur avait donné d'abord un système nerveux commun (toujours assez diffus), le Saint-Empire, s'atrophia peu à peu jusqu'à disparaître.

La continuité entre l'archaïque et la jeune Allemagne ne se rétablit donc que par l'imagination des Allemands. Ils créent dans l'intervalle un être politique virtuel à quoi ils attribuent tels droits, telles volontés. De là une « âme » nationale toute particulière.

§ 8. — CONCENTRATION, DISSOLUTION.

Cette revue sommaire montre, dans l'histoire, un rythme. Les sociétés politiques de toute époque ont tendu à s'accroître et, par conséquent, à réunir les hommes en des collectivités de plus en plus nombreuses. Au temps des civilisations qui bordaient la Méditerranée, ces efforts ne réussirent à créer, en fait d'États un peu stables, que les cités : les grands empires ne tardaient pas à se rompre sous leur propre poids ; rapides alternances de concentrations et de dissolutions.

Rome fit exception : elle absorba tout entier le monde civilisé alors connu. Réussite qui eût été définitive, dira-t-on, sans les Barbares. Ce n'est pas sûr : deux divisions s'annonçaient déjà dans l'Empire : l'Occident et l'Orient, ce qui se fût traduit en latinisme et hellénisme. Il y a des raisons de penser que le fractionnement n'en fût pas resté là. Le régime impérial aboutissait à une lutte perpétuelle entre chefs d'armées : il pouvait en résulter un morcellement analogue à celui que les Barbares réalisèrent.

Après la chute de l'empire romain, il y eut une longue période de dissolution progressive à laquelle succéda de nouveau une concentration. Celle-ci, prolongée jusqu'à l'époque contemporaine, aboutit à réunir les hommes par dizaines de millions dans des sociétés aussi agglomérées que les cités antiques.

Ces concentrations, même les plus récentes, paraissent pour la plupart très stables. On ne voit aucun moyen de dissoudre réellement des États comme ceux de l'Europe occidentale et centrale (sauf l'Autriche-Hongrie) ; l'abaissement de leur pouvoir politique et économique, une diminution de leurs territoires se conçoivent ; il n'en subsistera pas moins toujours une France, une Allemagne, une Italie, parce que, sous ces noms, il y a des peuples, des unités vivantes dont l'anéantissement s'avère de plus en plus chimérique.

Les confédérations telles que les États-Unis, la Suisse, ont été en se centralisant. Les États qui les composaient ont évité l'asservissement au confédéré le plus puissant en créant un pouvoir fédéral basé sur le suffrage universel et dont les attributions se sont, en fait, étendues ; il y a, là encore, concentration.

Nous assistons bien à une dissolution, celle de l'empire russe. Mais c'est qu'elle succède à une concentration artificielle provoquée par un autocrate : il avait *des* peuples ;

ce n'était que sa parole transcrite sur le papier qui en faisait *son* peuple. Une fois la parole étouffée, les peuples reparurent; ils n'avaient jamais disparu que derrière une fiction.

La même dissolution reste imminente en Autriche-Hongrie et dans l'Empire Ottoman. Il existe là, réunis sous une seule souveraineté, *des* peuples.

Mais, au total, c'est la concentration qui l'emporte. Elle a fait des progrès gigantesques depuis l'antiquité. Ses conséquences, pour l'âme collective, sont d'une importance qu'on ne saurait exagérer. Autrefois, le citoyen d'Athènes touchait pour ainsi dire de la main les choses de la Cité; de l'intérêt collectif à son intérêt personnel, la distance était courte; il y avait peu d'intermédiaires dans la répercussion de l'un sur l'autre. Aujourd'hui, noyé au sein d'Athènes mille fois plus grandes et plus complexes, le moderne ne voit rien de la vie économique et politique de la nation prise dans son ensemble. Ses opinions à cet égard sont rarement dirigées par une expérience personnelle : elles ne peuvent guère avoir comme source que des représentations imaginatives, des « idées ».

Le résultat de la concentration a été que les « idées » mènent le monde.

CHAPITRE III

L'opinion [1].

§ 1. — Qu'est-ce que l'opinion?

Si l'on étudie un livre tel que celui de M. Lévy-Bruhl sur « *Les fonctions mentales dans les sociétés inférieures* [2] », on apprend que le primitif a deux manières de penser : l'une fait de lui un être humain quelconque, de plus ou moins de bon sens naturel, mais avec qui on peut toujours s'entretenir lorsqu'on sait sa langue ou qu'il sait la vôtre; tandis que l'autre manière est mystique : elle ne saurait du moins se caractériser que par cette épithète; elle amène à impliquer les choses et les idées dans des rapports sentis par le sauvage comme évidents et émotifs sans qu'il parvienne à expliquer pourquoi au civilisé; il ne comprend même pas qu'il y ait là quelque chose qui mérite explication.

Tout ce qui appartient à cet ordre mystique est commun aux membres d'une même tribu; une autre tribu aura une mystique de la même espèce, peut-être, mais différente dans les détails. La mystique sociale imprègne tous les

---

1. Voir G. Tarde, *l'Opinion et la Foule*. Paris, F. Alcan, 1901.
2. Paris, F. Alcan, 1910.

actes collectifs d'une communauté « primitive », cérémonies, danses, guerres, chasses, et multiplie prodigieusement l'excitabilité de ceux qui y prennent part. L'individu n'est plus alors ce qu'il serait livré à lui-même. L'*homme-abeille* se manifeste en lui. Comme il y a une âme d'essaim, il y a une âme de tribu sous l'empire de la mystique.

Ce n'est là de la religion qu'au sens étymologique du mot. La religion, telle que nous l'entendons communément, suppose un culte, et, par conséquent, une notion d'ancêtres, de forces agissant sur le monde..., une première ébauche de métaphysique accessible seulement à une mentalité supérieure à celle que je viens d'indiquer. M. Lévy-Bruhl, avec beaucoup de justesse et de profondeur, fait de la croyance aux Esprits, de l'animisme, des mythes cosmogoniques, l'apanage de sociétés plus rapprochées de nous au point de vue « rationnel ».

Mais quel que soit le degré de civilisation, les religions ont le même effet sur les âmes individuelles que le mysticisme « primitif ».

Il y a toujours et partout une religion nationale, même lorsque les peuples professent une foi de ce caractère universel qu'ont le bouddisme, le christianisme, le mahométisme. Le culte des divinités poliades dans la cité antique en est un exemple; à leur défaut, on attribuait aux chefs des communautés des vertus miraculeuses qui les élevaient au-dessus des autres hommes : à Rome, les empereurs étaient divins; nos pères voyaient dans le Roi l'oint du Seigneur doué du pouvoir de guérir les écrouelles.

Et aujourd'hui encore, à une époque dite réaliste, les religions nationales subsistent sous forme de patriotisme, de dévotions, différentes suivant les peuples, à des entités telles que la Souveraineté nationale, le Droit, la Justice, l'Humanité.

Tous ces liens moraux intérieurs aux sociétés, et qui les opposent entre elles, mettent dans les âmes des individus des passions qui ne sont les mêmes ni en nature, ni en intensité, aux instants où les individus vivent chacun pour son propre compte. Des actes en résultent. Autrement dit, il y a toujours eu, il y aura sans doute toujours, des manifestations vitales d'âmes collectives.

L'opinion fait partie de ces manifestations. Il serait plus commode de convenir qu'elle les englobe toutes ; malheureusement le langage usuel ne le permet pas ; je dis « malheureusement » parce qu'il rend très confuse la délimitation du domaine de l'opinion.

D'ordinaire on réserve à l'opinion les choses d'ordre politique en excluant, par exemple, les matières religieuses. Mais celles-ci ont une répercussion évidente sur la politique, du moins à certaines époques, et on est fondé à parler, lors de l'expansion du christianisme, d'opinion chrétienne, païenne, gnostique, manichéenne, arienne, comme, au xvie siècle, d'opinion luthérienne, calviniste, anglicane, catholique... N'y a-t-il pas dans les Parlements actuels des partis catholiques ?

On soustrait aussi à l'opinion ce qui est tacitement réputé intangible dans les croyances et les mœurs, comme les « mystiques » des collectivités les moins civilisées. Il y a là une idée qui éclaircira peut-être un peu la définition de l'opinion.

Les « mystiques » primitives et leurs analogues ne soulèvent aucune controverse parmi les sociétés où elles règnent ; ce sont des questions que rien ni personne ne pose ; on n'a pas conscience de leur existence, et donc pas d'opinion à leur sujet ; mais, réciproquement, si on venait à en prendre conscience, c'est qu'elles se poseraient, et l'opinion aurait prise sur elles. Quand des usages observés par une collectivité entière échappent absolument à son sens critique, elle agit d'après eux comme sous l'effet d'un réflexe, comme nous respirons à l'état normal sans penser aux mouvements que nous faisons pour introduire l'air dans nos poumons et l'en expulser; son attachement aux usages est inconscient. Mais de même que nous avons conscience de respirer lorsque nous sommes gênés dans notre respiration, ou qu'on nous a enseigné l'utilité des exercices respiratoires, ou à la suite de mille autres circonstances imaginables, il peut arriver que les adeptes d'usages instinctivement et aveuglément suivis ouvrent les yeux sur eux; ils les voient par là même comme différents d'autres usages possibles et en font matière d'opinion, ne fût-ce que pour les proclamer à l'unanimité éternels et parfaits.

Opinion et concience vont ainsi de pair. L'opinion se définirait donc à peu près comme l'ensemble des phénomènes conscients de l'âme collective. Quand il y a accord suffisant dans l'opinion d'un pays, on dit, en effet, que c'est la conscience de ce pays qui s'exprime.

Cette définition même implique dans l'opinion une dualité : une opinion et une opinion contraire. Car il en est ainsi de la pensée consciente : elle suppose un travail intérieur, ce qui revient toujours à une lutte contre un obstacle quel qu'il soit, à un effort, et il n'y aurait pas d'effort sans résistance.

Si l'on parle d'une opinion existant quelque part, cela veut dire nécessairement qu'il y a une opinion différente ailleurs. L'opinion unanime d'un pays répond aux opinions, peut-être unanimes aussi, mais qui ne sont pas les mêmes, d'autres pays.

Quand on ne considère que ce qui se passe dans une société donnée, on devrait dire « les opinions », mais on emploie tout de même le mot « opinion » au singulier en lui donnant, suivant les circonstances, deux sens différents : ou bien il s'agit d'une opinion prépondérante parmi les membres de cette société, ou bien encore de l'activité générale qui résulte de la mêlée de leurs diverses opinions particulières ; dans ce dernier cas, l'Opinion est aux opinions ce que la Pensée est aux pensées.

§ 2. — Caractères de l'opinion.

Mais « conscient » ne signifie nécessairement ni « raisonné », ni même « raisonnable ».

A la base de toute démarche d'une âme individuelle, il y a, sans exception, un sentiment, car le sentiment est le seul moteur concevable. Les gens même qui luttent contre le Sentiment pour la Science, pour la Vérité objective, pour la Raison, ne sauraient le faire s'ils n'étaient soutenus par une puissante énergie affective : ils ont de la *curiosité* scientifique, ils éprouvent un *besoin impérieux* de recherche désintéressée, ils *préfèrent passionnément* voir à croire ; leurs adversaires les taxent d'*orgueil ;* c'est toujours un sentiment.

L'action du sentiment est toutefois plus ou moins immédiate ; il y a des degrés infinis. L'amour de la lumière est bien un sentiment, et il peut-être assez fort pour pousser un homme à laisser de côté tout sentiment, à se méfier du sentiment dans la longue suite de travaux intellectuels qu'il entreprendra ; il fouillera l'Univers avec les rayons d'un projecteur impassible ; un autre homme prendra le parti de montrer tout de suite l'Univers tel qu'il a envie de le voir. Derrière les conclusions du premier le sentiment sera loin, tandis qu'il dictera sans intermédiaire celles du second.

Si l'on compare la pensée des individus, quand ils l'exercent pour leur propre compte, à ce qu'elle est quand ils concourent à former l'opinion, on observe que, dans le second cas, elle subit en moyenne l'influence beaucoup plus directe du sentiment. Moins éclairée, plus passionnée, telle est l'âme collective par rapport à l'âme individuelle.

Cette prépondérance des mobiles affectifs fait que l'on considère souvent l'opinion comme mystique. Elle l'est dans la même mesure que le sentiment, ni plus ni moins. Qu'on n'abuse pas de cette épithète de « mystique », sans cela on ne comprendra plus rien à rien ; le rationnel deviendra lui-même aussi irrationnel que quoi que ce soit.

Un enfant de huit ans m'a donné à cet égard un des plus grands enseignements que j'aie jamais reçus. Il n'aimait pas sa bonne ; sa mère lui énuméra une fois devant moi toutes les qualités de cette femme : dévouée, douce, attentive, affectueuse...; et elle répétait à travers ce plaidoyer, comme un refrain : — Alors, pourquoi ne l'aimes-tu pas? — Le petit finit par répondre : — Je ne l'aime pas, voilà tout ; *il n'y a pas de pourquoi.* —

C'est à cela qu'on arriverait dans toute discussion, même purement logique, à force de remonter de « pourquoi » en « pourquoi » : un terme se présentera toujours où on se butera au sentiment, et « il n'y aura plus de pourquoi ».

La préférence entre deux méthodes de pensée se trouve à l'origine du débat qui oppose la Croyance à la Raison, et elle est dictée en dernière analyse par une différence de sentiment ; l'argumentation devient impossible. Que dira le scientiste si on lui demande : — Et pourquoi aimez-vous la vérité rationnelle? — Il l'aime; « il n'y a pas de pourquoi ». Là où on ne trouve plus de « pourquoi », on est dans l'irrationnel, et ainsi la vérité rationnelle serait de l'irrationnel.

Toutes précautions prises contre de semblables absurdités, on reconnaîtra que les grands courants d'opinion ne se distinguent pas essentiellement des mouvements religieux. L'opinion s'est passionnée pour la Liberté, pour la Justice, pour la Démocratie, comme nos ancêtres du moyen-âge pour les Croisades. Lorsqu'une révolution vient de renverser un régime détesté, c'est, pour quelques heures, le retour de l'âge d'or; les hommes sont vraiment frères, la nature leur paraît maternelle, la pluie mouille moins quand il pleut; il y a une joie de vivre partout répandue qui pénètre les choses, les bêtes, les âmes et les corps des gens. Ce qui fait appeler religieux et mystiques ces éphémères bonheurs, c'est qu'ils se produisent indépendamment du bien-être matériel : les individus n'ont pas plus à boire ou à manger, la plupart d'entre eux restent aussi pauvres ou aussi riches.

A moins, en effet, de famine ou d'extrême misère, l'opinion s'exalte fort peu pour les intérêts économiques lorsqu'il ne s'y rattache pas de questions sentimentales. Elle regarde plus à la manière de gagner, de perdre, de dépenser, d'extorquer de l'argent, qu'à la quantité de cet argent. Si l'on ne supputait que les avantages commerciaux, on trouverait peut-être que la condition du paysan, au xiiie siècle, valait celle d'aujourd'hui : en général il était métayer héréditaire, il cultivait les mêmes champs sa vie durant et ses fils lui succédaient, malgré quoi il supporte mieux le système de fermage actuel qui l'expose, à chaque fin de bail, à devoir s'en aller. Rien ne dit que les droits féodaux, redevances diverses et corvées, aient représenté pour lui un fardeau économique plus lourd que celui qui pèse maintenant sur ses épaules. Et cependant ces droits parurent tellement odieux qu'on dut les supprimer partout. C'est qu'ils vexaient moralement plus qu'ils ne pesaient économiquement.

Si les socialistes passionnent l'opinion populaire, c'est pour la répartition, non pour la production de la richesse, ce qui prouve qu'elle s'intéresse plus à la manière de partager qu'à la grosseur absolue des parts ; mieux vaut à son sens un franc, si tout le monde n'a qu'un franc, que dix francs par jour pour les plus misérables, s'il existe des milliardaires.

De ce que l'opinion est sentimentale, il suit qu'elle agit par soubresauts. Une passion ne se manifeste pas chez les individus eux-mêmes avec continuité. L'amour et la haine ont, au fond des cœurs, de longues périodes de sommeil; comparées à la durée totale de leur existence, leurs veilles sont courtes, mais alors ils vivent avec une intensité mille fois plus forte que les sentiments qui soutiennent le train journalier des affaires humaines. On demandait à un personnage de Tolstoï : — Est-ce que tu aimes ta femme? — Il répondit : — Est-ce que j'aime mon doigt? Non je ne peux pas dire que j'aime mon doigt maintenant! Mais qu'on veuille me le couper, et je sentirai certainement combien il m'est cher, et je le prouverai. — La passion se déchaîne lors d'une menace de ce que l'on hait ou contre ce que l'on aime.

A plus forte raison l'opinion, qui représente, relativement à la conscience individuelle, une conscience confuse, éparse, est-elle souvent en léthargie. Elle n'en a que plus d'ardeur quand elle ressuscite.

Elle est négative, elle n'a de force que par le mécontentement, elle contrôle, elle critique, elle détruit, elle ne sait pas ce qu'elle veut, elle sait seulement ce qu'elle ne veut pas. La révolution russe illustre admirablement ce caractère. On croyait chez nous que le culte du Tsar avait des racines profondes dans le cœur des moujiks, mais le « Petit Père » disparut un beau jour comme par une trappe sans qu'on entendît le moindre soupir de regret. L'opinion russe unanime ne voulait absolument plus de cet autocrate qui nous paraissait semblable à un dieu.

Ce qu'elle ne voulait pas était bien clair. Mais que voulait-elle? le maximalisme? le minimalisme? une constitution à l'américaine, à l'anglaise, à la française? Elle ignore absolument ce que c'est que tout cela.

Elle s'endormira de nouveau d'un lourd sommeil. Après des luttes entre individualités audacieuses et énergiques, une dictature plus ou moins déguisée finira par s'exercer jusqu'au jour où elle réveillera l'opinion sous une souffrance trop aiguë, et alors les nouveaux maîtres connaîtront le sort des tyrans malheureux, maladroits, ou odieux, ou affligés de toutes ces tares ensemble.

Ainsi tombèrent les Jacobins chez nous. Il semblait qu'ils représentassent la France entière; Bonaparte lui-même fut jacobin avant de devenir bonapartiste. Après la mort de Robespierre, on les cherche, on ne les trouve plus.

Tout se passe comme si des minorités successives demandaient à l'opinion : — Que veux-tu? — L'opinion ne répond pas, et cela pour la bonne raison qu'elle dort, jusqu'au jour où elle se réveille et dit : — Je ne veux plus de vous. —

Ces caractères de l'opinion se reproduisent partout dans leur essence, mais plus ou moins accusés suivant le mode de formation de l'opinion et de degré d'évolution des peuples.

3. — Formation de l'opinion par la parole.

La parole et l'écriture concourent aujourd'hui à créer l'opinion.

Cette genèse avait autrefois, a encore maintenant, dans certains pays, la parole pour agent presque exclusif.

De sorte qu'il est assez facile d'étudier séparément l'effet de la parole sur l'opinion.

Des orateurs parlent à des assemblées. L'opinion sort alors des foules; elle acquiert au plus haut degré, par cette origine, les qualités et les défauts de l'âme collective : exaltation des passions, baisse du niveau intellectuel; jamais, en dehors de telles occasions, l'individu ne subit plus fortement l'emprise du milieu humain. La conscience n'est plus là que pour constater sa soumission éperdue à un Absolu au-delà duquel il n'y a plus ni forces ni raisons. Ainsi se propage le divin. C'est par la prédication aux foules que les religions conquièrent le monde... L'opinion qu'engendre la parole a donc quelque chose de religieux : elle va souvent jusqu'à communiquer l'exaltation qui fait joyeusement recevoir ou donner la mort; plutôt donner, il est vrai : c'est plus facile.

Tous les caractères dérivés de la nature affective de l'opinion se trouvent ainsi portés à l'apogée, en particulier l'intermittence. Les foules qui représentent véritablement un peuple se lassent vite de se réunir : les ardeurs nerveuses qui les ont soulevées une fois sont trop fortes pour les soulever souvent. La flambée ne tarde pas à s'éteindre; il ne subsiste plus que de bien rares amateurs de politique. A Athènes, on en était arrivé à charger les policiers scythes de rafler par la force les citoyens pour alimenter les assemblées. L'opinion abdique entre les mains de minorités : nos Jacobins d'antan, les maximalistes russes.

Les mouvements de foules sont provoqués par des orateurs qu'on appelle « meneurs ». Est-ce à dire que n'importe quel tribun pourvu des dons nécessaires pourra faire de la foule ce qu'il voudra ? Peut-être, quand il s'agit d'un acte particulier immédiat comme d'épargner ou de massacrer, de se porter en masse ici ou là ; encore ces déterminations, parfois décisives, peuvent elles avoir pour cause un mot dont l'auteur restera toujours ignoré. Mais quand il s'agit de provoquer un état d'esprit dont les résultats se feront sentir à échéance plus ou moins lointaine, le meneur est, jusqu'à un certain point, mené.

— Qu'est-ce que vous voulez que je vous dise ? — Quand cette interrogation n'est pas un simple « tic » verbal, comme chez le regretté Francisque Sarcey, elle contient un sens psychologique profond : on ne persuade les gens qu'en leur disant ce qu'ils ont envie d'entendre ; bien souvent ils ne le savent pas, il faut alors le savoir pour eux ; le meneur ne devient meneur que s'il le devine, s'il est d'avance en communion de sentiments avec son auditoire ; il est alors mené lui-même par ce sentiment. Il pose inconsciemment la question : — Qu'est-ce que vous voulez que je vous dise ? — et un hôte inconnu, le génie de la collectivité, lui répond : — Voici ce qu'ils voudront que vous leur disiez. —

Quand la foule est en gestation d'un grand soulèvement, il y a concurrence entre les orateurs qui la brassent. Celui qui l'emporte, c'est celui qui prononce les paroles les plus désirées. Les autres recueilleront des marques parfois très vives d'approbation et se croiront vainqueurs ; ils auront bien dit un petit peu de ce que l'on voulait qu'ils disent, non l'essentiel qu'apportera précisément le vrai meneur qui, avec moins d'éloquence, moins de logique, mènera.

De là les illusions du malheureux M. Kerensky. Devenu général en chef, il passa tout le long du front, haranguant les troupes qui lui donnaient d'ardents témoignages de leur dévouement. Mais, derrière lui, d'autres parlaient à leur tour; au 1ᵉʳ corps sibérien, raconte le général Denikine, « ils demandèrent qu'on n'écoutât pas le vieux bourgeois et l'accablèrent d'injures grossières. Ces discours furent salués d'applaudissements frénétiques ». Des petits soviets de régiment décidaient qu'on attaquerait l'ennemi; deux heures après, ils décidaient le contraire. — Qu'est-ce que vous voulez que je vous dise? Qu'il faut combattre l'impérialisme des empires centraux pour sauver la Révolution? — Bravo! sauvons la Révolution! oui, c'est bien cela. — Qu'est-ce que vous voulez que je vous dise? Que la meilleure manière de sauver la Révolution chez nous et dans le monde entier c'est de ne plus se battre pour nos bourgeois impérialistes et capitalistes, c'est de faire la paix, et, pour faire la paix, de commencer à ne plus faire la guerre? — Bravo! voilà enfin ce que nous voulons qu'on nous dise. —

Ainsi le meneur est-il conduit lui-même par les aspirations secrètes de la foule. Ambitieux, il parle pour les satisfaire, contre sa propre conviction; mais très souvent il subit de la part de son auditoire une véritable contagion qui lui fait dire bien des choses pour lui imprévues. Le tribun n'est pas uniquement un bon acteur qui récite avec art une tirade apprise, c'est aussi un peu un Numa Roumestan qui ne pense qu'en parlant, c'est-à-dire en lisant, au fur et à mesure, dans l'attitude de ceux qui l'écoutent, les mesures prochaines de sa musique oratoire, comme lorsqu'on déchiffre au piano.

Outre le discours, il y a encore un mode de création et de propagation de l'opinion par la parole : c'est la conversation. Dans les pays illettrés et dépourvus de routes, les nouvelles et les commentaires qu'on en fait circulent parfois avec une rapidité surprenante ; on se les transmet de proche en proche. L'opinion formée de la sorte se manifeste parfois par soubresauts comme dans le cas des foules : c'est alors un vent de panique, de terreurs mystérieuses, qui souffle à travers toute une immense région ; un récit défiguré en passant de bouche en bouche l'a fait naître. Telle la Grande Peur qui plana sur les campagnes françaises au moment où allait commencer la Révolution ; les Jacqueries préludent ainsi. En moyenne, cependant, l'opinion issue de la conversation a une allure beaucoup plus calme que l'opinion originaire des foules. Elle a moins d'explosions, et séparées par des léthargies moins profondes ; tout en somnolant, elle vivote, radoteuse, conservatrice de préjugés ou frondeuse plutôt que révolutionnaire, passant toujours le burin sur les mêmes traits par lesquels elle caricature les puissants.

§ 4. — Formation de l'opinion par l'écriture.

Le contraste est encore plus grand entre la parole adressée aux foules et l'écriture comme mode de formation de l'opinion. Aujourd'hui, l'écriture, c'est pratiquement la presse.

Des milliers de gens qui lisent à la fois, presque en même temps, *leur* journal (entendez le journal qui répond à leurs « idées » politiques) sont réunis dans le même sentiment ; un même homme leur dit à tous la même chose. Mais il leur manque ce qui constitue la foule ; au lieu d'être serrés les uns contre les autres dans un même endroit déterminé, ils lisent séparés, sans se voir; ils sont à l'abri de cette contagion qui rend l'âme de la multitude si différente de la moyenne des âmes individuelles dont elle se compose; ils sont soustraits à la force née des gestes et des intonations d'un orateur, des frémissements, des cris, des bravos, des courants nerveux qui multiplient l'exaltation de chacun comme si tous étaient en lui. Donc, comparativement, l'action affective n'est pas ici immédiate; il y a un peu de marge pour le sens critique.

La périodicité de la presse rend l'opinion moins spasmodique. On lit son journal tous les jours; c'est une vie de l'opinion qui ne s'arrête pas, une vie non exclusive de demi-somnolence, mais d'où sont absentes les périodes de léthargie absolue qui dominent dans l'opinion issue des foules; aussi les crises de plein réveil sont elles moins brusques, moins violentes.

Comme l'opinion, étant de nature négative, ne sait guère que ce dont elle ne veut pas, elle se réduit à peu près à un mécontentement. Un mécontentement qui s'exhale tous les jours, c'est comme la vapeur qui s'échappe d'une chaudière par les issues qu'on lui tient constamment ouvertes; les dangers de pression excessive en sont atténués. Laissez les gens se plaindre ouvertement, sans rebuter leurs doléances, mais sans y donner suite, et vous les satisferez souvent beaucoup mieux qu'en agissant pour leur bien après les avoir forcés à se taire. Dans les deux cas, ils trouveront à redire à vos actes; mais, dans le premier, ils auront au moins la joie de récriminer; c'est la plus précieuse, surtout pour les Français, qui savent au besoin se passer de tout pourvu qu'on la leur accorde : les grognards juraient à chaque pas qu'ils ne feraient plus un pas, et ils allaient loin! La presse joue un rôle de soupape de sûreté; à une condition, c'est qu'elle soit libre, vraiment libre; sans cela il y aura une partie du peuple, le peuple entier parfois, dont l'opinion n'aura plus que des léthargies ou des explosions.

Il y aussi des meneurs à la masse des lecteurs de journaux, ce sont les journaux eux-mêmes; mais ils sont encore beaucoup plus menés que les orateurs. Si l'orateur commence par obéir à la nécessité de dire ce que l'on veut qu'il dise, par là, du moins, il acquiert du prestige, et il vient un moment où sa parole a de la valeur parce qu'elle vient de lui et non par les sentiments qu'elle exprime; il arrive ainsi, et souvent très vite, quelquefois au cours d'une seule harangue, à être beaucoup plus meneur que mené; en outre, il a toutes les ressources que procurent la manipulation de l'électricité nerveuse collective et l'action directe sur les sens de la vue et de l'ouïe, ressources dont le publiciste est privé. Les journaux, eux, sont liés à leur public par les mêmes liens que les marchands à leur clientèle; la question : — Qu'est-ce que vous voulez que je vous dise? — prend pour eux la forme : — Qu'est-ce que vous voulez que je vous vende? — Et il faut qu'ils résolvent, sous peine de mort, le problème de vendre beaucoup de papier noirci, car, étant donné qu'ils vivent surtout de publicité, ils auront la même valeur qu'une cave (en temps de paix) comme emplacement d'affiches, s'il n'y a personne pour lire leurs annonces et par conséquent pour acheter les feuilles où elles figurent.

Or l'expérience apprend qu'en lisant un périodique on cherche, non à se faire une opinion, mais à se confirmer dans celle que l'on a. Les directeurs de gazettes et de revues le savent bien; quand ils ont la maladresse de laisser passer un article qui choque certaines tendances, il y a des désabonnements, la vente au numéro baisse; ils s'efforcent d'éviter ce fâcheux accident, ce qui prouve bien qu'ils sont dirigés par une opinion existant en dehors d'eux.

On ne doit pas entendre par là que les journaux sont entièrement passifs. Les « campagnes de presse » dues à l'initiative de groupes d'écrivains politiques ou de gens d'affaires ont des résultats non négligeables. Il y a en somme action et réaction mutuelles de la presse sur le public et du public sur la presse, de telle sorte que ces deux effets ne peuvent pas être séparés l'un de l'autre. Donc si l'on suit le tirage des principaux journaux on aura une idée de l'état de l'opinion.

Idée incomplète d'ailleurs : jusqu'à un certain niveau d'instruction, assez bas, il est vrai, les milieux sociaux sont d'autant plus représentés par la presse qu'ils sont moins illettrés. Il faut prendre garde que le socialisme a une presse tout à fait hors de proportion avec sa force réelle ; cela ne tient pas à ce que l'ouvrier lise moins que le paysan, mais le journal est une affaire commerciale et financière où l'opinion politique exprimée vaut surtout par l'expansion indirecte qu'elle procure à une publicité plus ou moins avouée. Or quand ils en auraient le goût — qu'ils répudient — les socialistes manquent des moyens nécessaires à une telle entreprise.

Les ouvriers demeurent donc relativement sans presse, ce qui fait que l'opinion, chez eux, conserve plus qu'ailleurs son caractère intermittent : léthargies coupées de sursauts brusques.

§ 5. — Évolution de l'opinion.

Il y a toujours eu de l'opinion, et vraisemblablement partout. Les tribus sauvages palabrent. Des *çofs* divisent les tribus arabes. La cité antique reste célèbre par les agitations de ses agoras. Au moyen-âge, il y eut de l'opinion dans les communes, espèces de cités, dans les villages où l'on discutait les rapports collectifs que l'on entretenait avec l'intendant du seigneur, dans les coteries des cours féodales et royales.

Opinion locale que tout cela, car la vie politique des cités, véritables États qui nous paraissent très grands, se réduisait à celle de quelques milliers d'hommes réunis dans une ville. Rome ne changea rien à cela : au contraire, l'extension de son empire ne fit que supprimer l'influence de l'opinion politique proprement dite.

Dans cet état de dispersion des centres d'opinion qui dura jusqu'aux temps modernes, il n'y eut de vastes courants de passions collectives que sous l'empire de la religion : ils avaient d'ailleurs maintes fois des répercussions éminemment politiques, comme lors des luttes entre Ariens et Chrétiens, Protestants et Catholiques.

Un pareil émiettement n'a jamais pu faire que des collectivités un peu vastes fussent jamais conduites par une volonté véritablement unique. Le souverain, le dictateur, les plus absolus sont obligés de composer avec certains hommes. Les empereurs romains étaient à la merci de leurs prétoriens, et ne mécontentaient pas toujours impunément les gens haut placés, ni même la populace. Des partis qui divisaient les cours de tous les monarques prenaient tour à tour de l'influence dans les conseils royaux. De sorte qu'une certaine opinion collective — collectivité très réduite, il est vrai — a toujours présidé à la conduite des affaires, même chez les purs autocrates. Et, en dehors de la cour, dans les diverses opinions locales, dans les opinions de grands groupes tels que le clergé, la volonté du Roi d'Ancien Régime cherchait des points d'appui suivant les circonstances.

Toutefois, sauf dans le cas des courants religieux, l'opinion ne pouvait se manifester avec une ampleur nationale : depuis la fin de l'émiettement féodal, les Etats étaient déjà trop grands et les moyens de communication de pensée encore trop faibles. Ce fut l'imprimerie qui suscita à cet égard une révolution dont l'importance n'a pas été exagérée.

Par le livre d'abord. Tant qu'on en fut à ce stade, l'opinion populaire demeura ce qu'elle était ; mais il commença à se former une opinion au sein de la classe lettrée, classe toujours croissante par le fait même de la diffusion de l'imprimerie. Cette opinion fut à base philosophique, critique pendant la Renaissance, monarchique mais centralisatrice et antiféodale au XVII° siècle, critique de nouveau — en même temps que se dessinait une réaction féodale[1] — au XVIII° siècle.

On sait comment les Philosophes et Encyclopédistes du XVIII° siècle furent les auteurs de la Grande Révolution par les idées qu'ils avaient répandues dans la bourgeoisie et une partie de la noblesse et du clergé. L'intervention du peuple fut décisive ; il s'était manifesté dans la plèbe une de ces opinions explosives qui caractérisent les foules ; léthargie avant, léthargie après.

A ce moment on entra dans la deuxième phase du règne de l'imprimerie : celle des journaux. La presse, jusque-là embryonnaire, prit tout à coup un développement considérable, insignifiant encore auprès de celui d'aujourd'hui qu'ont amplifié l'instruction primaire et les chemins de fer.

1. Saint Simon représentait déjà cette réaction à la fin de XVII° siècle.

Le progrès, universel, malgré toutes les résistances, de la démocratie a produit des effets parallèles, car la démocratie n'a pas de sens, ou elle consiste avant tout à vouloir l'extension la plus large possible de l'opinion. Interprétez-la ainsi et vous comprendrez pourquoi le suffrage universel est plus démocratique que le restreint, pourquoi surtout les démocrates l'exigent uninominal et non plural. Il est bien évident, en effet, que diffuser jusqu'au bout l'opinion, cela est incompatible avec le suffrage restreint, qui empêche certaines opinions d'avoir une influence, et aussi bien avec le plural, qui accumule, pour ainsi dire, l'opinion agissante en certaines régions sociales et la raréfie ailleurs.

Le programme démocratique : suffrage universel, uninominal, direct et secret, instruction primaire obligatoire, liberté de la presse..., représente la seule conséquence imaginable de l'idée d'expansion de l'opinion, qui est donc tout à fait impérative pour lui, tandis qu'il devient sujet à contestation si l'on prend n'importe quelle autre idée comme point de départ, celle, par exemple, de l'intérêt public. On soutient sans absurdité que l'influence dans la gestion des finances nationales doit être proportionelle à ce que l'on verse au fisc : dix voix à l'homme qui paie mille francs d'impôts, contre une à qui n'en paie que cent ; de là un suffrage censitaire analogue à celui qu'il est question, en Prusse, de remplacer. Il n'est pas déraisonnable de prétendre que les gens ont droit à participer d'autant plus aux affaires publiques qu'ils enrichissent davantage leurs pays en travailleurs, en forces morales, en intelligence...; de là une prime électorale accordée aux pères de familles nombreuses, à l' « aristocratie du cœur et de la pensée »... On n'apportera plus rien de neuf à cette discussion qui dure encore. Elle ne peut aboutir ; elle roule, en effet, sur une question d'idéal. Sont en présence, d'une part l'idéal démocratique, idéal de diffusion de l'opinion : chaque homme a droit à la vie active de sa pensée, de son opinion — idéal de dignité humaine —, d'autre part un idéal différent, soit celui d'ordre par la hiérarchie, qui dénonce dans le précédent l'orgueil humain. Vous avez tel idéal, je n'ai pas le même ; après une semblable constation, « il n'y a plus de pourquoi » ; battons-nous, ou parlons d'autre chose, ou séparons-nous.

Cette brève réflexion sur les rapports de la démocratie et de l'opinion confirme que celle-ci a pour base des sentiments, non des intérêts.

Mais à mesure qu'elle se répand, l'opinion se ramifie de plus en plus. Les noms des grands partis qui divisaient les Parlements cessent de répondre à des réalités : ou bien ces partis n'ont pas de discipline, et alors ils se fragmentent en groupes, sous-groupes, lesquels eux-mêmes se coupent en deux avec une extrême facilité, ou bien ils en ont une, et réunissent dans le même vote des opinions tout à fait incompatibles entre elles, ce qui fausse le sens des scrutins.

L'opinion du pays, non moins bigarrée, se reflète dans celle du Parlement comme une mosaïque dans une glace brisée, sans qu'il y ait coïncidence entre les contours des morceaux de la glace et ceux de la mosaïque.

Il y a des avantages à cet état de choses, c'est qu'il rend les grands bouleversements très difficiles. Plus on va, moins les individus trouvent d'adversaires politiques avec lesquels ils soient en désaccord ou en accord complets ; sur une foule de questions importantes, tel républicain modéré pensera comme un royaliste et sur d'autres comme un socialiste ;

les considérations économiques ou d'intérêt national réunissent des gens que séparent les idéals politiques généraux.

Il ne faut pas se laisser abuser par l'universalité du mécontentement. Avoir une opinion, cela consiste toujours plus ou moins à être mécontent : quand on a une opinion sur la machine de l'État, on pense à son fonctionnement ; or si les machines fonctionnent à votre gré, vous ne pensez pas à elles. Félix Le Dantec a fait là-dessus une remarque très philosophique : les gens étrangers à la science, dit-il, devraient éprouver une stupéfaction immense à voir rouler les tramways électriques sans voir aucune force qui les actionne, autrement dit, à les voir « marcher tout seuls » ; or ce spectacle ne provoque en leur esprit aucune réaction ; ils ne remarquent que les pannes dont ils s'étonnent et s'indignent : ce sont donc les pannes seules qui suscitent en eux une opinion. De même en politique. Puisque les opinions se divisent à l'infini, les mécontentements font comme elles : ils s'opposent les uns aux autres, ils se neutralisent ; je reproche au régime d'avoir trop de ce qui, selon vous, lui manque : le terrain sur lequel je l'attaquerai sera précisément celui où vous le défendrez et, réciproquement, les raisons qui vous poussent à le renverser font de moi son soutien. Tout le monde est mécontent, mais un syndicat de mécontents, de quelque manière qu'on le groupe, trouvera contre lui un autre syndicat ; il y aura entre eux les mêmes relations que de vous à moi. L'un paralyse l'autre. L'opinion devient ainsi d'autant moins apte à la destruction, la seule œuvre active dont elle soit capable, qu'elle se répand davantage. C'est une sécurité.

Et aussi un grand inconvénient, corollaire de cet avantage. L'opinion étant dans un tel état, il n'y a aucun moyen de lui assurer, par les assemblées électives, autre chose qu'une représentation très grossière ; le Parlement va donc vivre surtout d'une vie indépendante de la pensée politique du pays ; il vivra pour lui-même et sur lui-même, donc d'intrigues de couloirs, de chasses aux portefeuilles ; les questions de personne y deviendront les raisons auxquelles les questions politiques serviront de prétexte. Impossible alors de gouverner avec la moindre suite ; il n'y aura, sous les pas des ministres, que des pelures d'oranges.

§ 6. — Pouvoir de l'opinion.

Beaucoup de gens disent : — On fait de l'opinion ce que l'on veut. — Or ce sont toujours ceux qui n'ont pas fait d'elle ce qu'ils ont voulu ; leur exemple est le démenti de leur thèse.

Cet « on » qui a triomphé représente évidemment pour eux une force politique adverse. Mais ils ont des convictions, eux aussi, et des journaux, et des influences financières et sociales, et même des députés, pour les soutenir ; ils avouent leur défaite dans leur lutte contre d'autres journaux, d'autres influences, d'autres députés.

Que signifie alors leur fameux aphorisme ? Que l'opinion est formée par les publicistes, les orateurs, les politiciens, qui savent le mieux s'y prendre pour devenir des meneurs ? Constatation si évidente qu'il ne vaut même pas la peine de la faire.

— On fait de l'opinion ce qu'on veut —, cette affirmation ne peut avoir que le sens suivant : — Donnez-nous le pouvoir et nous aurons tout le monde pour nous. — Il faut une présomption extrême pour penser ainsi, car, depuis 89, les Français ont donné ou laissé prendre le pouvoir à une foule de gouvernants de toutes les couleurs et qui ne l'ont pas gardé. Robespierre, Barras, Bonaparte, Charles X, Louis-Philippe, Cavaignac, Napoléon III, Mac-Mahon, autant de chutes de régimes. Quelle recette a-t-on découverte aujourd'hui pour réussir mieux que tant d'hommes d'Etat ? ou le génie politique est-il devenu monnaie courante chez les innombrables individus qui prétendent mener l'opinion à leur gré, dès qu'ils auront en main la force publique?

Toujours est-il qu'en fait, jusqu'à présent, les gouvernements français postérieurs à Louis XV n'ont pas fait de l'opinion ce qu'ils ont voulu.

Nulle part, d'ailleurs, on ne la traite plus comme une quantité négligeable. En Allemagne même, où elle est si molle et où le pouvoir jouit d'une si magnifique organisation pour la mettre au pas de parade, il faut que les chanceliers prennent la peine de l'amadouer, de paraître faire de temps à autre ce qu'elle demande : ne vient-on pas de promettre le suffrage universel à la Prusse?

Pourtant, puisque l'opinion va toujours en se divisant, et par là en se neutralisant, à mesure qu'elle prend de l'extension, où réside sa force ?

Car elle en a une, et très grande. Malgré son émiettement, des tendances générales subsistent en elle, de même qu'une mosaïque aux pierres infiniment nuancées présente des masses générales de couleur. Ces tendances répondent aux passions de l'âme collective, passions dont on ne comprend le jeu qu'en se reportant au propos déjà cité du personnage de Tolstoï. En temps normal, pas plus que celui-ci n'aime son doigt, l'opinion n'aime la Démocratie, la Religion, la Cité Future, la Patrie, la Liberté, la Justice; elle ne s'enflamme pour ces grandes entités que si on y attente. Dans les pays à gouvernement représentatif, les hommes d'Etat s'arrangent autant que possible pour prévenir cet accident. Ceux qui ont le tempérament le plus autoritaire, et dont l'intelligence demeure cependant assez saine, ont toujours respecté un certain nombre de « tabous » qu'ils rapportaient à l'opinion. De sorte que l'opinion représente, pendant les périodes relativement calmes, une force passive qui dresse çà et là, à travers le champ politique, des obstacles insurmontables.

Quand des crises aiguës se produisirent chez nous, l'opinion se divisa nettement en deux partis opposés. Les circonstances mettaient en jeu les grandes entités chères au cœur des hommes ; on combattait l'une au nom de l'autre que l'on se mettait soudain à aimer comme le personnage de Tolstoï se serait mis à aimer son doigt s'il avait été menacé de le perdre. Il semblait que la question se posât de telle sorte que l'un des deux camps fût vainqueur au point de supprimer l'adversaire. Les choses ne se passèrent pas ainsi. Lors de l'*Affaire*, Dreyfus fut innocenté, mais les auteurs de sa première condamnation demeurèrent indemnes. Lors de la séparation de l'Eglise et de l'Etat, la loi décida les inventaires ; après que quelques-uns se furent achevés au détriment de plusieurs agents du fisc, on proclama énergiquement que force resterait à la loi et, en même temps, on cessa d'appliquer la loi. Au surplus, l'état de fait qui s'établit dans l'organisation des cultes diffère du tout au tout de l'état légal. Tous exemples qui prouvent la force de résistance de l'opinion, même réputée vaincue.

Dans les pays tels que le nôtre où il y a infiniment de débouchés pour la littérature d'insultes politiques, où les ministères responsables se renversent à discrétion, les flambées d'opinion se propagent sur des traînées de poudre non tassée : cela fuse, cela brûle, cela s'éteint, cela n'a rien fait sauter (jusqu'à présent !)

Mais les monarchies absolues, telles que celle de notre Ancien Régime et celle des Tsars, avaient affaire à un de ces explosifs redoutables, d'une grande stabilité, qui, cependant, détonent sous l'effet d'un choc violent, et pulvérisent tout. Elles pouvaient comprimer une opinion toute passive, elles pouvaient la frapper de coups assez durs, aucun accident sérieux ne se produisait ; immunité que l'on croyait sanctionnée par une expérience antique. Nous venons de voir ce qui s'est passé en Russie. Nicolas II avait tourné contre lui toutes les classes de la population et augmenté la compression de l'opinion : le choc violent de la guerre et de la famine détermina l'explosion.

On peut gouverner sans avoir l'opinion pour soi, mais il ne faut pas l'avoir contre soi.

Pour résumer, si l'on cherche à se représenter l'opinion comme l'âme d'une personne, on imaginera un individu pensant fort rarement, ou du moins agité d'idées confuses et contradictoires dont la mêlée n'aboutit jamais à une conclusion ; un gros bon sens parfois, aucun sens critique. En revanche, des éclairs d'indignation violente.

Ce sont les passions de cette âme si complexe, si fuyante, si obscure, si anéantie dans ses faiblesses, si sauvage ou si admirable dans sa force, qu'il faut étudier pour comprendre les causes les plus essentielles des guerres modernes.

CHAPITRE IV

La Haine entre les Peuples.

§ 1. — La xénophobie animale, élémentaire.

Animal « raisonnable », ou « religieux », ou « supérieur », ou pourvu de toute épithète conférant du prestige, l'homme n'en a pas moins un premier fonds d'animalité ; il faut donc, quand on étudie la genèse de nos passions, chercher d'abord ce qu'il y a en elles de purement biologique.

Or les animaux ont, comme nous, leurs accès de fureur contre l'étranger, même quand ils ne vivent pas en cités. On sait les accidents qui sont causés par les buffles d'Indo-Chine : quand ils rencontrent un Européen, ils se jettent sur lui (fréquemment, non toujours, comme on le prétend à tort), à moins qu'ils ne soient gardés par un indigène, auquel cas il n'y a rien à craindre : de petits Annamites, se tenant tout juste sur leurs jambes, font ce qu'ils veulent de ces brutes redoutables.

Si les buffles extrême-orientaux pouvaient parler et donner leurs raisons, ils diraient : — Je ne peux pas *sentir* les Blancs. Qu'un corps d'Européen soit bien ou mal lavé, il s'en exhale des effluves intolérables pour moi. — Les buffles s'exprimeraient ainsi au sens littéral. Nous parlons de même, mais au figuré, quand nous constatons notre antipathie contre des gens en proclamant que « nous ne pouvons pas les sentir ». C'est la marque très juste d'un fonds animal, élémentaire, qu'il y a dans nos haines.

La xénophobie des bêtes s'exalte quand elle devient collective : plus il y a de xénophobes, plus s'augmente la xénophobie de chacun.

On est tenté de recourir à l'interprétation suivante : l'instinct de conservation personnel des animaux leur permet souvent d'estimer s'ils sont assez en force pour combattre avec succès ; trop faibles numériquement, ils s'abstiennent.

L'étude des fourmis montre que cette interprétation ne suffit pas. Si des fourmis de cités différentes se battent quand elles se rencontrent, encore faut-il qu'elles soient en troupes assez considérables ; peu nombreuses, au contraire, elles s'abstiennent toujours d'hostilités, qu'il y ait ou non disproportion numérique entre les deux partis. Ainsi conclut Forel, d'après une grande quantité d'expériences et d'observations [1] L'instinct personnel de conservation n'explique pas cette habitude des fourmis : elles ne risquent pas plus, en effet, à se battre trois contre trois ou six contre une, comme elles s'abstiennent de le faire, que cent contre cent ou cent contre six cents, comme elles le feraient à coup sûr. Il faut bien qu'elles éprouvent, quand elles sont en foule, une surexcitation que leur réunion en petits groupes développe beaucoup moins.

Qu'y a-t-il au fond de cette xénophobie animale qui précipite le buffle annamite tête baissée sur l'Européen ou qui fait courir des risques mortels à l'abeille égarée dans une ruche étrangère ? On peut s'en rendre compte par les

---

1. Forel, *Les Fourmis de la Suisse.*

« déclanchements » qui déchaînent les rixes de chiens polaires.

Ces « déclanchements » se ramènent tous, plus ou moins, à la production d'un fait sensationnel : le chien polaire se bat là où nos chiens se contentent d'aboyer, c'est-à-dire toutes les fois que se passe quelque chose qui ne se passe pas habituellement.

Malheur donc à l'individu de la bande qui « ne fait pas comme tout le monde »! Il suffit, à un moment donné, qu'un chien se tienne à part, se promène isolément, pour qu'il soit le point de mire de la fureur de tous les autres. Une fois détachés après deux mois de chaîne, les chiens emmenés par Amundsen à la conquête du Pôle Sud demeurèrent d'abord immobiles; ils n'avaient pas conscience d'être libres, tant leur était devenue familière l'impuissance à s'éloigner de leur place; enfin l'un d'eux se leva, fit quelques pas, constata que rien ne le retenait, et se mit à arpenter le pont du navire; *il se singularisait* : tout le reste de la meute se rua sur lui[1].

Un épisode encore plus typique nous est rapporté dans la relation du *Voyage de la Jeannette*[2]. Le traîneau était parti en expédition sur la banquise : « En route Bingo, un des chiens, s'est glissé sournoisement hors de ses harnais et a décampé à toute vitesse, à la grande fureur de ses associés qui voulaient immédiatement lui donner la chasse... » Trois heures se passent, le traîneau revient, l'attelage est détaché, et l'on apprend bientôt que Bingo a succombé sous les morsures de la meute. Cette exécution était conforme

---

1. Roald Amundsen : *Au Pôle Sud*. Adapté par Ch. Rabot, Paris, 1913, p. 46.
2. *Journal de De Long*. Traduction de Frédéric Bernard, Paris, 1895, p. 121.

aux mœurs des chiens de l'Alaska, à ce qu'on pourrait appeler symboliquement leurs lois sociales, puisque l'Indien chargé de la meute prédit la destinée de Bingo aussitôt qu'il le vit s'échapper. Je pense que l'on ferait un passage trop brusque de la mentalité canine à la mentalité humaine si l'on interprétait un tel fait comme un châtiment infligé pour devoir non accompli, comme un acte de vindicte collective. Le crime de Bingo, ou plutôt son malheur, fut de « se distinguer ». — Ce n'est pas habituel, donc c'est mauvais ; — voilà comment nous pourrions traduire, en notre langage, le sentiment instinctif des animaux. Celui-ci doit naturellement présenter comme suspect de contenir un danger ce qui est inconnu, *étrange, étranger* ; une cause de danger peut être écartée par la violence, de là la fureur combative, ou évitée par la fuite, de là la peur ; dans tous les cas une vive réaction se produit.

La xénophobie dérive donc, dans le monde animal, d'une passion conservative et défensive qui équivaut à ce que nous appelons la sauvagerie. Sauf exceptions (buffles, éléphants isolés, rhinocéros), les bêtes à l'état de nature évitent l'homme, bipède que son allure étrange rend inquiétant ; si elles sont puissantes, elles ne l'attaquent que faute de pouvoir l'éviter, ou lors d'une rencontre inopinée, mais dans ce cas peu importe l'attitude hostile ou non de l'homme. (La sauvagerie du sauvage humain n'est pas sans analogie avec celle-là). Ceci a trait à l'instinct de conservation individuel.

A coté de lui existe l'instinct collectif de conservation qui inspire la xénophobie des insectes sociaux ; les deux se distinguent nettement en ce que le second peut agir indépendamment du premier, comme on le voit par l'observation des fourmis : puisqu'à six contre un l'insecte reste coi tandis qu'il se bat à cent contre six cents, c'est que n'entrent en jeu ni ses risques personnels dans une bataille, ni les chances qu'il aurait d'assouvir victorieusement une xénophobie personnelle. Sa fureur, quand elle se manifeste, est donc due à une influence collective ; elle appartient au domaine de la psychologie collective.

§ 2. — LA XÉNOPHOBIE ANIMALE CHEZ L'HOMME.

Il en est de nous comme des animaux en ce qui concerne les caractères fondamentaux des passions xénophobes. Elles se rapportent à l'instinct de conservation ; elles ont comme point de départ l'inquiétude suscitée par ce qui n'est pas habituel ; ainsi voit-on, presque toujours, la politique conservatrice et le culte des traditions concorder avec le misonéisme et la méfiance à l'égard de ce qui est étranger. Je ne parlerai pas cependant ici de la xénophobie qui nous indispose contre tous les étrangers en général : ce serait une étude psychologique toute particulière. Il ne s'agira que des xénophobies engendrant de la malveillance entre tels et tels peuples.

Les écrivains témoignent souvent des humbles origines de notre répulsion contre les hommes d'une autre « race » ou d'une autre nation que la nôtre ; ils nous affirment qu'au pied de la lettre « nous ne pouvons pas les sentir », que nos narines sont offusquées par eux comme celles du buffle annamite par l'Européen. Drumont, dans son réquisitoire, plutôt haineux, contre les Juifs, n'a garde d'oublier les « raisons » olfactives : « Le Juif, écrit-il[1], sent mauvais. Chez les plus huppés, il y a une odeur, *fetor judaica*[2], un

---

1. *La France Juive*. Paris, 1886, Vol. I, p.104.
2. *Sic*. Barbarisme, pour *fœtor judaicus*.

relent, dirait Zola, qui indique la race et qui les aide à se reconnaître entre eux. » On ferait un assez gros recueil avec ce qui a été écrit, au commencement de la guerre, sur une fétidité *sui generis* qui serait spéciale au « Boche ».

L'homme est sujet à des xénophobies purement individuelles qui ne diffèrent pas essentiellement des répugnances quelconques qu'il peut nourrir pour d'autres de ses semblables. Il y a des xénophobies locales: en général contre une population voisine. Il y a les xénophobies nationales en temps de paix. Ces antipathies entre groupes affectent des âmes collectives, c'est-à-dire qu'elles ne sont pas, dans chaque individu, ce qu'elles seraient s'il était laissé à ses goûts et à son jugement propres.

La part de la psychologie collective est souvent difficile à démêler en ce cas. Elle ne se distingue bien qu'en cas de guerre. On voit éclater alors, avec une fougue et une spontanéité effrayantes, la haine véritable de l'étranger. Jamais l'homme n'est plus *homme-abeille* : on a touché à la ruche, l'essaim sort en tourbillons.

Que les consciences individuelles aient d'abord consenti en pleine lucidité à cette explosion, cela est excellent: la force de la pensée aura tendu le ressort de chacun. Mais, en fait, le sens critique est, sinon aboli, vis-à-vis de l'Ennemi, par la guerre, du moins fortement dérangé.

L'Ennemi, c'est le Diable, comme, réciproquement, le Diable, dans certains langages, est l'Ennemi : en anglais, *the Fiend*. Au Moyen-Age, on accumulait sur Satan toutes les épithètes péjoratives, sans tenir compte de la contradiction qui les ruinait souvent l'une par l'autre : il sentait très mauvais (toujours les « raisons » olfactives!) était d'une laideur repoussante, faisait une musique de chaudrons fêlés, en même temps qu'il exerçait une séduction irrésistible; il tombait dans tous les panneaux, et sa ruse trompait les gens les plus malins. Tel le « Boche » du commencement de la guerre, être à la fois redoutable dans les combats et d'une lâcheté unique au monde; incroyablement niais, mais avec lequel on n'eût pas échangé deux paroles sans se faire « rouler ».

Cette déroute populaire du sens critique gagne aussi bien les gens les plus cultivés. On n'a pas oublié la guerre de plumes livrée chez nous à tant de défunts philosophes germaniques dans l'œuvre desquels on vit soudain, en Août 1914, tout le contraire de ce qu'on y voyait encore en Juillet. Kant lui-même passa pour fauteur de pangermanisme[1], système que M. Paul Souday ridiculisa très justement[2]. Le comble fut de promouvoir Nietzsche à l'office de « mangeur de Français », comme on le fit en Allemagne et en France ; en France, nous le savons assez; un écrivain allemand, Franz Pfemfert, releva, dans sa revue l'*Aktion*, ce qu'avait d'absurde l'accaparement de Nietzsche par ses compatriotes les plus pangermanistes : « Aucun Allemand, demande-t-il, n'a-t-il lu Nietzsche? Patriotes d'Allemagne, comment pouvez-vous protester contre Hodler, contre Spitteler, contre quiconque n'est pas de l'avis de Sven Hedin, alors que vous vous en laissez conter à propos de Nietzsche?... N'avez-vous pas les frères Hauptmann,..., Sudermann, Dehmel, Fulda..., etc., (et) dans le passé Gerber, Körner, Arndt et tant d'autres? Mais Nietzsche? Nietzsche dont la haine anti-prussienne et anti-allemande ne peut être surpassée aujourd'hui par aucun étranger? Vous en faites un des vôtres? Lui qui écrivit cette phrase : « C'est mon ambition d'être le contempteur par excellence des

---

1. Voir Léon Daudet : *de Kant à Krupp*.
2. Voir *Le Temps*, 5 septembre 1915.

Allemands. » Celui-là ?... Puisque vous ne protestez pas, je veux le faire pour vous[1] ! »

Un pasteur allemand, sans assimiler nommément l'Entente aux Puissances des Ténèbres, ne laisse cependant aucun doute sur sa pensée : il fait de notre cause celle des ennemis du Christ. Car l'Allemagne, écrit-il, c'est le Christ ; il trace un parallèle rigoureux, suivi pas à pas, entre la douleur que sa patrie a ressentie de la Grande Guerre et la Passion telle que la racontent les Evangiles ; pas un détail ne manque : l'Allemagne vide le calice jusqu'à la lie, ses disciples la renient,... on la crucifie entre deux voleurs : le bon larron, un Etat dont le passé n'est pas immaculé, mais qui a montré un repentir si touchant, c'est... la Turquie... Et le mauvais larron... ? Comment se nomme cet indésirable compagnon de tortures... ? On se tait, pour laisser le choix, j'imagine, entre le Bulgare et l'Austro-Hongrois.

La science ne déraille pas moins que la religion. J'ai eu entre les mains un ouvrage allemand de vulgarisation[2] qui tend à montrer que les ennemis, se disant civilisés, de l'Allemagne, sont en réalité des barbares, au moins comme type physique. Cela débute par un recueil de reproductions photographiques : des Français d'abord, et, parmi les Français, ceux du centre, qu'on pourrait appeler moyens ; l'honneur qu'on leur fait de figurer en tête de la collection est payé par leur laideur qui dépasse celle de tous les soldats de l'Entente : on a choisi, parmi les malheureux prisonniers, ce qu'on a pu trouver de pire comme faces d'idiots, de crapuleux, d'alcooliques et de dégénérés. C'est « scienti-

---

1. *Revue de Hollande*, septembre 1915 : *les Revues allemandes*, p. 383-384.

2. *Leurs soldats. Quelques types caractéristiques des soldats de l'Entente*. Leipzig.

fique » : les têtes se détachent sur un tableau quadrillé, bordé par une échelle métrique ; il y a les noms, les origines, les âges... Après cette partie documentaire, vient le texte, une série de notes ethnographiques, très « objectives » ; et voici comment débute celle qui concerne les Français dont les échantillons typiques sont tous si particulièrement hideux : « De tous nos ennemis, les Français sont ceux qui nous ressemblent le plus... mais ils répugnent beaucoup à en convenir... »

J'ai pris ces exemples comme moins connus ; il y en a d'autres en nombre incalculable ; tous décèlent, dans la xénophobie en temps de guerre, le dérangement du sens critique ; cela équivaut à une prédominance de l'inconscient, et il est manifeste que l'effet s'en multiplie en chacun sous une influence collective. On doit donc reconnaître qu'il y a là un fond de xénophobie animale, élémentaire.

§ 3. — La haine entre les peuples ne correspond aujourd'hui qu'à un antagonisme d'idéals.

La haine de l'Ennemi, la haine de l'Étranger, quand il est l'Ennemi éventuel, c'est un sentiment qui a son utilité. Il met la communauté sur ses gardes en temps de paix, il lui donne de l'élan dès que retentit l'appel aux armes ; plus il y a d'inconscience à ce moment, mieux cela vaut : il ne s'agit pas de « faire Soviet » entre compatriotes, où chacun avec soi-même, quand un Etat voisin, qui frappe comme la foudre accumule ses armées aux frontières : ce que cela fait perdre de forces et de temps, la Révolution russe l'a bien montré quand elle faisait encore la guerre aux Empires centraux.

Est-ce à dire qu'il ne faille tenir compte que de la xénophobie animale, instinctive, pareille à celle des abeilles d'une ruche, sans s'occuper en aucune façon du désordre qu'elle peut introduire dans nos facultés conscientes? Certaines gens le pensent. Ils disent, raisonnant de sang-froid :

— Peu importe le trouble jeté dans les intelligences par la haine de l'Ennemi, puisqu'il excite la combativité et contribue ainsi au salut public. Il faut favoriser la diffusion des sentiments les plus simples basés sur le principe que l'Ennemi c'est le Diable, que l'Ennemi représente le Mal dans son universalité la plus complète ; laissez-lui donc attribuer n'importe quoi parmi les tares, les défauts, les vices, les habitudes criminelles qui répugnent le plus. Qu'il passe pour mériter toute réprobation, n'importe laquelle, cela est excellent; ne demandez aucun discernement.

Il y a de gros inconvénients à une telle méthode de propagande.

Les jugements purement haineux sur l'Ennemi finissent toujours par être d'un aussi bon usage aux « défaitistes » qu'aux patriotes. A tous les témoignages établissant que les Allemands sont cruels, menteurs, brutaux, grossiers, insolents, sournois, de caractère bas, etc..., le défaitiste saura bien en opposer d'autres permettant d'appliquer les mêmes adjectifs à un certain nombre des hommes qui combattent l'Allemagne.

Comme la haine élémentaire se réduit, au fond, à une énergie physiologique, elle est un des premiers ressorts que détende la lassitude; aussi les gens qui ont été trop exclusivement nourris de cette haine seront-ils désarmés au bout de quelques mois de guerre devant les sapes du faux pacifisme; ils penseront : — Tous les hommes se valent. —

Prémisse dont on devine les conclusions : — Puisque

tous les hommes se valent, les guerres ne sont que la manifestation, de la part des deux partis adverses, d'une égale brutalité, d'une égale injustice. Si le crime de l'un vis-à-vis de l'autre semble plus grand, ce n'est la faute que des circonstances. Favorisé par la destinée, l'attaqué eût été l'agresseur, l'envahi l'envahisseur, la victime l'assassin, le volé le voleur, le trahi le traître, la dupe le faussaire ; et si un Etat renie sa signature, il ne fait que prévenir ceux qui ont signé avec lui. Dos à dos, les belligérants de la Grande Guerre ! dos à dos ! ou plutôt il y aura un coupable : celui qui refusera le plus obstinément de mettre fin aux criminelles folies qui ont changé la terre en charnier. —

De là ces paix offertes par les fatigués ou les fourbes sous le nom de paix honorable, paix de conciliation... On les justifie par certaines doctrines qui font dire : — la guerre est la faute du capitalisme, la guerre est la faute de la perversité des hommes... — Socialisme à la Kienthal, maximalisme, tolstoïsme, christianisme de quelques neutres, elles ont en commun un idéal qui n'est qu'une abdication de la pensée devant la guerre. Elles se réduisent à un geste et à un cri : détourner les yeux de la guerre comme d'un spectacle hideux et demander que cela cesse.

Se rallieront à elles les gens simples terrassés par la lassitude, si le fonds élémentaire, animal, a prédominé dans leur haine de l'ennemi. Celle-ci, n'étant guère que physiologique, correspondait à une simple tension de l'énergie vitale. Ils n'avaient pas ce ressort moral qui permet à l'homme de persévérer dans l'effort bien au delà de la bête, même vigoureuse. Leur absence de pensée rejoint tout naturellement l'abdication de pensée des autres.

Aussi le sens critique intervient-il là utilement, non pas dans la fonction de moteur — il ne saurait — mais dans celle de lumière. Il précise les idéals à quoi correspondent les sentiments que l'on éprouve. Quand on voit plus clairement ce que l'on veut, on le veut mieux. Ici, en particulier, le sens critique dénoncera avec facilité l'équivoque qui fait le jeu des faux pacifistes, équivoque basée sur une conception erronée de cette haine qui préside aux antagonismes entre peuples modernes.

Envisager la guerre d'après le principe que tous les hommes se valent, c'est un sophisme consistant à déplacer la question. Il ne s'agit pas, en effet, de décider si les belligérants de la Grande Guerre ont, de part et d'autre, et en moyenne, des traits de caractère analogues, une valeur morale équivalente, s'ils sont en moyenne également bons, humains, cruels, méchants, s'il faut étendre sur eux tous le même manteau de pitié ou de dégoût, s'il convient de les confondre dans une appréciation unique, pessimiste ou optimiste, de la nature humaine. Il ne s'agit pas davantage de juger dans quel camp telles et telles laideurs soit physiques, soit morales, sont le plus abondamment représentées.

Que les hommes se valent, peu importe ; ce qu'il y a de certain, c'est que les Causes qu'ils défendent ne se valent pas.

Quand nous croyons haïr les Allemands, nous nous trompons : nous haïssons leur Cause.

Eux-mêmes, en tant que collection d'individus, nous sont indifférents. Puisque nous ne connaissons pas nos compatriotes, comment connaîtrions-nous ces étrangers? Nos sentiments à leur égard s'adressent à de l'inconnu, ou plutôt à de l'inconnaissable, c'est-à-dire à un objet dont la réalité nous échappera toujours ; car pour juger de la valeur morale d'un groupe d'hommes, il faudrait pouvoir faire, sur les âmes de ceux qui le composent, des mesures et des études statistiques pareilles à celles de l'anthropologie : entreprise absurde.

Ce ne sont pas les Allemands, en tant que somme de quelques millions de *Herren* X...Y...Z..., que nous haïssons : nous ne ressentons rien, ni en bien ni en mal, à l'égard de chacune de ces personnes qui vivent entre Elbe et Rhin, au lieu de vivre ailleurs, et dont nous ne saurons jamais plus que si elles habitaient la planète Mars.

A qui en avons-nous cependant? A des virtualités chimériques? Certes non.

Plusieurs gens, vraisemblablement, firent cette expérience avant 1914 : on rencontre un inconnu, on cause; il ne vous inspire que de la sympathie, et très vive; on apprend de lui qu'il est Allemand; aussitôt on éprouve une crispation; d'où provient-elle? pas de l'homme qui n'a pas changé, mais du nom d'Allemand : celui de Suisse, d'Alsacien, d'Autrichien même, ne l'eût pas produite. Un nom, c'est ici un drapeau; le drapeau se réduirait à un morceau d'étoffe s'il n'était le symbole d'une Cause. Quand vous reconnaissez dans un homme le champion d'une Cause opposée à la vôtre, un frisson d'hostilité vous passe à fleur de peau; l'homme vous plaisait; c'est donc pour sa Cause, non pour lui, que vous avez de la répulsion.

Supprimez l'antagonisme des Causes et toutes les haines nationales tombent en même temps. Si les Allemands ne nous avaient pas pris l'Alsace-Lorraine, que seraient devenues les thèses de l'incompatibilité foncière des deux races, de l'opposition entre esprit latin et esprit germanique, de l'ennemi héréditaire...? fumée! fumée que l'on aurait aussitôt remplacée par une autre plus agréable à respirer, mais non moins obscure : thèses sur les sympathies latentes, la parité de sang, la mission commune à travers le passé et l'avenir, la similitude des esprits celte et germanique...; pédanteries et lyrismes retournés.

Les Allemands ont leur Cause, eux aussi; et tout ce qui, pour nous, est injustice en elle, ils l'appellent justice; sans cela ils ne se battraient plus; la force leur manquerait : nul peuple ne supporterait d'endosser sciemment des crimes comme celui et ceux de la Grande Guerre. L'antagonisme des Causes est ici irréductible, la haine aussi, jusqu'au jour où l'un des adversaires aura changé sa Cause par une révolution qu'il fera lui-même. Jusque là, toute paix ne sera qu'une trêve, une simple léthargie des haines, puisque les Causes vivront toujours, toujours aussi différentes, et, par conséquent, foncièrement hostiles.

Que nous ayons à séparer dans nos jugements les hommes eux-mêmes et la Cause qu'ils défendent, cela est démontré à chaque page de l'histoire. Voyez aujourd'hui le Turc (non pas le sujet ottoman[1] : là il faut distinguer). Les Anglais ont trouvé en lui un adversaire humain qui contrastait avec les Arabes de Cyrénaïque; heureux les prisonniers quand ils l'avaient pour gardien après le Senoussite[2]! Un major australien, ayant combattu aux Dardanelles puis en France, m'a raconté que là on ne tirait jamais sur les brancardiers de l'Entente, ici toujours. Ces témoignages reçoivent de nombreuses confirmations, de la part de Pierre Loti notamment. Or quelle Cause est plus criminelle que la Cause turque? massacre en grand des Arméniens, population de Syrie systématiquement affamée... C'est que le Turc obéit passivement et croit ce que lui disent ses chefs;

---

1. Bien des atrocités en Arménie sont notamment imputables au seuls Kurdes.
2. Voir *Times' history of the war*.

on a en lui l'exemple du bon gendarme d'une Cause barbare, de même qu'inversement une Cause juste pourrait être servie par un gendarme de tempérament sanguinaire. Dans un réquisitoire légitime contre une Cause n'entre donc que ce qui a été fait par ordre des états-majors, des gouvernements, des magistrats, par enseignement des professeurs...

Aussi les préceptes qui nous défendent de haïr les hommes ne nous empêchent-ils en rien de haïr une Cause adverse. J'ajouterai qu'on doit la haïr, à moins de n'être attaché à aucun Idéal, de n'avoir par conséquent aucune raison sérieuse d'agir.

Cette distinction entre l'homme et sa Cause, on la traduit quelquefois en disant qu'on fait la guerre aux gouvernements, non aux peuples. C'est mal s'exprimer. La Cause allemande, par exemple, n'est pas représentée seulement par le Kaiser, ses ministres, le Reichstag et les princes germaniques, elle se caractérise surtout par les résultats d'un dressage qui fait que le peuple allemand accepte des idées, des principes, opposés aux nôtres sur la discipline morale, la justice, le droit, l'obéissance..., bref se distingue par une mentalité *apprise* qui lui est spéciale. Le dressage lui-même, plus que tout le reste, classe la Cause allemande dans une catégorie où elle est seule : les autres peuples s'instruisent, se cultivent, le peuple allemand se dresse, voilà ce qui définit sa *Kultur* par opposition à la *culture*.

§ 4. — LES HAINES INTERNATIONALES ET LA GUERRE, LES SYMPATHIES INTERNATIONALES ET LA PAIX.

La xénophobie animale, physiologique, élémentaire, n'a pas, dans les relations internationales modernes, l'importance que l'on croit. Elle serait propre, par elle-même, à susciter la guerre entre gens de races vraiment différentes, comme de Blancs à Noirs, Jaunes ou Rouges ; encore l'histoire nous montre-t-elle que ces guerres valent les autres, ni plus ni moins, au point de vue de la fréquence, de la violence et de l'atrocité. Rien de plus barbare dans une guerre coloniale contre des Nègres que dans une guerre entre tribus nègres voisines et congénères.

En dehors de ce cas, à peu près étranger aux guerres entre « civilisés » qui seules nous intéressent, la xénophobie élémentaire suit les mêmes lois que la haine quelconque d'homme à homme : elle s'exaspère en raison de l'intimité du contact. Quand on hait son compatriote, on le hait plus que l'étranger, quand on hait son voisin, on le hait plus que l'habitant d'une maison éloignée, quand on hait son frère, on le hait plus que son voisin...; le comble de la haine, quand il y a haine, sévit entre les deux gardiens du même phare.

Tout pareillement la xénophobie élémentaire provoque d'autant plus l'hostilité entre peuples que les rapports individuels y sont plus nombreux et plus immédiats. Aussi son rôle diminue-t-il avec cette évolution historique qui a tendu, dans l'ensemble, à la concentration des hommes en ces grandes sociétés que sont les Etats modernes, et il croît au contraire avec le recul du passé. Il apparaît à l'apogée lorsque l'unité sociale la plus haute était le clan. Y avait-il haine entre clans, on haïssait des étrangers réels que l'on pouvait quelquefois désigner presque tous nommément. Il en était encore ainsi, bien qu'à un moindre degré, quand les groupements sociaux ordinaires devinrent la tribu, la cité, quand, au début de l'ère féodale, les souverainetés se réduisaient à de tous petits cantons.

Aujourd'hui ces conditions ne sont plus réalisées que près des frontières — il est fréquent que les gens qu'elles séparent se détestent — et aussi à l'intérieur des Etats, là où il y a cohabitation entre peuple dominateur et peuple sujet : entre Allemands d'une part, Alsaciens-Lorrains, Danois du Sleswig, Polonais de Posnanie de l'autre, entre Magyars ou Allemands d'Autriche et les diverses nationalités de la double monarchie, entre Polonais et Russes naguère, entre Polonais et Ruthènes de Galicie.

Mais, dans l'ensemble, la xénophobie est devenue idéale. On juge les étrangers, comme ensemble d'individus, d'après l'image que l'on s'en fait. Puisque nous ne les connaissons pas, eux, et que nous connaissons leur Cause, leur Cause nous fournit les seuls traits de ressemblance qui puissent nous diriger dans la confection de cette image : à laide Cause, laid défenseur, à belle Cause, beau défenseur.

La xénophobie élémentaire agit bien, elle, mais indirectement : par excitation de la xénophobie idéale. Quand un peuple annexé déteste ses conquérants dont il sent le contact direct, cela développe la xénophobie chez les peuples libres; cela ne la crée pas : il faut qu'elle préexiste. Notre haine de l'Allemagne s'échauffait de celle que les Alsaciens-Lorrains lui témoignaient, mais c'était parce qu'elle les avait séparés de nous. Sans notre amputation, nous n'eussions pas été plus émus des méfaits de la schlague prussienne en Posnanie que de l'arbitraire tzariste en Finlande; aucun danger de guerre en de pareilles indignations, qui ne sont, d'ailleurs, vraiment fortes et sincères que chez les pacifistes. Comme il n'y a d'Etats à s'abstenir de toute oppression que ceux qui n'ont personne à opprimer, on serait l'ennemi de tout le monde si l'on ne choisissait tel et tel des dossiers de ces tyrannies pour dresser d'après eux son réquisitoire, et c'est la xénophobie idéale préexistante qui dicte les choix.

Ainsi l'Allemagne fut-elle conduite, par l'anglophobie, à élever des griefs contre la domination britannique aux Indes, en Egypte, en Irlande, mais l'anglophobie préexistait, déchaînée peu à peu par la politique germanique mondiale et nullement par l'anglophobie des Irlandais, Egyptiens ou Hindous.

Bien moins encore que la xénophobie des allogènes opprimés, celle qui est parfois endémique de part et d'autres des frontières n'a d'effet belliqueux par elle-même. Un incident de frontières se règle promptement entre pays que ne sépare aucun différent fondamental : il ne s'envenime que si une xénophobie idéale préexistante crée une tension d'un Etat à l'Etat voisin.

Il ne reste en fait de risques de guerre sérieux que l'antagonisme des Causes, des Idéals nationaux. Tout ce qui l'accompagne, comme jugements défavorables sur les étrangers en tant qu'hommes est déterminé par lui, loin de le déterminer. Qu'il cesse, tout cessera avec lui ; puisque les étrangers, comme les autres hommes, ont les qualités de leurs défauts, ils se verront investis des qualités correspondant aux défauts que nous leur attribuions à tort ou à raison ; que nous les estimions semblables à nous ou très dissemblables, ce sera un égal motif de sympathie ; on dira suivant le cas : — Des affinités foncières nous rapprochent ! — ou : — Ils nous complètent si bien ! — Engouement aussi absurde, d'ailleurs, que le sentiment auquel il succédera, puisqu'on n'a aucune raison pour aimer des gens qu'on ne connaît pas. Il y aura eu, cette fois, rapprochement des Causes, communauté d'Idéals, et nous peindrons l'image arbitraire de l'étranger d'après le principe : à belle Cause, beau défenseur.

Combien étaient donc vaines les tentatives de rapprochement franco-allemand avant la guerre! On parlait de faire cesser le malentendu entre deux grands peuples. Or le malentendu consistait précisément à croire que des paroles et des rapports aimables changeraient quoi que ce fût à l'hostilité des Causes. Elle était ici radicale, tellement que les hommes d'État français les plus disposés à s'entendre avec l'Allemagne ont toujours protesté qu'ils repoussaient toute consécration, même très indirecte, de l'annexion de l'Alsace-Lorraine ; que ce fût par opportunisme ou conviction, et surtout quand l'opportunisme les inspirait, ils témoignaient ainsi de l'existence d'un sentiment national irrésistible.

Les Allemands proclamaient d'autre part implicitement que des siècles n'effaceraient pas l'antagonisme de Causes entre eux et nous : leur conquête de 1870 avait été, prétendaient-ils, la réparation d'un droit violé en 1648 ; ils parlaient sérieusement, ils invoquaient leur amour nostalgique pour Strasbourg :

O Strassburg die wunderschöne Stadt! « O Strasbourg ! ville d'une merveilleuse beauté...[1] »

Thèse toujours actuelle. Dans leur réponse au questionnaire de Stockholm, les socialistes majoritaires allemands niaient que la question d'Alsace-Lorraine pût se poser à propos du droit des peuples de disposer d'eux-mêmes, les Alsaciens-Lorrains ayant recouvré leur indigénat primitif grâce au traité de Francfort.

Cela faisait deux cent vingt-deux ans pendant lesquels la revendication allemande contre nous serait demeurée vivace. Autant dire qu'il n'y a pratiquement pas de prescrip-

1. Voir Georges Bourdon : *l'Énigme allemande*, Paris 1913, pp. 160-161,

tion au grief causé par l'arrachement d'un territoire national. Une pareille doctrine aurait dû empêcher les Allemands de s'illusionner sur la valeur des tentatives de « rapprochement », quand notre grief, à nous, bien plus poignant que le leur, n'avait pas encore un demi-siècle. Il valait mieux, dans l'intérêt de tous, regarder en face l'irréparable ; cela eût évité ces histoires de « main tendue par l'Allemagne » et que nous aurions « repoussée ».

Que l'on combatte les haines internationales, c'est nécessaire dans la mesure où il importe de garder un jugement net et de n'être ni ridicule ni inhumain. La haine aveugle, comme le dit la vieille sagesse ; elle nuit le plus à celui qu'elle aveugle le plus ; il ne faut pas être celui-là. Mais, précisément pour y voir clair, on devra reconnaître qu'en supprimant les manifestations grossières de la haine on n'atteint que des symptômes. Mettons l'Allemand à la place du « sale Boche », il n'y aura rien de changé, sauf notre langage. « Conciliation, bonne volonté, estime pour l'adversaire, caractère chevaleresque... » pure affaire de langage aussi. Qu'on parle comme on le voudra, la seule réalité, c'est l'abîme ouvert entre la Cause de l'Entente et la Cause des Empires Centraux. Il y a là en guerre deux Idéals dont la différence s'est accusée avec une netteté parfaite. Leur guerre durera autant qu'eux-mêmes ; les hommes pourront cesser de se battre, eux resteront hostiles, même après de longs sommeils. Pas de paix stable tant que l'un n'aura pas tué l'autre, tant que les partisans de l'un ne se seront pas convertis volontairement à l'autre.

CHAPITRE V

La Passion belliqueuse. — Le Militarisme.

§ 1. — L'amour du combat. La guerre sportive.

Le combat a l'attrait des exercices violents. C'est une tendance, jusqu'à un certain point très saine, que celle qui nous porte à faire agir nos muscles avec toute la vigueur dont nous sommes capables.

En même temps, le combat est un jeu, un sport; il s'apparente à la chasse. Aujourd'hui, dans nos pays, la chasse n'est plus qu'un jeu d'adresse; il y faut encore du courage et du sang-froid quand on s'en va aux tropiques tirer le rhinocéros, l'éléphant, le tigre, le lion, le buffle sauvage... Mais, en somme, notre espèce a, sur les animaux les plus redoutables, une supériorité décidée depuis qu'elle a su se fabriquer des armes. Tandis que l'homme trouve dans l'homme un gibier qui lui est égal: on se chasse l'un l'autre. Le meilleur type du combat « cynégétique » entre hommes, c'est le duel dit « à l'américaine » : les deux adversaires conviennent qu'à dater d'un certain délai, l'un aura le droit de chercher à tuer l'autre n'importe comment et n'importe où, déclaration de guerre à échéance. Rien de plus passionnant ; à l'émotion du sportsman s'ajoute celle du joueur : on met sa vie comme enjeu.

Il y a du sport dans la guerre, bien que la recherche du sport ne soit pas en général la cause directe des guerres, de même que la chasse est un sport aussi bien chez les populations sauvages où sa pratique a pour origine une nécessité alimentaire.

Le sport guerrier a beaucoup évolué. A son premier stade, le combat est surtout une somme de duels, de sorte que la victoire appartient au parti qui met à son actif le plus grand nombre de victoires individuelles. On chantait comme dans la Bible : — Saül en a tué mille, David en a tué dix mille.— Peu à peu s'accrut l'importance du concert dans l'action. Le soldat dut subordonner son initiative à l'intérêt général de son camp, garder les rangs, évoluer, réfréner son ardeur, maîtriser ses défaillances, le tout sur l'ordre d'un chef ; celui-ci devint de plus en plus le véritable joueur, de sorte qu'on finit par représenter, avec une certaine exactitude, les conducteurs d'armée comme des partenaires assis de part et d'autre d'un échiquier avec leurs pièces devant eux. Le soldat se réduisit au rôle de pion qu'on pousse d'une case à l'autre. Il finit par ne rien comprendre à ce qui se passait. De sorte qu'avec l'immense accroissement de l'étendue des fronts et du nombre des combattants, l'intérêt vraiment sportif d'une guerre, prise dans son ensemble, devient de plus en plus le monopole de quelques généraux et de leurs états-majors. A mesure qu'on s'éloigne d'eux en descendant les degrés de la hiérarchie, on tombe dans le détail, on arrive à des parties fragmentaires dont l'importance, relativement à la partie totale, échappe à ceux qui les jouent.

On a compté sur le caractère sportif de la guerre pour en

atténuer l'inhumanité. L'esprit sportif développe, en effet, chez les adversaires, un point d'honneur qui oblige impérativement à respecter les règles du jeu : dans la boxe anglaise, pas de coups au-dessous de la ceinture, dans le duel à l'épée, interdiction de se servir de la main gauche pour toucher à la lame de l'adversaire. A plus forte raison, pensait-on, dans la guerre, le sport noble par excellence, qui met en jeu les plus sublimes vertus humaines. « La lutte à main armée entraîne la loyauté des procédés de combats[1] », écrit le général Kessler qui oppose l'influence des mœurs à celle des congrès de la paix, quand il s'agit d'humaniser la guerre. On sent en lui le soldat qui se fie à l'esprit chevaleresque attaché à sa profession pour que la guerre soit un beau jeu. Illusion! Les Allemands ne répudient-ils pas toute obligation dérivant des traités internationaux pour ne s'en tenir qu'au sentiment de l'honneur inné en leurs chefs militaires? Voilà la garantie de l'ennemi. On sait ce qu'elle vaut. Les Anglais aussi se figuraient qu'ils allaient à un jeu très rude, mais duquel, tout de même, seraient exclus certains coups d'une inélégance sportive trop manifeste, et ils connurent les gaz asphyxiants, et les liquides enflammés, et la guerre sous-marine.

Or rien n'est exclu de la guerre que ce qui ne peut pas réussir.

S'il y a du sport dans la guerre, la guerre n'est pas un sport. S'il y a du sport dans la guerre, il tend à y en avoir de moins en moins, et il y a toujours eu autre chose. Elle est une réalisation. Son but essentiel, comme le proclament avec raison tous les écrivains militaires, consiste à briser la volonté de l'ennemi. On ne voit pas de principe auquel rattacher ce but, sinon celui-ci : la fin justifie les moyens.

---

1. *La Guerre.* — Paris, Berger-Levrault, 1913, p. 14.

Il n'y a ni conventions internationales, ni règles morales qui aient là aucune efficacité réelle.

Tandis que les règles et les conventions qui président à un sport déterminé en font partie intégrante ; leur inobservation change le sport ; tous ceux qui le pratiquent avec quelque ferveur sont intéressés à les maintenir Le tricheur ne jouera plus, et quand il aimera vraiment le jeu, cela le privera ; une sanction existe. Si la guerre n'était qu'un sport, la sanction contre un pays qui triche au jeu consisterait à refuser de se battre avec lui, et il ferait alors tout ce qu'il voudrait, en quoi il recevrait juste le contraire d'une punition ; en fait de recours contre lui, on n'a que les représailles : coup déloyal contre coup déloyal ; mais il aura toujours eu, en portant le premier le coup déloyal, l'avantage, qu'on ne peut plus lui retirer, de la surprise ; qu'il obtienne par là une victoire décisive, et son ennemi, plus scrupuleux, devra se soumettre. Les règles du jeu à la guerre sont une prime pour qui prend l'initiative de les violer.

La crainte du déshonneur maintient la loyauté du jeu dans le combat singulier, parce qu'il y a, en dehors des combattants, beaucoup d'hommes qui rendraient la vie dure à l'individu disqualifié. Un Etat fort, au contraire, *ne peut pas* se déshonorer à la guerre, quoi qu'il fasse ; contraints par la fiction diplomatique, les Etats non belligérents, même aussi forts, ne cesseront pas, pour ses *seules* vilenies, de le traiter avec la plus entière considération ; car lui adresser le moindre blâme, lui témoigner le moindre mépris, ce serait la guerre ; or une nation, fût-elle très chevaleresque, risquera bien la vie de milliers d'hommes pour se venger d'une action basse commise à son détriment, non pas pour maintenir, gratuitement et sans aucun bénéfice, les traditions d'honneur sportif chez autrui. Elle fera la guerre, au besoin, pour rendre la guerre désormais impossible, jamais pour punir un Etat fort d'avoir vaincu par tricherie au jeu de la guerre. C'est tout l'inverse du duel, combat sportif, où des gens de cœur joueraient leur vie contre le châtiment d'un spadassin déloyal, jamais contre la suppression du duel.

Le sport, le jeu, ont pour base essentielle l'égalité. On cherche, quand le conflit sportif a lieu entre hommes, à éliminer tout ce qui n'est pas dû à la valeur personnelle, aux dons de nature, à l'entraînement : même nombre, mêmes instruments de combat dans les deux camps. Un jeu d'argent où l'un des adversaires se ménage plus de chance de gain que l'autre s'appelle un vol. Au lieu que le principe de la guerre consiste à s'assurer toutes les supériorités possibles sur l'adversaire : effet de surprise, terrain, armement, nombre. Les grands capitaines ont toujours pour but d'être les plus forts à l'endroit et au moment où ils se battent ; quand ils ont une armée concentrée de deux cent mille hommes contre cinq armées ennemies dispersées de cent mille hommes, ils les attaquent l'une après l'autre sans rougir le moins du monde de se mettre, jusqu'à cinq fois de suite, à deux contre un. La réussite de pareils coups fait leurs plus beaux titres de gloire. Que les circonstances veuillent que l'héroïsme compense les infériorités matérielles, c'est là un titre de gloire plus noble encore, mais un général serait considéré comme criminel s'il renonçait à des avantages matériels pour augmenter les mérites héroïques de ses troupes, si, par exemple, il renvoyait ses canons et interdisait de ravitailler son infanterie en cartouches, afin qu'elle eût plus de courage à déployer pour se battre.

Aussi est-ce en vain que l'esprit sportif a protesté et proteste encore contre l'emploi d'armes nouvelles réputées lâches. Les chevaliers bardés de fer furent révoltés lorsque des archers les vainquirent et lorsqu'ils virent apparaître l'artillerie et les mousquets, armes, disaient-ils, de couards qui n'osaient approcher. Cette indignation était très intéressée et par là un peu naïve : elle impliquait l'interdiction du combat aux vilains, lesquels ne pouvaient pas lutter à armes égales dans le corps à corps.

La Croix-Rouge de Genève vient de flétrir, comme nous le faisions au début, l'usage des gaz asphyxiants, généreuse mais impuissante réprobation : personne ne la soutiendra par les armes. Les gaz asphyxiants ont procuré aux Allemands des avantages de surprise non négligeables : au nord d'Ypres et lors de la grande défaite italienne ; avantages qui pourront se renouveler à chaque invention inattendue de la chimie. On n'y renoncera donc pas.

Bref, la guerre n'est pas un sport ; elle tendra de plus en plus à différer du sport, en quoi elle ne perdra guère que des apparences. M. G. Lenôtre a montré par un exemple « les choses qui se cachent derrière les belles légendes de la guerre courtoise et galante, telle que nous l'ont contée Dangeau, Racine, Boileau, voire Saint-Simon, pourtant plus véridique [1] ». Il y avait bien une guerre en dentelles, parce qu'il n'y avait que la dentelle de visible pour « l'arrière » d'alors, de même qu'on ne voit dans un cimetière que les pierres tombales ; mais, aujourd'hui, la guerre ouvre les plus magnifiques mausolées et la pourriture de la mort s'étale à tous les regards.

La guerre jette son masque ; elle apparaît avec son véritable visage pareil à celui de la peste. Est-ce un sport ou

---

1. *Un mutilé de la guerre en dentelles.* — *Le Temps*, 2 février 1918.

un jeu que la peste, et qui la trouvera belle? De la beauté se manifeste cependant, non pas en elle, mais à son propos, et la plus grande qui soit : le dévouement, le courage, l'esprit de sacrifice des médecins qui bravent une mort affreuse pour sauver des vies.

Ces hommes qui combattent la peste aiment leur métier, et on en trouverait qu'anime par dessus tout la curiosité scientifique; de tels sentiments s'apparentent à ceux qui président aux sports. Considérée ainsi, la peste serait un « sport unilatéral », si l'on peut s'exprimer ainsi, n'existant que pour un des deux partis en lutte, celui des médecins.

Il en est ainsi de la guerre qui, si elle était un vrai sport, devrait être un sport « bilatéral », comme tous ceux qui mettent aux prises des hommes avec d'autres hommes. Dans la guerre, l'ennemi joue le rôle de la peste. Elle est laide ; la beauté souvent resplendissante qu'elle suscite ne lui appartient pas, mais à la Cause pour laquelle on meurt.

Les vertus idéales du soldat se résumeraient fort bien dans le terme d' « esprit sportif », car elles ne diffèrent que par plus de sublimité de celles qui font, par exemple, le bon équipier de foot-ball. Mais, tandis qu'au foot-ball l'honneur, la loyauté du jeu, trouvent une sanction dans l'estime ou la mésestime de l'adversaire, cette sanction est nulle à la guerre; ce que l'esprit sportif inspire de sentiments nobles et humains n'a d'importance que vis-à-vis de l'équipe à laquelle on appartient ; elle seule exerce un contrôle efficace sur ses membres. Tant qu'un parti juge conserver l'honneur intact, le jugement contraire de l'autre parti ne signifie absolument rien.

Pour qu'il en fût autrement, il faudrait à la guerre un arbitre. Il ne peut pas y en avoir. Le Pape, tout désigné pour ce rôle, en sa qualité de père commun des adversaires et de représentant de Dieu, n'a jamais réprimé ni prévenu les vilenies les plus patentes de la guerre, bien qu'en principe il les couvrît d'anathèmes. Il sait bien que sa parole, sans cesser de recueillir le respect universel, sera inopérante sur les catholiques du parti qu'elle ne favorisera pas.

La guerre est un moratorium absolu de la justice. Voilà sa principale et inexpiable laideur.

Et c'est pourquoi l'esprit sportif s'y présente avec un caractère sans cesse accru d'unilatéralité.

§ 2. — La gloire militaire.

Il n'en correspond pas moins à des passions collectives très exaltées. La grande joie à laquelle il fait aspirer est celle de gagner le plus grand nombre possible de parties dans un jeu très dangereux qui demande beaucoup d'adresse et de courage. C'est une satisfaction indéniable que d'appartenir à une équipe toujours victorieuse.

A plus forte raison quand on fait partie d'une de ces équipes appelés nations et qui sont les triomphatrices au prix d'une formidable somme d'héroïsme.

La défaite est un poison dont beaucoup ne guérissent pas; et la victoire, même pour ceux qui n'ont aucun profit palpable à en retirer, embellit quelquefois la vie entière. Inutile d'insister là-dessus. Tout cela, nul ne le sait mieux que nous, Français, qui avons goûté à la guerre les pires amertumes et les enivrements les plus capiteux.

Nos annales sont très particulièrement faites de gloire, et de gloire désintéressée, en ce sens qu'elle a toujours été indépendante du profit. Nos victoires les plus renommées ont, en effet, donné peu de « rendement » : celles de Napoléon aboutirent à remettre la France où elle en était à la fin de l'ancien régime, sauf quelques rectifications de frontières opérées à notre détriment. Au contraire, l'ennemi a toujours obtenu des résultats proportionnés à l'ampleur et à la célébrité de nos désastres. Lorsque, inversement, nous avons tiré de nos campagnes militaires les profits les plus considérables et les plus solides, elles s'illustrent peu de batailles au nom sonore. Beaucoup de gens d'une bonne instruction moyenne, interrogés sur la guerre de Cent ans jusqu'à Jeanne d'Arc, ne sauraient opposer aucun nom de victoire française à nos défaites de Crécy, de Poitiers, d'Azincourt; celles-ci, ils ne les ignorent pas; et cependant il y eut un intervalle de temps pendant lequel s'accomplit en grande partie la réparation de nos revers. Les victoires de Jeanne d'Arc furent beaucoup plus morales que militaires; elles éveillèrent un peuple, fait immense et tout nouveau. Mais au momet où l'héroïne périt sur le bûcher, il restait presque tout à faire pour enlever aux Anglais leurs gains territoriaux; cette besogne s'acheva cependant en cinq ans, et sans victoire célèbre (sauf Castillon qui l'est peu). En fait de batailles imposées à la mémoire des collégiens, la défaite de Guinegatte marque seule le règne de Louis XI, le vainqueur et le conquérant de la Bourgogne.

Il y a ainsi, chez nous, un manque remarquable de parallélisme entre la gloire militaire et les résultats.

L'amour gratuit de la gloire a été un des mobiles importants de la politique nationale en France : il entre pour beaucoup dans le bonapartisme.

Napoléon se définirait très bien comme un sportsman de la guerre. Il aimait la guerre pour la guerre, bien qu'il ne voulût pas en convenir publiquement. Ses actions l'ont toujours aiguillé vers plus de guerre et plus de guerre : il a pratiqué une politique d'ordre et d'autorité à l'intérieur, celle qu'il fallait pour avoir dans la main l'armée par la nation et la nation par l'armée. En fait de politique extérieure, il n'en avait aucune ; on ne le voit jamais concevoir une œuvre de réalisation proche et pratique, et s'efforcer de gagner le temps nécessaire à sa consolidation par une attitude conciliatrice, ou tout au moins des aspersions d'eau bénite diplomatique : il ne cesse de monter à l'extrême le diapason de sa susceptibilité. On ne parle guère de politique napoléonienne (comme politique étrangère), tandis qu'on parle de politique bismarckienne, mais il y a une épopée napoléonienne, alors que les Prussiens eux-mêmes n'en évoquent pas de bismarckienne ; tout tient dans cette différence notée par le langage courant. Napoléon a fait de l'épopée vis-à-vis de l'étranger, non de la politique ; voilà ce qui le caractérise.

L'épopée, c'est du sport : elle réalise des « performances » que l'on admire pour leur perfection, non pour ce qu'elles rapportent. La France aima ainsi passionnément l'épopée napoléonienne dont elle se trouva embellie ; elle avait perdu la frontière du Rhin que, sans le grand homme, elle eût pu conserver indéfiniment ; elle pensa que, toute balance faite, elle demeurait avantagée. Elle avait fini par jouer quitte ou double ; l'issue funeste de la dernière manche lui laissait la gloire d'avoir marqué, pour ainsi dire, tous les points dans la plus nombreuse et plus belle série d'épreuves guerrières que connût l'histoire. En style de sport, la France s'était avérée « la meilleure » et de beaucoup ; cette satisfaction, qu'aucune autre rémunération n'accompagnait, suffit à donner au nom de Napoléon une puissance extrême sur l'opinion.

Certes, la haine populaire contre les Bourbons ne fut pas étrangère au culte que l'on conserva pour Bonaparte après sa chute, et il y eut beaucoup de méfiance paysanne et bourgeoise contre les « Rouges » dans le mouvement qui permit à Napoléon III son coup d'État du 2 décembre. Le prestige glorieux attaché au nom de Napoléon n'en demeure pas moins un facteur important de la politique française pendant cinquante-cinq ans.

Un des moyens qu'employa le gouvernement de Louis-Philippe pour acquérir de la popularité fut d'instaurer le culte napoléonien par le transfert du corps de Napoléon de Sainte-Hélène aux Invalides. Et si l'on vit dans Napoléon III un restaurateur de l'ordre, il passa aussi pour un chef de guerre qui referait une épopée. Le neveu ne fut pas plus homme politique que l'oncle ; on ne saurait assigner à sa diplomatie un plan d'ensemble déterminé ; son règne ne consiste qu'en directions interrompues, en lignes brisées tout près de leur origine, malgré quoi l'opinion lui demeura fidèle jusqu'à sa dernière guerre qui fut une faillite épique ; on ne la lui pardonna pas.

C'était un danger européen évident que cet esprit guerrier sportif de la France ; non pas que l'opinion française voulût la guerre, mais elle était disposée à l'accepter facilement ; une politique étrangère imprudente ne l'effarouchait en rien. On a honni le souvenir d'Émile Ollivier pour le mot de « cœur léger » qu'il avait pourtant eu soin d'interpréter : « Oui, disait-il, d'un cœur léger ; et n'équivoquez pas sur cette parole, et ne croyez pas que je veuille dire avec joie ; je vous ai dit moi-même mon chagrin. Je veux dire d'un cœur que le remords n'alourdit pas, d'un cœur confiant. » Beaucoup plus que cet homme d'État, par ailleurs malencontreux [1], l'opinion accueillit la guerre

1. Libéral, il accepta le pouvoir dans des circonstances et sous un régime où il ne pouvait pas mettre ses responsabilités d'accord avec

d'un cœur léger, comme un duelliste éprouvé, vainqueur en quatre-vingt-dix-neuf rencontres sur cent, accueille une affaire d'honneur ; il dit qu'il en a vu bien d'autres, que cela ne tire pas à conséquence, que c'est, en somme, plutôt un plaisir que d'aller à une victoire certaine, d'augmenter une réputation bien acquise de bravoure, un vieil héritage de gloire. Notre poudre à canon n'était malheureusement pas sèche, mais notre amour de la gloire équivalait à un explosif toujours bien sec, celui-là, bien inflammable, et qui, par cette qualité ou ce défaut, rendait le maintien de la paix plus aléatoire.

Mais cet amour de la gloire, grâce à son caractère désintéressé, conservait de la noblesse au cœur léger de la France qu'alourdit terriblement le désastre de 1870 ; la nation cessa alors de concevoir la guerre comme un jeu. Tout ne fut pas perdu cependant de son passé guerrier : d'avoir tant appris par son histoire à se contenter de l'honneur comme butin, il lui resta l'habitude d'attacher du prix à ce qui manque de valeur vénale ; les principes, les idées, appartiennent à cette catégorie aussi bien que la gloire.

Aujourd'hui, cet esprit guerrier sportif et *national* n'existe plus du tout comme cause de guerre, la France seule, parmi les nations modernes, en ayant été possédée.

§ 3. — LE MILITARISME.

La guerre prit de bonne heure l'aspect d'un sport de luxe et réservé. Une caste exista presque partout qui fut la seule militaire en titre, ne faisant intervenir les autres

---

ses convictions. Simple manque de perspicacité peut-être, ce fut en tout cas une faute grave que l'habile et généreuse plaidoirie de M. Bergson n'a pas réussi à dissimuler.

hommes dans la guerre que comme auxiliaires subalternes, de même qu'à la chasse il y a le propriétaire et ses invités qui forment la catégorie dite des chasseurs, nom refusé aux rabatteurs, piqueurs, valets de chiens, dont le rôle dans les opérations n'en est pas moins important.

Cette caste naissait parfois directement de la conquête même. Quand un peuple envahisseur se fixait, le moyen immédiat qui s'offrait à lui pour maintenir sa domination consistait à rester armé parmi les vaincus désarmés. Il arrivait presque toujours qu'il eût à défendre sa possession contre des ennemis extérieurs; alors il faisait contribuer à sa défense la population sujette, mais en lui donnant un armement inférieur et en l'astreignant aux besognes les plus serviles telles que le transport, la propulsion des trirèmes... Une telle politique permettait seule de conjurer à la fois le péril intérieur et l'extérieur. C'est ainsi que les Spartiates, d'abord seuls guerriers, furent ensuite seuls *hoplites*, seuls munis de l'armement hellénique complet : casque, cuirasse, jambières d'airain, lourd bouclier ovale couvrant tout le corps des yeux aux genoux... tandis que leurs sujets, les Laconiens, étaient *peltastes*, fantassins légers. Les Spartiates, noblesse conquérante, constituaient, si l'on peut unir ces termes contradictoires, un corps de chevaliers à pied.

Mais, dans l'antiquité, l'épuisement des noblesses décimées par les combats, l'avènement des démocraties et des tyrannies, conduisirent très vite à effacer de telles distinctions, et l'on vit attribuer aux plus basses classes les emplois militaires jusque-là réservés aux aristocrates. Puis on entra dans la phase des mercenaires.

Quelques historiens romantiques et les théoriciens de la Race présentent la formation de la caste militaire et nobiliaire en Europe occidentale comme toute pareille à celle des Spartiates. En France, notamment, les conquérants germaniques, les Francs, auraient constitué la noblesse. Le cas fut beaucoup plus complexe : ce qu'il y a de certain, c'est que la plupart des Francs ne furent pas chacun la tige d'une famille noble et qu'il y eut beaucoup de familles de la noblesse des premiers temps de la féodalité qui ne descendaient pas des Francs. A l'origine, le chevalier fut tout simplement le soldat assez riche pour se procurer un cheval de guerre et l'armement correspondant, et, comme la richesse n'avait sa source que dans la propriété foncière, on voit comment notre caste féodale et la caste militaire des chevaliers n'en firent qu'une.

C'est à elle qu'échut la guerre en tant que sport, comme aussi la chasse. L'âpreté avec laquelle la noblesse en vint à se réserver la chasse est célèbre ; elle en eût mis tout autant à conserver le monopole de la guerre sans l'opposition du Roi et des Communes. Le noble cessa un jour de guerroyer avec des hommes à lui, tandis qu'il ne cessa pas de chasser avec un personnel dont il était le maître. Toutefois il garda le privilège du commandement ; les soldats soumis à ses ordres furent au Roi et non plus à lui, mais il avait de naissance l'aptitude à devenir officier dans l'armée royale, aptitude presque toujours refusée au roturier.

La caste militaire, qui était aussi la caste de la propriété territoriale, la noblesse, constituait une corporation fermée des « sportsmen » de la guerre, et, *entre eux*, la guerre pouvait conserver un aspect de sport, il pouvait exister *entre eux* certaines règles du jeu dont l'observation s'imposât.

Au moyen âge, tournois et combats se confondirent

d'abord très souvent. Celui qui n'obéissait pas aux règles du jeu était disqualifié ; on ne voulait plus jouer avec lui ; cela le privait. Une sanction existait aussi dans le fait que l'on avait coutume d'accorder grâce de la vie au vaincu contre une rançon ; peut-être punissait-on le trop mauvais joueur en le tuant tout de même après avoir reçu sa rançon. Surtout les chevaliers, puis les gentilshommes, étaient relativement peu nombreux ; il arrivait souvent qu'ils se connussent d'un camp à l'autre et se combattissent sans éprouver, les uns contre les autres, d'inimitiés d'aucun ordre, privé, national ou patriotique, de sorte que les reproches de forfaiture venant des ennemis ne manquaient pas d'efficacité.

Par là s'introduisit un code de l'honneur[1] qui n'était autre, en somme, que celui du jeu loyal, celui d'un sport ; mais il valait seulement entre « sportsmen », au sein de la caste qui avait le monopole du sport guerrier. Les autres hommes qui participaient aux opérations militaires de toutes sortes y figuraient à titre d'instruments, non de joueurs. On n'attendait d'eux, et on ne faisait profession d'éprouver envers eux, que les sentiments les plus généraux d'humanité ; cela se réduisait à peu de chose. Ils étaient en dehors de la corporation sportive et réputés ne rien avoir de l'esprit qui la distinguait ; ils n'étaient pas des gentilshommes ; on n'attachait à leur honneur aucune confiance, tandis que tout engagement appuyé sur une « parole de gentilhomme » inspirait une sécurité absolue ; il passait pour infiniment plus honteux et plus inouï de violer une telle parole que celle d'un roturier.

---

1. On ne doit pas s'exagérer son influence sur les mœurs. Un même seigneur, très chevaleresque dans un tournoi ou même une bataille ordinaire, pouvait très bien se conduire partout ailleurs en bandit.

Il y eut peut-être une guerre en dentelles, mais entre gens seulement qui portaient de la dentelle. Pour les autres, et de la part des autres, la guerre était la guerre sans épithètes.

C'est l'influence de la caste des gens d'épée qui constitue le militarisme. Suivant qu'elle a plus ou moins d'influence politique, il y a plus ou moins de militarisme.

Et aussi, par voie de conséquences, plus ou moins de dangers pour la paix. Cette caste, corporation des « sportsmen » de la guerre, aime la guerre pour la guerre ; la guerre constitue la seule pierre de touche des supériorités qu'elle s'attribue. Son honneur, son courage, son aptitude au commandement, par quoi elle affirme l'emporter sur les autres hommes, en tant que race supérieure, ces qualités soi-disant héréditaires, inscrites dans le « sang », demeurent à l'état théorique pendant une paix trop longue ; elle éprouve le désir de faire ses preuves. La guerre seule entretient son prestige, tandis que la paix augmente l'importance d'autres classes rivales. Elle pousse donc à la guerre.

§ 4. — Variétés et évolution du militarisme. Le militarisme prussien.

Le militarisme était théoriquement à son apogée pendant l'époque féodale, puisque la caste noble avait la pleine propriété du sport de la guerre, chaque noble faisant avec des hommes bien à lui la guerre qu'il voulait et quand il le voulait. Mais ce n'était pas un militarisme d'Etat, pour la bonne raison qu'il menaçait aussi bien l'Etat, en l'espèce le Roi ou l'Empereur, ou même les autres souverains secondaires comme ducs et comtes.

Le militarisme d'Etat, le seul qui nous intéresse aujourd'hui, commença seulement quand la noblesse fut tout entière dans la main du Roi ; elle eut alors une unité réelle vis-à-vis de l'étranger, elle constitua une force de l'Etat virtuellement opposée aux autres Etats.

L'ancien régime, bien qu'essentiellement militariste par le fait même de l'existence d'une noblesse d'épée, tempérait souvent beaucoup ce caractère. Il y avait la cour. Quand elle était brillante et animée, elle faisait diversion aux instincts belliqueux ; il arrivait même que les vrais hommes de guerre s'y trouvassent dépaysés et y fussent mal reçus comme trop rudes.

Ce fut un des effets les plus naturels et les plus immédiats de la Révolution française que d'enlever à la noblesse son monopole guerrier. Le sentiment qui animait alors la bourgeoisie et les rangs inférieurs de l'armée était d'autant plus vif que la guerre éclatait presque aussitôt. On disait aux nobles : — Nous avons, autant que vous, du courage, de l'honneur, de l'aptitude à commander. — Et les généraux de la Révolution et de l'Empire le prouvèrent. Il se produisit en France ce phénomène, inconnu ailleurs, de la diffusion dans toute la nation de l'esprit guerrier sportif. Un militarisme spécial régna ainsi chez nous jusqu'en 1870, militarisme populaire, d'opinion.

Notre militarisme, comme celui de plusieurs autres peuples, ne consiste plus qu'en l'existence d'une caste professionnelle et viagère, non héréditaire, celle des officiers. Ils aiment la guerre naturellement : eur demander de la haïr n'a aucun sens ; autant leur prêcher le mépris de leur métier, singulière méthode pour les encourager à l'exercer avec conscience, comme cela est absolument nécessaire dans l'organisation actuelle de nos forces militaires. Ce militarisme présente des dangers éventuels pour la paix quand

SAGERET.

un général jouit d'une influence politique analogue à celle de Boulanger, par exemple. Les officiers se recrutant surtout parmi les classes mécontentes du régime, on peut craindre qu'ils ne soient trop fortement tentés de favoriser l'effervescence d'une opposition nationaliste et chauvine. Mais le gouvernement possède de plus en plus les moyens préventifs contre de tels accidents, et il en a employé dont il eût pu, sans inconvénients, mieux soigner l'élégance morale. Somme toute, ce militarisme-là, le militarisme bourgeois, comme on pourrait l'appeler d'après la terminologie socialiste, ne constitue par lui-même qu'un risque de guerre médiocre, du moins sous un régime démocratique imbu de la supériorité du pouvoir civil.

Tant que subsiste une organisation défensive, le minimun du militarisme est réalisé par la suppression de la caste professionnelle elle-même : il n'y a plus que des officiers de réserve qui, en dehors des périodes d'instruction, sont ingénieurs, notaires, commerçants, professeurs ; c'est le système que la Grande Guerre, a mis à l'épreuve dans l'Empire britannique, surtout chez les Dominions, et aussi aux États-Unis.

En Grande-Bretagne toutefois, il y avait un militarisme qui conservait, jusqu'à ces derniers temps, un caractère aristocratique d'ancien régime, mais il n'était que colonial. L'amour de la guerre, propre à l'officier gentilhomme sportif, se trouvait localisé presque exclusivement dans l'armée des Indes ; c'était en Asie seulement qu'il pouvait avoir une répercussion politique importante. Au point de vue des affaires générales, l'État britannique était depuis longtemps essentiellement civil, soustrait aux influences militaires ; l'armée n'excitait dans le public que très peu d'intérêt.

Qu'on n'objecte pas, au passif des Anglais, le « militarisme naval ». Quand on est maître de la mer, il faut toujours, en fin de compte, débarquer des troupes sur un rivage, puis « déboucher »; de sorte que ce militarisme reste inopérant s'il ne se double d'un militarisme terrestre; et celui-ci, dans la Grande-Bretagne d'aujourd'hui, se réduit au militarisme « indien ». (Il y a lieu de distinguer impérialisme et militarisme).

Et cependant, c'était ce militarisme britannique que dénonçait la presse allemande, prétendant rendre le militarisme prussien tout à fait anodin par contraste.

Or, l'idée la plus juste de l'opinion de l'Entente a été celle qui présentait le militarisme prussien comme le plus grave obstacle au règne d'une paix stable, d'une paix, du moins, qui eût pour base un accord libre entre les nations et non l'hégémonie de l'une d'elles.

On ne parle pas de militarisme allemand, et à juste titre : cela n'en vaut pas la peine, car il se confond avec le militarisme prussien dont il n'est qu'un agrandissement. L'Allemagne a été prussianisée, on sait comment : par la force exercée contre elle par la Prusse en 1866, exercée avec la Prusse contre nous en 1870. Ce qu'il y a donc eu de plus prussianisé dans l'Empire germanique, c'est la force militaire; tout s'est passé comme si l'armée prussienne de 1866 avait englobé, depuis cette époque, à titre de soldats prussiens, tous les Allemands.

Et l'armée prussienne est encore entre les mains d'une caste héréditaire. Les privilèges dont la noblesse prussienne bénéficiait devant la loi civile eurent beau être supprimés en 1806, ils subsistèrent dans l'armée, et cela grâce à un subterfuge très simple : les officiers se recrutent par cooptation parmi les candidats pourvus des brevets des académies militaires; qui n'est pas agréé par eux ne peut être leur camarade, et ils n'agréent que les gens de leur caste. Leurs rangs ne se sont ouverts qu'assez récemment aux fils des ploutocrates industriels qui, bien entendu, ne font que renchérir sur le ton aristocratique de la corporation.

Les Junkers prussiens constituent donc une noblesse d'épée tout à fait analogue à celle de notre ancien régime. Mais nos nobles, qui subissaient l'influence d'une cour brillante, avaient quelque chose d'aimable, de galant, de léger, de policé, d'élégant, dont les Junkers demeurèrent tout à fait dépourvus. La cour de Prusse fut très peu un salon. De sorte qu'il n'y eut rien pour atténuer la rudesse des nobles prussiens. C'étaient des hobereaux campagnards particulièrement sombres et habitués à la dureté du fait qu'ils avaient souvent pour tenanciers des gens d'autre race et par conséquent méprisés.

La caste militaire prussienne jouit d'une grande influence politique. Elle est l'appui le plus immédiat et le plus sûr de son Roi Empereur à une époque où les monarchies autoritaires ont tant besoin de se garder contre la menace démocratique. Elle domine une des Chambres prussiennes et constitue dans l'autre un pouvoir important. Par le cabinet militaire, par les relations personnelles en haut lieu, elle décide parfois la volonté de l'Empereur; maîtresse avec cela de l'armée la plus formidable que l'histoire ait connue, elle règne sur l'Allemagne.

Parlant, dans ses souvenirs, des gens responsables des actes qui amenèrent l'intervention des Etats-Unis, M. Gérard, ambassadeur en Allemagne de la grande république américaine, s'exprime ainsi : « Ce n'est pas le ministère des affaires étrangères dont les membres ont voyagé et connaissent la puissance latente des Etats-Unis. Ce ne fut pas le chancelier qui, notoirement, s'y opposait, ni le Reichstag, ni les princes allemands. Le Kaiser, personnellement, était, je crois, opposé à tout ce qui aurait pu provoquer une rupture avec les Etats-Unis. La seule force qui, en Allemagne, décide en fin de compte de toute grande question, c'est le grand état-major général ».

Il s'ensuit que le militarisme prussien ou le régime autoritaire allemand se confondent. Aussi toutes ces expressions, refus de M. Wilson (dans un de ses discours) de traiter avec les Hohenzollern, démocratisation de l'Allemagne, écrasement du militarisme prussien, sont-elles synonymes; elles signifient toutes, avec plus ou moins de bonheur, qu'il n'y aura pas de paix stable tant que durera chez les Allemands le régime politique encore vivace pendant les quatre premières années de la Grande Guerre.

CHAPITRE VI

Nationalisme. — Impérialisme.

§ 1. — Leur différence : esprit de conservation, esprit d'expansion.

En pratique, on confond très souvent le nationalisme et l'impérialisme ; on les confond toujours quand il s'agit de la politique des grands pays dûment constitués : le parti nationaliste y est en même temps le parti impérialiste, ou vice versa. Telle est la définition formulée par le langage courant d'après des faits dont la cause est toute naturelle ; définition toutefois contraire à la logique, car des notions distinctes correspondent respectivement à ces deux mots d' « impérialisme » et de « nationalisme » ; il convient d'abord de s'en rendre compte.

Toute personnalité tend à persévérer dans l'être ; or l'être d'une personnalité réside avant tout dans les différences qui la séparent des autres personnalités. D'un individu qui « ressemble à tout le monde », on dit qu' « il n'a pas de personnalité ». Plus ou moins, chaque homme réagit contre ce qui tend à le diminuer, contre l'outrage, contre les volontés qui heurtent la sienne, contre l'expression des sentiments et des idées dont il se sent choqué, contre tout ce qui tend à altérer ce qu'il considère comme essentiel à lui-même. Il dresse, autour de son domaine intérieur, une barrière plus ou moins solide qui le délimite ; c'est une différence entre lui et le non-lui. Attitude purement défensive, et qu'on pourrait appeler le nationalisme individuel.

Elle ne saurait subsister seule. S'il y avait autour de chaque personne une muraille de Chine infranchissable, il n'y aurait pas de société. Aussi faut-il à toute force s'accommoder d'un impérialisme individuel. Aucune personnalité n'est exempte d'une certaine activité expansive. Les grands désirs et, par conséquent, les grands moteurs de l'humanité se résument en une propension à conquérir, à rayonner : on veut le pouvoir, la richesse, la gloire, les honneurs ; on veut paraître, briller, être admiré, être craint, être distingué, être obéi, plaire. Si indépendant que l'on se prétende, on ne se résigne jamais tout à fait à n'occuper absolument personne de soi. Il faut qu'on tienne une place dans l'esprit de quelqu'un. L'idée même d'être tout à fait oubliés après leur mort est insupportable à la plupart des vivants.

Le grand problème social consiste à trouver un tempérament entre ces deux nécessités contradictoires : l'impérialisme et le nationalisme individuels, la conquête et la résistance à la conquête. Il y a une solution, en principe bien simple : n'admettre aucune conquête par la force, la fraude, la ruse, le mensonge. L'application en est souvent difficile.

Un parallélisme approximatif existe à cet égard entre les personnalités collectives et les individuelles, à cela près que la distinction entre le nationalisme et l'impérialisme se marque mieux chez les premières. Un homme ne peut absolument pas se suffire à lui-même, parce qu'il est un produit de l'humanité ambiante, sans laquelle il aurait manqué de la pensée et ne mériterait donc pas le nom d'homme. On conçoit au contraire très bien qu'un pays supprime tout rapport, aussi bien du dehors au dedans que du dedans au dehors, entre lui et l'étranger.

Son territoire, si ce n'est un espace trop aride, assurera toujours la subsistance d'une population, et cela sans aucun échange avec l'extérieur, pourvu qu'elle s'en tienne à une phase déterminée de civilisation économique. Ce serait le nationalisme pur, intégral, dans le sens strict du mot. Le Japon en a été un exemple pendant les xvii° et xviii° siècles et le commencement du xix°. Il a vécu tout ce temps sur lui-même. Rien d'absurde logiquement à imaginer un monde constitué ainsi : l'humanité apparaît sur la surface de la terre en un certain nombre de régions qui restent impénétrables les unes aux autres et où se développent indéfiniment des civilisations autochtones ; chaque pays s'entoure de sa muraille de Chine ; interdiction de la franchir soit à l'entrée, soit à la sortie; pas de contacts, pas de disputes, pas de guerre : la paix règne, quitte pour chacun à se garder chez soi de la guerre civile.

Vue théorique dont on ne peut rien dire, faute de données suffisantes. En fait, on ne connaît pas de pays dont la civilisation ne se soit arrêtée dès qu'elle a voulu se nationaliser rigoureusement. Le Japon dut la sienne à la Chine dont on connaît des emprunts importants à la Chaldée par le véhicule des Perses, à la Grèce, à l'Inde ; l'Inde est redevable aussi à la Chaldée et à la Grèce, la Grèce à l'Egypte et à la Chaldée, et la Grèce enfin fut une condition nécessaire de la science moderne ; Rome et les Arabes servirent d'agents transmetteurs de la Grèce.

Notre civilisation actuelle est le résultat d'une collaboration, à travers le temps et l'espace, de beaucoup de peuples. Il en est issu des besoins économiques tels qu'aucun État ne peut plus vivre normalement sans d'autres États.

Toute collectivité ayant conscience de son être tend à l'expansion, et c'est grâce à cette tendance que l'humanité a progressé. Donc les impérialismes sont aussi indispensables dans notre humanité que dans une société.

On l'a fait remarquer très justement : la société des États existe toujours en temps de paix, puisqu'en fait les États ont alors entre eux des rapports nombreux, complexes, nécessaires, mais c'est une société anarchique. Tandis qu'au sein des États des mesures efficaces répriment, jusqu'à un certain point, les actions brutales et frauduleuses des impérialismes individuels, aucune garantie semblable n'existe contre les excès des impérialismes collectifs.

§ 2. — Comment se rejoignent le nationalisme et l'impérialisme : l'égoïsme national.

D'après la logique du « nationalisme individuel », le pur égoïste devrait pratiquer l'indifférence la plus complète pour le jugement d'autrui : comment ne s'en tient-il pas à la louange du seul être auquel il attribue une valeur, à la louange intime de lui-même par lui-même ? Or, en fait, les gens les plus entichés de leur personne ont un besoin maladif de publicité ; ils mourraient d'impérialisme rentré s'ils ne conquéraient au dehors une place importante dans l'esprit des hommes : crainte ou admiration. Par contre, ils repoussent toute supériorité manifestée au détriment de la leur. Ainsi fusionnent, dans l'égoïsme, l'impérialisme et le nationalisme individuels : impérialisme dans l'action sur les autres, nationalisme dans l'action des autres sur soi, c'est cela qui fait l'égoïsme tel qu'on le définit en pratique.

De même l'impérialisme et le nationalisme collectifs se rejoignent dans l'égoïsme national.

C'est l'égoïsme national qui constitue le nationalisme entendu dans le sens ordinaire, c'est-à-dire comme doctrine des partis nationalistes. Un individu est toujours égoïste, mais plus ou moins; l'opinion d'un pays est, de même, plus ou moins nationaliste; des nuances infinies existent là comme en toute question de sentiment: on est toujours le nationaliste de quelqu'un.

L'égoïsme national se rachète en ce qu'il comporte beaucoup de beauté morale chez les individus : un homme peut faire preuve de la plus sublime abnégation, sacrifier ses biens, ses affections, son honneur et sa vie, au service d'un pays que conduit la politique la plus froidement cynique ; l'égoïsme individuel supprime, par définition, tout dévouement.

Treitschke, à la suite de Hegel et de Fichte, définit l'État comme un Absolu ; en cela se résume toute doctrine nationaliste, laquelle se fonde nécessairement sur l'égoïsme national.

Egoïsme, culte du Moi. Or le Moi est l'origine et le modèle de tous les Absolus: connaissance absolue, connaissance pareille à celle de Moi par Moi, certitude absolue, certitude pareille à celle que Moi a de son existence... On tirerait de la métaphysique, avec la plus grande facilité, la thèse du Moi seul Absolu, d'où dériverait la morale de l'égoïsme individuel le plus complet, c'est-à-dire la suppression de la morale : conséquence fâcheuse ! Aussi a-t-on transporté l'Absolu en dehors des Moi individuels, dans un autre grand Moi, l'État, et à celui-là on applique la doctrine de l'égoïsme. On le considère comme un individu qui dirait : — Rien n'existe que par mes sensations ; je suis l'être unique au monde ; les objets dits extérieurs, n'étant que des phénomènes de mon propre cerveau, il n'y a donc, pas plus d'eux à moi que de moi à eux, ni droits ni devoirs. —

La théorie de l'Etat Absolu supprime toute moralité internationale; elle constate qu'un Etat, quand il est le plus fort, viole impunément les traités qui ont cessé de lui plaire. Alors, autant être le plus fort soi-même, et en profiter pour commettre de lucratives injustices, en quoi on ne fait que prévenir les injustices d'autrui. Posséder la force est donc le premier but de l'Etat qui l'atteint proportionnellement à la moralité de ses sujets, moralité entendue dans le sens du sacrifice le plus total des intérêts particuliers à celui de l'Etat, et cela implique toutes les vertus privées. Il faudra, en somme, que l'individu suive une règle de conduite tout à fait inverse de celle de l'Etat qui, lui, ne connaîtra que son intérêt, la raison d'Etat.

La contradiction impliquée là rend la doctrine nationaliste intégrale insoutenable publiquement. Un Etat est toujours obligé de professer des vertus identiques à celles des particuliers ; il raffine sur ces vertus : il a, plus que quiconque, des scrupules d'honneur et de loyauté, d'humanité, nul n'a moins de convoitise pour le bien d'autrui, nul ne s'en tient plus strictement à la défense de ses « intérêts vitaux ». Comme tous les Etats disent cela ensemble, il faut bien que quelques-uns mentent ; leurs sujets s'en aperçoivent quelquefois, et c'est alors que l'on a une pierre de touche du nationalisme comme doctrine de parti ; le moins nationaliste dira : — nous avons menti ; — le plus nationaliste répondra : — si vous dénoncez ce mensonge, c'est que vous êtes un imbécile ou un traître ; vous n'avez le droit de parler que pour prouver que nous avons dit la vérité. — Le parti nationaliste est le parti de la raison d'Etat, ou, si l'on veut, de l'égoïsme national, ce qui revient au même depuis que l'Etat ne se confond plus avec le monarque.

Mais puisqu'un Etat, une Nation, sont nécessairement plus ou moins égoïstes, comme tout être qui veut persévérer dans l'être, on en revient à la relativité déjà mentionnée du nationalisme ; le parti nationaliste comprendra donc, non point tous les nationalistes, mais les plus nationalistes d'un pays.

§ 3. — L'impérialisme monarchique.

L'égoïsme national a pour ancêtre un égoïsme parfaitement individuel, très simple, très primitif, celui des rois. On dit encore « heureux comme un roi », parce que le roi des vieilles légendes était un personnage pourvu surabondamment de toutes les joies terrestres : bon vin, bonne chère, beaux habits, belles dames, belle musique.., gloire resplendissante, volontés et caprices toujours obéis. Or cet idéal était bien celui des souverains archaïques ou barbares ; nos rois mérovingiens, les rois anglo-saxons, les premiers grands féodaux étaient des gens dont tout l'effort avait pour but de les faire « heureux comme des rois » au sens populaire du mot ; ils cherchaient, dans la conquête, de l'or pour leurs coffres et des *villæ* de rapport, afin de s'assurer par leurs richesses d'amples ripailles et débauches et toutes sortes de divertissements et de magnificences. Ils exigeaient de la moralité à leur égard et n'en avait aucune à l'égard des autres ; ils supprimaient tout ce qui les gênait : frères, femmes, père, grand-père, parents, amis ; ils ne reculaient pas toujours devant le meurtre de leurs propres enfants.

Les souverains de jadis furent dieux ou investis d'une délégation divine. Il en résultait l'égoïsme absolu; un dieu ne serait pas dieu s'il ne considérait son bon plaisir comme l'expression même de la Loi; quand il a affaire à d'autres souverains, dieux comme lui, ce sont de faux dieux ou des génies du mal. On a essayé, avec le christianisme, de tranquilliser le public sur le compte des monarques de droit divin, véritables divinités terrestres, puisqu'ils tiennent du Dieu unique un pouvoir auquel la religion défend de toucher; leur conscience, dit-on, garantit le règne de la justice: elle se sent responsable devant l'Etre qui incarnela Justice même. Mais qui nous protègera contre les bonnes intentions? Le plus honnête des rois sera constamment obligé de choisir entre deux maux : c'est là toute la politique; Dieu ne l'enverra pas en enfer pour avoir fait un mauvais choix — il n'y aurait plus personne en paradis s'il fallait tenir autant de rigueur à l'insuccès qu'à l'iniquité, — et ce sera toujours le peuple qui souffrira. En pratique donc, divinité ou absolutisme de droit divin se confondent. — Je suis Dieu, — ou — Je suis responsable devant Dieu seul, — ces deux affirmations excluent également tout recours contre la volonté souveraine. Celle-ci reste seule, isolée comme un Moi absolu pour lequel il n'existe que ses sensations.

Il faut se garder toutefois d'exagérer. L'évolution des mœurs exerça son action, et il n'est pas douteux qu'elle n'ait amené une différence du tout au tout entre les derniers Bourbons et leurs lointains prédécesseurs, les chefs Francs, rien de moins que celle qu'il y a entre un « honnête homme » des xviie et xviiie siècles et un Barbare. L'égoïsme des plus récents autocrates civilisés fut aussi complet que celui de leurs lointains prédécesseurs, mais il aspira à des biens d'une qualité supérieure, et il regarda davantage aux moyens de les obtenir; il fut moins prodigue d'assassinats politiques et moins cynique dans leur emploi; le crime d'Etat se cachait; hypocrisie dira-t-on: progrès insuffisant plutôt, mais progrès; toute amélioration morale en est là: quand un mal a été dans les mœurs, il ne meurt pas tout à coup, il cherche à vivre en cachette, sous la honte; c'est une phase de transition inévitable et qui vaut tout de même mieux que la première.

Surtout, les rois d'Ancien Régime parvinrent à une notion plus haute de leur mission. Le souverain absolu de type archaïque pensait à son Moi tout court, tandis qu'un Louis XIV dira : — L'Etat c'est moi. — Son Moi demeure bien absolu, mais il conçoit une entité qu'il incarne et qui, cependant, mérite un nom différent de celui du Roi. Se donner comme incarnation de l'Etat, c'était un acheminement vers la condition du Roi moderne qui ne fait plus que *représenter* l'Etat.

Jusqu'à l'avènement de la Nation, l'impérialisme monarchique n'en a pas moins gardé la forme personnelle; le Roi disait : *ma* gloire, *mon* trésor, *mes* peuples, *mes* possessions (territoriales). Ces expressions, quand elles subsistent aujourd'hui, ne sont que protocolaires; elles furent, sous l'Ancien Régime, strictement vraies. Elles répondaient à celles d'un propriétaire vivant en régime anarchique et que rien ne limite dans ses ambitions; il s'agrandira tant qu'il pourra et opposera une résistance acharnée à toutes les prétentions d'autres propriétaires sur ce qui est tombé d'une manière ou de l'autre entre ses mains: impérialisme et nationalisme individuels absolus.

Entendons bien que cet égoïsme s'ennoblira. Ce propriétaire n'aura pas pour but, en s'enrichissant, de se procurer les seules joies matérielles; poussé par une passion commune à presque tous les hommes, il donnera de la publicité à sa fortune, ce qui l'obligera à en faire bénéficier les autres : des largesses, de l'ostentation, des bijoux aux maîtresses, des fêtes... Il se civilisera, il favorisera l'art. S'il a un idéal moral auquel les mœurs de son temps attribuent du prestige, il ne le laissera pas sous le boisseau. Peut-être même n'aura-t-on rien à reprendre au désintéressement de sa conduite privée. Mais, entre lui et les propriétaires voisins, pas de justice ! ce serait dangereux. Puisque ces puissants sont en anarchie, puisqu'il n'y a pas de tribunal qui les domine, tout scrupule montré par l'un d'entre eux favorisera le manque de scrupules chez les autres ; outre leur bien mal acquis, les autres bénéficieraient des restitutions ; c'est donc les tenter doublement que de faire, en leur faveur, des sacrifices à l'équité.

A quoi revient donc l'égoïsme monarchique caractérisé par celui du propriétaire pris comme exemple ? Bien qu'il se concilie avec toutes les plus hautes qualités du cœur et de l'esprit, il est, en ce qui concerne les autres souverains, une vue unilatérale du Droit, un subjectivisme. A cause de l'état anarchique de la société des souverainetés, le meilleur Roi d'ancien régime était condamné fatalement à l'Absolu : il n'y avait, par la force des choses, de Justice que dans ce qu'il jugeait des autres, d'Injustice que dans les actions des autres envers lui, de Droit que dans ses droits ; lui seul avait des Intérêts vitaux et un Honneur.

§ 4. — Évolution de l'égoïsme d'état.

Il faut en revenir à la parole de Louis XIV : — l'État, c'est Moi. — On a enlevé Moi, il reste l'État. Et l'État a conservé la même vue unilatérale des choses, le même subjectivisme. Un État a une parole d'honneur, les autres n'en ont pas. En voici un exemple que l'on peut tirer des révélations faites par M. Stephen Pichon, le 1er mars 1918, sur la démarche de l'ambassadeur d'Allemagne auprès de M. Viviani : la guerre venait d'être déclarée à la Russie; quelle attitude allait observer la France? M. Viviani répondit : — Elle fera ce que lui commandent ses intérêts.

Or, l'ambassadeur avait pour mission de réclamer, en cas de neutralité française, l'occupation, par des troupes germaniques, de Toul et de Verdun. C'était donc que l'Allemagne considérait comme sans valeur un engagement de l'État français. En revanche, elle promettait de nous restituer nos places fortes après la guerre, et elle exigeait que sa promesse représentât pour nous une sécurité absolue : l'État allemand proclamait ainsi avoir une parole d'honneur et que l'État français n'en avait pas.

La réciproque n'était pas moins vraie. En admettant que le dialogue eût pu s'engager et se poursuivre, on imagine très bien M. Viviani demandant des garanties pour protéger la France, une fois les Russes liquidés, contre l'agression de l'Allemagne, éventualité fort vraisemblable ; c'était dire que la parole d'honneur de l'État allemand ne valait rien.

Toute la Grande Guerre démontre combien est irréductible ce subjectivisme des États.

Je ne dis pas cela pour demander aux consciences indépendantes de les juger comme des êtres également fous furieux et dont il faut à tout prix arrêter le jeu sanglant. Un tel jugement conduirait à la paix dite de conciliation. Au contraire, je veux insister sur l'impossibilité de toute conciliation. Soyons « objectifs », reconnaissons que l'État ennemi a une Justice, un Droit, un Honneur, et que tout se passe comme s'il était seul à en avoir, parce que ceux qu'il a sont incompatibles avec les nôtres.

Voilà des choses sur lesquelles toute transaction n'est que fictive : on n'en trafique pas plus que son Moi. — Cédez un peu de votre âme, je vous donnerai autant de la mienne, — un tel marché n'a aucun sens, quand bien même il serait conclu sans intention frauduleuse. On se tromperait sur soi tout le premier, on aurait oublié des idéals endormis par la lassitude. Ils se réveilleraient à la première secousse.

La Paix ne se réalisera que si l'un des Moi en conflit change véritablement, non en apparence; jusque-là, une paix ne servira qu'à faire sécher la poudre pour la prochaine guerre.

Toute la question revient donc à savoir si ce subjectivisme des États, cette manière unilatérale de voir les choses, est sujette au changement, et auquel.

Or, une évolution considérable s'est produite à cet égard et se poursuit encore.

Du jour où l'État a cessé de s'incarner en un monarque, il est devenu impersonnel. Tout un côté de la politique en a été supprimé. Le roi d'Ancien Régime, agissant en propriétaire qui veut maintenir ses domaines intacts et les agrandir, pratiquait une diplomatie matrimoniale. Il épousait et faisait épouser à ses fils des princesses royales afin de se créer des droits sur des héritages éventuels. A force de telles unions, un Roi était le parent de tous les autres; dès qu'une lignée de souverains s'éteignait quelque part, il avait des titres à réclamer leur succession, ce qu'il ne manquait pas de faire les armes à la main s'il pensait avoir des chances de réussir. Le plus grand nombre des guerres de l'Ancien Régime sont des guerres de succession : celle de Cent Ans d'abord, puis les guerres de succession d'Espagne, d'Autriche, de Bavière, et beaucoup d'autres. Ces guerres sont, on peut le dire, complètement écartées.

Les monarques cherchaient aussi des trônes à leurs enfants, souverainetés indépendantes, propriétés qui ne grossissaient pas le patrimoine héréditaire. Ils comptaient sur l'esprit de famille pour que les dynasties ainsi instaurées leur procurassent des alliances perpétuelles. Ce fut en général un mauvais calcul : le propriétaire trahissait sa parenté lorsqu'il estimait la fidélité dangereuse pour la conservation de son domaine. Aujourd'hui enfin, le monarque, représentant l'État et ne l'incarnant plus, fait passer les intérêts de cet État avant les inspirations sentimentales qu'il puise dans les liens du sang, de sorte que la politique dynastique a perdu une bonne partie de son importance. Elle subsiste cependant en Allemagne et en Autriche-Hongrie : que l'on s'en réfère à tous les projets attribuant à des princes allemands ou archiducs autrichiens les couronnes des États baltiques et de la Pologne.

Mais la principale modification du subjectivisme des États vient de l'opinion. Plus un État est démocratique, plus l'opinion y a d'importance, plus elle se divise, et, par conséquent, plus elle limite le subjectivisme de l'État. Un État cesse d'avoir une vue unilatérale des choses tant que des fractions de l'opinion, assez fortes pour être ménagées, ont des vues différentes des choses.

C'est pour cela, et non pas seulement à cause d'un idéal spécifique, que le régime démocratique représente une garantie de paix et de justice. Il rend toute grave décision difficile, et par dessus tout celle qui mène à la guerre : un chef de gouvernement craindrait trop de se lancer dans une pareille aventure contre le gré d'une partie importante de la population; et quand l'opinion est divisée, celle qui n'accepte la guerre qu'à la dernière extrémité ne manque jamais de force; de son bon vouloir dépend le bon rendement de la mobilisation, élément capital. Quand des gens ont des idées aussi différentes du Droit, de la Justice, de la Patrie, ont des moteurs d'enthousiasme aussi différents que nos nationalistes et nos socialistes, il faut bien, pour les réunir, une conception de ces grandes entités qui soit générale, humaine, indépendante de vues particulières. Dans la réalisation de cette unanimité au début de la Grande Guerre réside une preuve morale éclatante de la légitimité de notre cause.

Que l'opinion allemande ait été aussi unanime, c'est une objection sans valeur : l'opinion allemande est encore dans les limbes, habituée et contrainte à l'obéissance : avant 1914 déjà, les socialistes et syndicalistes germaniques déclaraient qu'ils ne pourraient pas employer les grèves à prévenir la guerre, et ils se sont employés, au contraire, ensuite à prévenir les grèves pour intensifier la guerre.

Entre les partis « bourgeois » et les partis « ouvriers », il n'y eut pas, pendant la paix, une divergence assez sensible pour empêcher l'unilatéralité de vues de l'État allemand; ces partis ne possédaient qu'un moyen de se faire craindre du gouvernement : le refus de voter le budget, et ils n'en usèrent jamais. Bethmann-Hollweg, le chancelier le plus libéral qu'il y eut jamais en Allemagne, méprisa donc avec un plein succès les expressions de leur mécontentement.

§ 5. — Sentiments et intérêts nationaux.

De ce que l'État est devenu impersonnel sont résultées aussi des métamorphoses importantes dans ce qu'on peut appeler ses sentiments et ses intérêts. D'abord sentiments et intérêts ont changé de sens; l'expression « intérêts de l'État » est prise plus particulièrement pour désigner ces intérêts par opposition avec ceux des particuliers, et non avec ceux des autres États, tandis que les intérêts du Roi étaient compris aussi comme sujets à différer de ceux des autres Rois. Il y avait des sentiments du Roi; on ne parle guère des sentiments de l'État. Vis-à-vis de l'étranger, nous invoquons maintenant les sentiments et les intérêts nationaux.

Ils tendent, pour les États modernes, à avoir leur siège dans cette âme collective qu'est l'opinion; ils participent du caractère de cette âme : plus d'intermittence, de soubresauts, plus de violence aussi, que chez l'individu, et, entre autres, que chez le Roi. Comparez-les à âge égal, c'est-à-dire chez un souverain « primitif », barbare, comme nos Mérovingiens, et chez une opinion récemment née comme celle de la Russie, c'est dans l'opinion que vous trouverez le plus d'incohérence, d'obscurité, de brutalité, de caractère primitif.

Il tombe d'ailleurs sous le sens que les sentiments d'une âme collective telle que l'opinion sont incomparablement plus complexes, plus difficiles à prévoir et à comprendre, que ceux d'un individu. En raison de la division de l'opinion, un sentiment ne peut être vraiment national que s'il réunit une suffisante unanimité; cela n'arrivera que dans quelques cas relativement simples, mais alors la réaction produite aura l'intensité extraordinaire de tous les mouvements qui agitent l'âme collective.

Celui de ces sentiments dont le réflexe a le plus de régularité est celui de l'honneur. Telles paroles prononcées officiellement à l'adresse d'une nation ont un effet aussi immanquable que le coup de manette du mécanicien sur une locomotive en pression ; on le sait si bien qu'elles seront tenues par tous les gens de bonne foi comme une certitude de guerre et l'équivalent absolu d'une agression de la part de leurs auteurs. Admettons que, le 31 juillet 1914, M. de Schœn, ambassadeur d'Allemagne, eût notifié de prime abord les exigences de son gouvernement en cas de neutralité de la France — occupation de Toul et de Verdun —, c'était le refus assuré, donc la guerre. L'Allemagne ne prévoyait certainement pas une autre issue. Les instructions reçues par M. de Schœn impliquaient donc cette déclaration : que la France veuille rester neutre ou non, elle aura la guerre.

En de pareilles circonstances, l'honneur national est compris par tout le monde, et même par ses négateurs, d'une manière identique, sans aucune hésitation ; il agit en obstacle absolu ; à cause de lui, il y a des choses qu'on *ne peut pas faire*. Compris comme résistance à ce qui serait une diminution matérielle ou morale de la personnalité collective, il mérite le culte universel qu'on lui voue, car il représente la force antagoniste de l'oppression. Si la servitude disparaît un jour, on l'aura dû à deux éléments, à l'honneur national d'abord qui refuse toute soumission, et ensuite au renoncement des Etats à l'impérialisme de la force. Mais cette seconde condition est encore difficile à réaliser, malgré sa simplicité théorique.

A part l'honneur national unanime, les sentiments nationaux se manifestent par vagues sous le souffle des événements. L'allure la plus générale de cette houle, c'est la croissance et la diminution alternatives de l'égoïsme national et les conséquences qu'elles ont dans le jeu de balançoire des partis politiques.

Les intérêts nationaux varient un peu comme les sentiments nationaux, car on n'a d'intérêts que ceux que l'on s'attribue soi-même, et on se les attribue pour des raisons tirées de l'ordre affectif.

Même en matière économique, où pourtant il semblerait qu'on n'eût affaire qu'à des chiffres sans âme, la psychologie intervient pour une grande part dans les affaires que les particuliers traitent entre eux; certains préfèrent un gain médiocre et beaucoup de sécurité à des coups magnifiques où il y a du risque; des industriels vivotant à peine refuseront la fortune qu'il faudrait acquérir au prix d'un changement d'habitudes; on sera plus ou moins sensible à des questions d'amour-propre — qui, pourtant, n'altèrent en rien la nature des contrats que l'on négocie, — plus ou moins capable de platitudes pour enlever une commande. Des gens, comme c'est le cas pour les *rois* américains, continuent à travailler sans répit, perdant ainsi les moyens de jouir d'une fortune qu'il serait d'ailleurs impossible de dépenser en plaisirs personnels. Qu'est-ce alors que leur intérêt? ils veulent réussir dans ce qu'ils entreprennent, pour le plaisir de réussir, car l'argent ne peut plus être à leurs yeux que le signe et la mesure du succès : amour des réalisations, de la gloire conférée par la « royauté » qu'ils maintiennent et grandissent. Mais s'ils se retiraient des affaires après la réalisation de gains énormes, ils n'agiraient pas contrairement à leur intérêt, ils le verraient sous un autre angle, guidés par d'autres sentiments qui pourraient d'ailleurs être idéaux et désintéressés.

A plus forte raison, chez des nations, l'intérêt ne se

définit-il pas en soi et dépend-il de sentiments. Suivant qu'elles auront plus ou moins d'appétit de grandeur, elles se découvriront plus ou moins d'intérêts, même « vitaux », à travers le monde, elles trouveront plus ou moins nécessaire de « dire leur mot » quand des changements politiques se produiront sur la surface du globe. Quand prédominera en elles le souci de la sécurité, elles jugeront que leur intérêt est d'éviter les complications, les points de friction. L'Angleterre se sentit intéressée au libre échange, au *free trade*, pendant la période où son industrie et son commerce étaient sans rivaux; la concurrence de l'Allemagne fit naître chez elle le parti du *fair trade*, du commerce équitable, qui veut des tarifs préférentiels entre la métropole et les Dominions, et en général des traités de réciprocité. Les sentiments socialistes poussent chez nous au libre échange et les nationalistes au protectionnisme. On préfère souvent une organisation coloniale qui assure la première place au commerce métropolitain, alors qu'une autre organisation lui vaudrait un chiffre d'affaires plus important, mais avec la troisième ou quatrième place seulement...; c'est le sentiment de primauté qui décide.

Aussi rien n'est-il plus embrouillé et plus variable que les intérêts nationaux : ils sont matière d'opinion, et la vie économique moderne, avec tous les besoins et tous les désirs antagonistes qu'elle fait naître, les complique encore. Quelle différence avec les intérêts du vieil Etat monarchique! Le Roi disait : — Les intérêts de mon trésor —, et cela impliquait tout; on en pouvait juger comme d'une richesse individuelle, d'une caisse privée que son propriétaire cherche à remplir.

§ 6. — L'impérialisme de race ou colonial.

En dehors des impérialismes nettement illégitimes suivant le sens de justice commun à tous les hommes, il y en a que l'extension de la civilisation impose ; le progrès de l'activité humaine, reconnue même comme la plus bienfaisante, les rend inévitables. Mais les frontières de leurs droits sont impossibles à délimiter rigoureusement si l'on veut unir le sens du Droit à celui des réalités.

Certaines gens croient résoudre sur ce point toutes les questions litigieuses par le droit des peuples à disposer d'eux-mêmes, principe que, pour plus de commodité, ils traitent en axiome mathématique absolu, ne souffrant ni tempéraments ni exceptions; or ils seraient bien en peine de l'appliquer à une bonne partie de l'humanité, en admettant même qu'on leur déléguât, à cet effet, les pouvoirs les plus discrétionnaires.

C'est que la conquête, par les Blancs, de l'Amérique, de l'Afrique, de l'Océanie, d'une partie de l'Asie, a été, toute balance faite, un bienfait, un progrès considérables. Le pouvoir de l'humanité sur la nature en a été accru et, avec lui, la « spiritualité » humaine, bien qu'au prix de beaucoup de bestialité inutile.

Il s'est avéré bon pour la civilisation que certains peuples fussent dominés par d'autres ; voilà le fait acquis. Les choses eussent-elles pu se passer autrement? Dans l'ensemble, non, car on ne voit vraiment pas comment la civilisation, même entendue au meilleur sens, eût pris l'extension qu'elle a maintenant si l'Afrique, l'Amérique, l'Australie, fussent demeurées aux mains des indigènes.

Les immenses ressources de ces régions demeureraient improductives sans l'hégémonie des Blancs.

Par conséquent un certain impérialisme, impérialisme de race ou colonial, est légitimé par les intérêts de la civilisation. Et le droit des peuples se trouve limité inversement par un certain degré d'incapacité mentale chez une partie des hommes[1]. Incapacité spécifique ou non, il n'importe actuellement : il faudra certainement beaucoup de temps pour égaler la capacité crânienne des sauvages à celle des Européens ; et, en attendant, les États nègres, comme Haïti et Libéria, croupissent tout bonnement.

L'impérialisme en question s'ajoute aux impérialismes purement prédateurs comme cause d'antagonisme entre les collectivités : elles invoqueront leurs supériorités civilisatrices respectives pour revendiquer leur part de domination sur les peuples « inférieurs », elles jugeront « inférieures » les populations des territoires dont elles ambitionneront la possession.

1. Pour la discussion de cette question, voir plus bas : Troisième Partie, Ch. III, §3 : *Le Droit des Peuples est la seule base juridique possible d'un droit international*.

CHAPITRE VII

Le Patriotisme.

§ 1. — LES PATRIES, LES PATRIOTISMES ET LA GUERRE.

Il y a la Patrie et le Patriotisme; quand on écrit ces mots avec des majuscules, c'est qu'on les met dans la catégorie de l'Absolu. Malgré cela, ils ont un sens très clair, en dehors de toute métaphysique, et que voici : une collectivité qui veut se maintenir intacte obtiendra la fidélité des membres qui la composent ou elle périra. L'Absolu se présente là comme un absolu de nécessité pratique, une condition absolument nécessaire de la vie. Reste à décider par quelle méthode et pour quelles fins une communauté réalisera le mieux la cohésion des individus qu'elle associe, problème qui soulève d'âpres passions politiques.

On a beaucoup écrit chez nous sur le Patriotisme et la Patrie; les doctrines qui ont été professées à leur propos sont suffisamment connues, ce qui me dispenserait déjà de reprendre la discussion, si elle n'était, en grande partie, du moins, hors de mon sujet. Il me faut traiter des patries et des patriotismes comme ils se présentent dans le domaine des faits et non dans celui de l'Absolu.

Les patries sont différentes, non seulement parce qu'elles

correspondent à des territoires, des États, des institutions, des langages, des peuples différents, mais à cause de frontières morales qui les séparent. Elles représentent des milieux psychologiques variés où les mêmes idées et les mêmes sentiments ne sont pas cotés à des cours identiques.

D'autre part, si l'on considère le patriotisme sous son aspect de passion, comme je le fais ici, on devra reconnaître des patriotismes. Ils s'opposent entre eux à la manière de religions où les patries joueraient le rôle de dogmes ou de dieux ; leur choc engendre la guerre, et même la guerre civile, car il arrive fréquemment que des concitoyens s'attachent, pour l'amour même de leur patrie, à des idéaux opposés ; des haines de partis s'allument par là, bien plus vives que celles qu'excite l'étranger, car alors l'adversaire est un traître à la patrie ; on n'a aucune raison pour lui pardonner jamais.

Les passions patriotiques sont éprouvées par l'opinion. Elles revêtent donc les caractères des phénomènes psychologiques qui ont leur siège dans l' « âme » collective : elles passent par des périodes de torpeur, après quoi leurs sursauts sont brusques. Il y a lieu, encore ici, de rappeler le mot du personnage de Tolstoï : — est-ce qu'on aime son doigt ? — En temps normal, on n'y pense même pas. L'amour de la patrie est aussi un amour latent dont on n'a pas conscience pendant les périodes calmes de la vie politique aussi bien intérieure qu'étrangère ; les crises le changent en brusque incendie.

On se trompe donc soi-même bien souvent quand on s'interroge sur la force des sentiments qui vous attachent à la patrie ; on se trompe encore plus dans l'appréciation du patriotisme de ses concitoyens. En France, avant la guerre, on célébrait à la vérité une jeunesse magnifique succédant à des pères soi-disant en pleine déliquescence et dépourvus de tout sentiment national, mais ce n'était que la jeunesse bourgeoise et intellectuelle; les ouvriers et paysans n'inspiraient aucune confiance; les réservistes, pensait-on, ne rejoindraient pas, il y aurait des émeutes. Le peuple répondit comme on l'a vu; c'est qu'on ne savait pas, et lui-même ignorait absolument, quel élan le soulèverait devant une agression allemande.

L'erreur germanique fut la même, et l'on met cela sur le compte du manque de psychologie de nos ennemis : ils n'en manquaient pas plus que beaucoup d'entre nous; ils croyaient ce que leur disaient, et de bonne foi, les prolétaires français : que la mobilisation serait « sabotée »; ils croyaient ce que leur disaient, et de bonne foi, les ouvriers anglais : que la paix serait maintenue à tout prix.

Un mari professe l'amour libre; très sincèrement il estime absurde et injuste que sa femme reste rivée à lui par un devoir le jour où elle trouvera la chaîne pesante; prenez-le au mot et prenez lui sa femme, ce sera la guerre entre vous et lui. Voilà aussi l'histoire des peuples que l'on croit antipatriotes ou partisans de la paix à tout prix.

Ceux de nos sentiments dont la réaction est la plus certaine se comportent comme des êtres autonomes que nos affaires, en temps normal, ne concerneraient pas. Nous pouvons penser, raisonner, sentir, vouloir, au rebours de ce qu'ils nous inspireraient par eux-mêmes; cela, semble-t-il, se passe hors de leur sphère; ils gardent le silence et l'immobilité, rien ne décèle leur existence; mais, sous l'aiguillon de certaines réalités qui les atteignent directement, ils apparaissent, balayant tout le reste; il n'y a plus qu'eux. Ces brusques manifestations sont surtout le fait des sentiments de l'âme collective.

Aussi, quand on se préoccupe d'établir des relations pacifiques stables entre les peuples, doit-on savoir estimer les forces latentes qui sont en eux et qu'eux-mêmes ne soupçonnent pas. Cette perspicacité sera particulièrement nécessaire aux hommes politiques qui auront la lourde mission de liquider la Grande Guerre, si toutefois, méprisant les compromis, les cotes mal taillées, le maquignonnage diplomatique, ils cherchent en toute sincérité à éviter que l'extinction du terrible incendie multiplie sous la cendre les germes d'incendies nouveaux.

§ 2. — Les patries sont des faits, pour le moment, irréductibles.

Les doctrinaires arnarchistes et d'autres font le raisonnement suivant : s'il n'y avait pas de patries, il n'y aurait plus de guerres; que l'on supprime donc les patries, et la guerre se trouvera supprimée par le fait même; et ils travaillent à détruire tout ce qui tendrait à maintenir la solidité de leur patrie vis-à-vis des autres patries.

Cette logique, bien que rigoureuse, est puérile; elle ressemble à ces dictons connus dont on amuse les enfants : — Pour prendre un moineau, il suffit de lui mettre un grain de sel sur la queue. — On enfermerait Paris dans une bouteille si Paris était assez petit et la bouteille assez grande. —

En pareil cas, on se pose un problème, et on le résout en supposant supprimées toutes les difficultés de la solution.

La difficulté, ici, réside dans la réalisation d'une simultanéité : pour supprimer les patries, il faut les supprimer toutes ensemble et au même instant, sinon celle qui ne se supprimera pas sera la maîtresse du reste des hommes, c'est-à-dire les traitera à son gré, oppression certaine.

Toutes les fois que des gens voulurent s'entendre sur une action internationale efficace, leurs tentatives ne réussirent qu'à les nationaliser, car leurs conceptions ou leur pouvoir, relativement à cette action, différaient du tout au tout suivant la patrie à laquelle ils appartenaient. En France, en Allemagne, en Angleterre, aux États-Unis, les partis socialistes et les syndicalismes forment des ensembles qui ne se ressemblent pas plus que les partis « bourgeois » de ces divers pays; quand ils arrivent au contact dans des congrès internationaux, des incompatibilités d'humeur se manifestent aussitôt. Le prolétariat européen voulut prévenir les guerres par la grève générale, mais le prolétariat allemand déclara qu'il ne fallait pas compter sur lui, et prenait, en se singularisant ainsi, une marque nationale; les autres prolétariats, à leur tour, ne se seraient pas moins nationalisés très nettement aussitôt qu'il aurait fallu mettre la menace de grève générale à exécution : en France, en Belgique, en Angleterre, en Italie, tout eût différé : appui ou opposition de l'opinion, organisation et discipline des grévistes, défense « bourgeoise »..., de sorte que la grève générale eût porté, suivant les pays, un caractère français, belge, anglais, italien... Tout récemment, les bolchevistes russes s'avérèrent bien russes malgré leurs principes d'internationalisme orthodoxe; ils eurent, dès leur avènement, une patrie socialiste telle que l'on ne saurait la confondre avec aucune autre patrie socialiste supposée réalisée par leurs coreligionnaires plus occidentaux.

Un antipatriote qui parcourrait le monde en prêchant sa doctrine recevrait des traitements très variables d'un pays à l'autre; après expérience faite, celui où il aurait le mieux réussi, et aux moindres frais pour sa liberté et son bien-être, deviendrait pour lui une patrie, même s'il lui refusait ce nom.

Il se serait convaincu en tout cas de l'existence de cadres dans chacun desquels les hommes ont des conditions de vie, de vie surtout morale, particulières. Qu'un de ces cadres se brise, il n'en reste pas moins délimité par les autres cadres; au surplus, des cases nouvelles se forment assez spontanément des débris du cadre brisé, comme le prouve l'exemple des multiples États issus de l'empire russe.

Imaginer la brisure simultanée de tous ces cadres, c'est escompter un événement bien peu probable, car ils sont loin d'avoir tous la même structure ni la même solidité. Ce bouleversement ne pourrait guère, en effet, se réaliser que par la Révolution Sociale dont la Grande Guerre est une occasion très propice. Or la Révolution Sociale n'a conquis encore que la Russie et elle n'a fait que fortifier le militarisme des empires centraux. Si elle se propage ailleurs qu'en Russie, elle amènera aux pays atteints une paix de lassitude et de défaite.

La dernière patrie qui résisterait à la dissolution serait la maîtresse du genre humain; elle le gouvernerait par l'organisation, la hiérarchie; ce serait bien la suppression des patries, mais en même temps juste le contraire de la suppression des patries que préconise l'anarchiste; la perspective d'un tel avenir rendrait l'anarchiste lui-même ardemment patriote, et les patries revivraient.

§ 3. — L'Évolution du patriotisme.

Devant le danger que certains redoutent de la discussion du devoir patriotique — discuter, suivant les autoritaires, c'est déjà désobéir —, on dit, comme Brunetière, que l'idée de patrie est mystique, éternelle, invariable [1]. Cette thèse n'est qu'une méthode de culture des sentiments qui assurent l'exécution du devoir patriotique : il y a d'autres méthodes ; je répète que je n'en examinerai pas les valeurs respectives, que je m'en tiens à l'ordre des faits.

Toutefois je protesterai contre l'emploi de l'épithète de « mystique » appliquée au sentiment ; pourquoi est-il mystique d'aimer sa patrie ? ce qui est mystique, ce serait plutôt de se sacrifier pour elle sans l'aimer et sans y être forcé...

En me plaçant dans l'ordre des faits, je constaterai que beaucoup de gens attachent à leurs patries des idéals très différents, que des peuples entiers sont obligés de verser leur sang pour des patries qu'ils jugent hostiles — les Tchèques, par exemple, pour la patrie autrichienne —, que le citoyen moderne ne peut pas se faire la même idée de sa patrie que le citoyen antique de sa cité. De là, nécessairement, des éléments très divers et qui se sont modifiés à travers les âges.

Ce qu'il y a d'éternel et d'invariable, c'est l'attachement à une patrie locale, à un canton, plus ou moins déterminé, de la terre. Les naturalistes ont maintes fois remarqué que les oiseaux eux-même ne sortaient pas d'un certain rayon assez restreint, à moins, bien entendu, qu'on ne leur fît la chasse. Les migrateurs ont deux patries, une d'été,

---

1. *Discours de Combat*. Première Série. — Paris, 1902. *L'Idée de Patrie*, pp. 121-157.

une d'hiver, mais chacune aussi étroite que celle des sédentaires.

Une des conséquences de la loi d'adaptation est que l'être vivant se trouve bien dans le milieu où il s'est développé ; il souffre si on l'en arrache. Un territoire donné, par le caractère particulier de son sol, la distribution de ses arbres, de ses rochers, de ses eaux, est un élément de ce milieu et fait une patrie à l'animal qui, éloigné d'elle, voit changer l'aspect des choses : dépaysement, c'est-à-dire malaise, inquiétude.

A plus forte raison l'homme, dont l'âme est le produit d'un milieu humain, a-t-il une patrie dans ce milieu sans lequel il n'aurait pas de langage, pas de pensée, par lequel il a hérité toute une civilisation qui, si humble soit-elle, représente une somme considérable de génie accumulés par l'effort de milliers de générations. Une société, famille, clan, tribu, peuple, constitue avant tout cette patrie ; mais elle n'atteint un degré supérieur de développement que si elle se fixe au sol autour de quelques édifices sociaux faits pour durer, que si elle a fondé une cité.

La Cité antique représentait la patrie locale confondue avec la grande Patrie moderne. L'idée que l'on en avait était simple et directe ; on ne pouvait concevoir aucun doute sur la nécessité du devoir patriotique ; la cité prise, c'était la ruine et l'esclavage pour les citoyens, de sorte qu'en défendant l'intérêt commun, l'individu comprenait sans peine qu'il défendait le sien propre.

« Tout ce que l'homme pouvait avoir de plus cher, dit Fustel de Coulanges [1], se confondait avec la patrie. En elle il trouvait son bien, sa sécurité, son droit, sa foi, son dieu. En la perdant il perdait tout. Il était presque impossible

---

[1]. *La cité antique*. — Paris, 1890, p. 233.

que l'intérêt privé fût en désaccord avec l'intérêt public. »

Et les auteurs anciens nous représentent à l'envie le caractère impérieux des obligations civiques.

Or ce patriotisme, qui nous apparaît comme un modèle, manqua la plupart du temps d'efficacité. Sa faillite, si fréquente qu'on la dirait justement habituelle, était due précisément à ce que la Cité représentait en même temps la Patrie et une patrie locale étroite. Quand les habitants libres, toujours si peu nombreux, des cités se divisèrent en partis, les deux factions ennemies pouvaient difficilement supporter la vie commune dans un espace restreint où les heurts étaient continuels ; aussi la plus forte expulsait-elle l'autre. Les bannis, ayant perdu leur patrie, perdaient tout, comme le juge si bien Fustel de Coulanges, et ils faisaient naturellement tout aussi pour rentrer en possession de ce qui était leur vie même ; il était rare que l'ennemi de leur cité n'obtînt pas leur concours. Thucydide nous donne de nombreux exemples de cet usage [1]. L'histoire grecque et l'histoire romaine montrent que si des discordes civiles et une guerre extérieure coïncidaient, chaque parti s'alliait avec un des pouvoirs étrangers belligérants, fût-il un ennemi de « race », Ioniens avec des Doriens, Grecs avec des Perses, Latins avec des Etrusques...

Xénophon, le célèbre Athénien, qui a pourtant laissé une réputation honorable, se mit à la solde de Cyrus considéré par Athènes comme un ennemi, et il combattit à Chéronée dans les rangs des Lacédémoniens contre Thèbes alliée alors d'Athènes.

La morale civique de l'antiquité réprouvait énergiquement de tels actes, mais ils n'en étaient pas moins univer-

[1]. Voir Thucydide, *Guerre de Péloponnèse*, III, 34 ; III, 82 ; IV, 2 ; V, 83 ; VI, 44.

sellement pratiqués : c'était fatal, en raison même de la nature de la Cité antique. Un discours d'Alcibiade l'explique fort bien. Alcibiade, mis à la tête de la grande expédition de Sicile, fut accusé pendant son absence d'un crime capital et sommé de venir comparaître devant des juges. Sachant qu'il irait à la mort s'il obéissait, il s'embarqua, mais pour Sparte où il parla en traître. Les Spartiates manifestèrent leur surprise. Il répondit :

« J'aime ma patrie, non pour y subir l'injustice, mais pour y trouver protection et sécurité; ce n'est donc pas, à mon sens, contre une patrie qui soit mienne que j'agis : je m'occupe bien plutôt de reconquérir celle que je n'ai plus. Le vrai patriotisme ne consiste pas à s'abstenir d'hostilités contre une patrie qu'on vous a injustement ravie, mais à tout mettre en œuvre, dans ses regrets, pour la retrouver [1] ».

Bien que les discours rapportés par Thucydide n'aient aucune authenticité, ils représentent ce que l'historien concevait comme thèmes oratoires répondant à une situation, et c'est ce qui en fait la valeur. Alcibiade exprime la pensée générale de tous les proscrits qui combattaient leur cité.

Répétons que de tels péchés habituels contre le patriotisme viennent non pas de principes — l'antiquité ne connut pas de doctrinaires antipatriotes —, mais d'une faiblesse de constitution inhérente à la nature même de la Cité : la Cité ne supportait pas la vie politique intérieure, loi très générale que vérifièrent encore les cités italiennes du Moyen-Age et de la Renaissance.

Si une cité, Rome, put cependant l'emporter, c'est qu'en dehors des cités, il n'y avait que des organisations

1. Thucydide, *Guerre du Péloponnèse*, VI, 92.

politiques encore moins viables : des empires, colosses aux pieds d'argile. Sur les cités grecques, sur Carthage, les cités italiotes avaient l'avantage d'être obligées, si elles grandissaient, de s'étendre d'abord sur terre ; elles échappaient à la tentation de disperser leur domination le long des rivages ; la formation d'un noyau territorial compact s'imposait à leurs premiers efforts ; plusieurs d'entre elles eussent pu, sans doute, tenir la place de Rome, car celle-ci ne dut son triomphe qu'à une répartition plus heureuse de ses crises intestines. Ses historiens nous les racontent mal ; ils n'en étaient pas contemporains ou tout rapprochés comme les historiens grecs des guerres civiles helléniques ; écrivant avec une arrière-pensée d'édification, ils présentaient un tableau plus idéal, moins fidèle, des anciennes discordes romaines.

Au surplus, de leurs temps, le patriotisme n'avait plus lieu de s'exercer : Rome avait déjà conquis le monde civilisé. Elle inspirait aux hommes l'attachement à une civilisation, non à une patrie ; Rome était tout, était le Monde ; le reste, brouillards vagues, ne comptait pas.

Après la chute de Rome, dans l'anarchie et le morcellement universels, il n'y eut plus de patrie ; seules subsistaient des patries locales très restreintes. Cet état dura fort longtemps, et il serait oiseux de détailler les étapes qui conduisirent de cette désagrégation aux grandes patries modernes.

Quand, par exemple, la France devint-elle une patrie ? On n'en sait rien. Ce qu'il y a de clair, c'est qu'elle s'avère patrie avec Jeanne d'Arc. Grâce à la flamme apportée par l'héroïne, des peuples provinciaux se sentirent solidaires dans la volonté de chasser l'étranger envahisseur, et cela indépendamment de l'attachement à un prince, ou à une religion; patriotisme, idée de Patrie, ne s'étaient jamais dégagés auparavant avec une pareille netteté. L'importance exceptionnelle de Jeanne d'Arc vient de là.

Concurremment avec le patriotisme, et d'abord sans lui, exista le loyalisme, la fidélité à un patron, à un seigneur, à un roi, à un chef d'État; tel fut le sentiment, obtenu par la crainte ou de toute autre manière, qui créa le seul lien des souverainetés antiques (sauf celles des cités sur leur territoire métropolitain) et de celles qui succédèrent à Rome jusqu'à une époque assez indéterminée de notre Moyen-Age.

L'Ancien Régime n'avait besoin que de loyalisme. On professait à l'égard du Roi une sorte d'adoration bien voisine de celle qui s'adressait à la Divinité. Si donc le Roi était un personnage énergique, il suffisait de lui obéir pour que la cohésion de ses États fût maintenue; avec un chef hésitant et mou comme Charles VII, il fallut le patriotisme allumé par Jeanne d'Arc pour sauver la France; encore le loyalisme bourguignon demeura-t-il alors tout à fait insouciant du patriotisme français. Plus tard, tandis que la France s'achevait, le sentiment patriotique n'avait lieu que rarement de se manifester. Un seul événement pouvait l'enflammer : l'invasion étrangère; or il n'y en eut pour ainsi dire pas[1], et absolument pas à partir de Louis XIII. Le peuple ignorait ce qui se passait; sauf quelques recrues levées plus ou moins de bon gré, il n'était pas atteint directement par la guerre. La guerre ne concernait que le Roi; pour la plupart des gens, elle équivalait à ce que sont, pour nous, nos expéditions coloniales secondaires menées

---

[1]. Il serait intéressant de suivre l'opposition entre le patriotisme et la foi au temps des guerres de Religion et de la Ligue, mais cela m'entraînerait trop loin et n'est pas essentiel au sujet.

avec des troupes nègres. Peu d'opinion, en ce temps-là, et rarement critique; elle acceptait sans rancœur les cessions de territoires d'outre-mer : Acadie, Canada, Indes. Ce que nous appelons intérêts nationaux et qui nous émeut, c'étaient des affaires du Roi, choses d'une sphère supérieure et obscures pour le public même à moitié instruit. Quand on employait le mot de patriotisme, ce qui devint assez fréquent à partir du xvi° siècle, il signifiait en fait, souvent, l'intérêt que l'on prenait au bien public, il s'appliquait beaucoup à la politique intérieure, et s'en trouva tout porté, au moment de la Révolution, pour représenter une opposition au loyalisme monarchique.

Il y eut ainsi, en 89, un « parti patriote », assemblage de mots qui nous paraîtrait aujourd'hui contradictoire, puisque nous définissons le patriotisme comme excluant l'esprit de parti. Mais quand les Rois se coalisèrent contre la France révolutionnaire, ce parti cessa d'être un parti et comprit bien tous les patriotes, tous les gens qui se sentaient solidaires devant l'invasion du territoire français. Pour les loyalistes monarchiques, cependant, ces Rois venaient aider leur Frère de France à reconquérir sa souveraineté, patrimoine divin, sur des rebelles usurpateurs. Les émigrés, les conspirateurs royalistes, avaient de leur devoir une conception dictée par les principes essentiels de l'Ancien Régime, par l'idée de *Légitimité*; ils se conduisaient suivant leur conscience et la logique d'une doctrine consacrée par un long usage.

Ce conflit ne tarda pas à aboutir à une Loi du patriotisme qui est en fait universellement adoptée aujourd'hui et que l'on tient pour la première et la plus impérative de toutes les lois : ne jamais combattre le gouvernement de sa patrie dans les rangs de l'étranger, quel que soit ce gouvernement.

Je ne parlerai pas des autres préceptes du patriotisme : beaucoup d'entre eux ne comportent pas la rigidité du précédent ; leur application est une question d'opportunité où l'on décide suivant le sentiment. On formule, par exemple, la règle de s'abstenir d'opposition politique violente pendant la guerre ; ne serait-il pas, au contraire, patriotique de renverser un gouvernement qui se prêterait à une paix ignominieuse ou qui conduirait les hostilités avec trop de mollesse ou d'incapacité ?

De proche en proche, on a vite fait, d'ailleurs, d'arriver sur un terrain de parti ; la division se fait entre nationalistes et moins nationalistes, et le nom de la Patrie, jeté dans ces querelles, les exaspère.

Il y a cependant accord vraiment unanime sur ce que j'ai appelé la Loi du patriotisme. En cela, un grand changement s'est opéré depuis l'antiquité grecque. Les Anciens ne connaissaient pas la propagande antipatriotique, mais, sauf quelques hommes exceptionnels, ils trahissaient couramment leur cité, comme Alcibiade, pour la reconquérir ; c'est ce qui ne se fait presque plus aujourd'hui, malgré le développement des théories anarchistes. L'énorme concentration qui s'est accomplie depuis la Cité antique oblige à distinguer la patrie locale de la Patrie ; la seconde est devenue infiniment grande, infiniment variée, par rapport à la première ; dans un espace ainsi élargi moralement et physiquement, les contacts entre gens qui ne peuvent pas se souffrir deviennent beaucoup plus rares ou plus évitables qu'ils n'étaient entre citoyens de la Cité, de sorte que des factions ennemies parviennent à cohabiter dans la Patrie ; le souci de mener une vie tolérable ne leur impose pas, comme sous les démocraties antiques, de chercher à s'expulser mutuellement.

Sur le citoyen d'une communauté hellénique la répercussion des entreprises de la Cité était immédiate; il les « réalisait »; tandis que les affaires de la Nation sont pour le moderne, des affaires lointaines, si lointaines, en général, qu'elles ne l'atteignent que par les idées qu'il s'en fait. C'étaient jadis les affaires royales : il ne les comprenait pas; et maintenant on lui dit que ce sont les siennes : il ne les comprend pas davantage, j'entends même et surtout s'il est intelligent, car l'ignorance, la bêtise et la présomption permettent seules de résoudre en un tour de main les problèmes politiques actuels : ils sont trop complexes.

Ces idées que nous nous faisons sont bien de l'idéal désintéressé, même quand nous y rattachons des questions d'intérêt. Qu'est-ce que le patriotisme économique, par exemple, auquel on voudrait réduire l'amour pour la Patrie, afin, dit-on, de le rattacher à des réalités bien concrètes, accessibles aux esprits les moins raffinés? C'est tout simplement de l'amour-propre national, une extrême répugnance à laisser faire par l'étranger ce que l'on devrait aussi bien pouvoir faire soi-même. — Non, réplique-t-on, intérêt pur! il n'y a au monde que des intérêts; le patriotisme économique, c'est l'espoir de mieux manger, de mieux se vêtir...; les soldats de la Marne, de l'Yser... défendaient une écuelle à pâtée. — Héroïsme bien absurde. Lisez les ouvrages de Victor Cambon, de Lysis et tant d'autres, vous apprendrez que le régime allemand était celui des écuelles toujours plus vastes et toujours plus pleines. Si donc l'intérêt économique passe avant tout, il fallait désarmer, favoriser la pénétration chez nous des banquiers, industriels, agronomes, savants, commerçants allemands, dont le génie organisateur eût suppléé à notre incapacité,

Qu'est-ce qui s'opposait à cette solution ? L'amour-propre, la dignité : nous ne voulions pas « déchoir » au rang « de colonie allemande ».

Mais les partisans du patriotisme économique répliqueront encore : — les hommes d'affaires germaniques auraient enrichi l'Allemagne en appauvrissant la France. — Piètres organisateurs alors que ces Allemands ! ils appliqueraient le système qui a si mal réussi à l'Espagne et que nous-mêmes n'avons pas encore abandonné : vendre très cher à la colonie ce dont elle a besoin et lui acheter pour rien ses produits, excellente méthode employée par la métropole pour se boucher un débouché dès son ouverture ; prétendre écouler beaucoup de marchandises à un client auquel on retire les moyens de les payer, c'est un rêve interdit à qui possède le moindre sens commercial. Les Allemands, qui ont ce sens très développé, enrichiraient la France tant qu'ils pourraient, afin de s'enrichir eux-mêmes. Rien ne les ferait déroger à cette loi, qui est la loi par excellence du commerce général et organisé[1], rien sinon une passion, celle, par exemple, qui porte l'homme soi-disant supérieur à molester et humilier les autres afin de se prouver à soi-même sa propre supériorité : c'est l'essence de l'impérialisme. Il est vraisemblable que les Allemands, devenus nos chefs économiques, céderaient à ce travers, mais contrairement à leurs intérêts, évidemment, car il n'a jamais passé pour commercial d'être désagréable aux gens à qui l'on veut beaucoup vendre et beaucoup acheter ; crain-

---

1. Le commerce individualiste, inorganique, supporte, lui, la ruine des clients : un client ruiné se remplace et ainsi de suite ; cela peut durer une vie d'homme. Le commerce d'ensemble, entre sociétés, ne s'accommode pas de ces vicissitudes : comme il revient toujours à un échange, il s'arrête nécessairement dès qu'une des parties n'a plus rien à échanger.

dre l'hégémonie économique allemande, c'est donc proclamer que les sentiments sont plus forts que les intérêts, puisqu'on estime ne pouvoir compter sur des intérêts tout à fait clairs et bien définis pour être protégé contre des sentiments qui leur nuisent.

Avouons-le enfin : nous aimons mieux être pauvres qu'enrichis sous la direction des Allemands. Voilà le fond de la question ; on ferait mieux d'en convenir tout de suite plutôt que de chercher des raisons de chiffres, des raisons soi-disant « mathématiques ». Nous préférons la liberté avec notre situation économique si indigente, dit-on, à la prospérité accompagnée d'asservissement ou du simple soupçon d'un asservissement possible. On recherche le bien-être, et c'est cela qu'on appelle se conduire d'après ses intérêts. Or le bien-être est moral autant et plus que physique, et en même temps que physique. Qu'on songe à la fable de La Fontaine : *le Loup et le Chien* ; le Loup ferait volontiers bombance comme le Chien, mais pas au bout d'une chaîne ; l'idée de n'être pas maître de ses mouvements lui couperait l'appétit.

Ainsi de l'homme : la première condition de son bien-être, c'est toujours, à un certain degré, l'indépendance, c'est de ne pas se sentir moralement diminué, c'est l'honneur. Utile sentiment qui engendre les forces de résistance à l'oppression.

Quand le citoyen moderne se passionne pour la dignité de sa patrie, un élan idéal et désintéressé l'anime, car quel intérêt personnel a-t-il à ce qu'on ne cède pas toujours aux demandes d'un puissant voisin, à ce qu'on risque la guerre, l'invasion ? Aucun. Le prolétaire répète assez qu'il n'a rien à gagner à la guerre, qu'il ne peut qu'y perdre son seul bien : sa peau ; et pourtant il a accepté, et de grand cœur, de se battre. Le bourgeois, lui, n'a qu'un intérêt capitaliste bien net : la paix toujours et à tout prix ; l'entente avec l'Allemagne par l'acceptation librement renouvelée du traité de Francfort eût donné un développement magnifique aux affaires ; excellents placements de l'épargne française, combien meilleurs qu'en Russie ! Et le grand avantage de cette paix était dans la suppression du service militaire obligatoire et universel qui donne une armée dont l'emploi à l'intérieur contre la révolution sociale est scabreux. A la place des fils d'ouvriers et de paysans, il convenait d'avoir quelque deux cent mille soldats professionnels faisant un service à très long terme — à si long terme que ce fût une carrière —, et avec cela beaucoup de mitrailleuses et un peu d'artillerie. Une telle organisation assurerait au capitalisme une sécurité parfaite. Au lieu de poursuivre cette politique, seule conforme à un « intérêt de classe » qui saute aux yeux, les bourgeois ont compromis leurs capitaux, et se sont mis dans une situation dangereuse vis-à-vis du prolétariat en l'irritant et l'armant par le militarisme « de caserne » ; tout cela, en somme, pour refuser de reconnaître à l'Allemagne la possession *en droit* de l'Alsace-Lorraine.

Le patriotisme contemporain, comme on le montrerait par d'autres exemples, s'alimente donc à des vues idéales très larges, très éloignées de l'individu lui-même. Ce n'est pas que l'individu ne puisse baser son patriotisme sur des questions de profit personnel, se dire que si sa patrie est forte il gagnera davantage d'argent et paiera moins d'impôts, mais ce sont là des conjectures économiques au sujet desquels on peut discuter à perte de vue ; une patrie forte, c'est une patrie armée jusqu'aux dents, et les armements coûtent cher ; on en revient toujours à cette question : ne serait-on pas plus riche en s'abstenant de toute politique étrangère, en s'inclinant toujours devant les désirs des puissants?

On serait plus riche; cela n'est pas douteux pour moi : les conditions économiques modernes de l'exploitation d'un pays le veulent ainsi. Et je voudrais que tout le monde en convînt, afin qu'il soit bien établi que l'on met l'honneur au-dessus de la richesse, et que c'est là la seule source du patriotisme.

Rien de plus raisonnable qu'un tel sentiment. Il est conforme à l'intérêt général de l'humanité. Un bien être suffisant ne règnera dans le monde que le jour où les individus ne souffriront plus les uns à cause des autres ni dans leur dignité de personnes, ni dans la dignité de leur patrie. Pour atteindre ce but, il faut d'abord opposer une résistance indomptable à toute apparence d'humiliation, de diminution morale infligée par autrui; le moindre fléchissement à cet égard offre une prime à quelque puissance d'oppression. Le patriotisme est une condition du triomphe, dans le monde, d'un idéal de dignité humaine. Non la seule, à la vérité, nul ne l'ignore. Un second pas, non moins indispensable que le premier, conduirait chaque État à tenir le même compte de la dignité des États étrangers que de la sienne propre. On n'a pas achevé de le faire.

§ 4. — Loyalisme et patriotisme.
Leur conciliation est le grand problème de la paix.

Le loyalisme, c'est la fidélité à l'État. Qu'il y ait patriotisme ou non, l'État subsistera tant qu'il saura maintenir le loyalisme, mais il y aura contrainte, donc souffrance, s'il y a opposition entre le patriotisme et le loyalisme.

Quoi qu'on fasse, la patrie est toujours représentée par un État; pour la servir, il faut le servir, ce qui est pénible quand on le déteste; un gouvernement, un régime, doivent donc, sous peine de mort, ou bien mâter les mécontents, ou bien ne pas exciter un mécontentement par trop vif. Il y a encore une solution qui est celle de la démocatie, et qui consiste à diluer les mécontentements les uns dans les autres, grâce à la division de l'opinion; ceci regarde la politique intérieure.

L'obéissance à un État, non plus des individus, mais de pays entiers ayant une personnalité distincte, est une affaire dite aussi de politique intérieure; dite à tort, car la politique extérieure s'y trouve souvent impliquée, et dangereusement.

Du temps de l'Ancien Régime, les peuples divers d'une monarchie pratiquaient séparément leur loyalisme vis-à-vis du souverain; ce sentiment ne leur coûtait pas: il ne supposait aucune subordination d'un peuple à un autre; tous, en tant que peuples, étaient égaux devant le Roi.

Quand le régime moderne s'inaugura, il y eut deux alternatives principales: ou bien les peuples réunis dans une même monarchie d'Ancien Régime se trouvèrent assez fondus pour former une Nation unique, et leur loyalisme monarchique d'antan fut remplacé spontanément par un patriotisme unique; tel fut le cas de la France. Ou bien ces peuples restèrent distincts comme en Autriche-Hongrie; ils eurent alors des patriotismes d'autant plus divergents que le sentiment de nationalité alla toujours en se développant. Un loyalisme monarchique commun ou bien un patriotisme fédéral analogue à celui des Suisses pouvaient réunir en faisceau ces patriotismes. Cela, souvent, ne se produisit pas : l'État, souverain de ces peuples, prit une nationalité devant laquelle les autres nationalités devinrent naturellement vassales et se sentirent humiliées ; l'État, pour elles, devint un maître étranger ; il n'est pas de souffrance patriotique plus cuisante ; avec elle disparaît tout loyalisme que la crainte n'impose pas. Ainsi, en Autriche, le Tchèque, le Yougo-Slave, voient-ils dans leur souverain un kaiser allemand, un monarque étranger qui subordonne leur nationalité propre à une nationalité étrangère, non l'empereur des Tchèques et des Yougo-Slaves. Le loyalisme autrichien que l'on exige d'eux se trouve donc en opposition directe avec leur patriotisme qui ne saurait être que tchèque ou yougo-slave avant tout.

Passe encore en Autriche où le suffrage universel pourrait acquérir une certaine influence, d'où un vague espoir laissé aux « nationalités » d'obtenir un jour satisfaction. Mais, en Hongrie, la Chambre est élue par un système de suffrage qui donne aux Magyars une majorité écrasante, malgré leur minorité numérique réelle, et, parmi les Magyars, rend une oligarchie de quelques centaines de familles maîtresse du pouvoir. Le Slovaque, le Roumain, le Serbe, se sentent là plus nettement encore les sujets de l'étranger ; le patriotisme les incite à s'affranchir ; la fusillade, la potence, le cachot, en temps de guerre du moins, sont là pour garantir chez eux un loyalisme magyar contraire à leur patriotisme.

Le Comte Czernin, en Avril 1918, disait : « Je sais que le peuple tchèque dans son ensemble est loyal et autrichien, je sais qu'il y a des chefs tchèques dont le patriotisme autrichien est loyal et pur... » ; ces paroles font rêver. Si elles peuvent bien signifier que le gouvernement autrichien possède assez de mitrailleurs sûrs et de mitrailleuses pour mâter les foules rebelles, quel sens attacher à ce « patriotisme autrichien des chefs tchèques »? Les Tchèques n'ont aucun intérêt ni à la victoire ni à la défaite de l'Autriche; la défaite leur serait plutôt avantageuse, s'il faut en croire les précédents : ce fut, en effet, après Sadowa que les Magyars obtinrent le régime du dualisme actuel, c'est-à-dire leur hégémonie en Hongrie et même en Autriche-Hongrie. L'Autriche devait servir aux Slaves de protection contre le germanisme, et c'est pourquoi le patriote tchèque Palatsyk disait, en 1843 : « si l'Autriche n'existait pas, il faudrait l'inventer »; mais dans une guerre qui a pour but, comme celle-ci, de combattre le slavisme au profit du germanisme, l'Autriche se conduit tout au rebours de ce qui fait, aux yeux des Slaves, sa seule raison d'être; elle les trahit, elle est l'ennemie; rien de plus clair pour ceux qui réfléchissent un peu. Servir un maître étranger et ennemi, on ne saurait imaginer de pire amertume.

C'est aussi le sort des peuples annexés contre leur gré.

Si donc on recherche le bonheur de l'humanité, lequel, sauf misère physiologique, dépend d'abord du bien-être moral, il faut travailler à ce que, nulle part, il n'y ait d'opposition entre l'amour naturellement ressenti pour la patrie et la fidélité réclamée par l'État qui gouverne cette patrie; il faut effacer toutes les oppositions entre loyalisme et patriotisme.

Abolir les souffrances morales collectives, ou réaliser la paix dans le monde, cela revient au même; les deux expressions sont synonymes. Toutefois des peuples subissent de longues oppressions sans que, pour cela, il y ait danger de guerre apparent. Ainsi la Pologne, malgré les sympathies qu'elle suscitait, ne troublait pas par elle-même la paix européenne : au contraire, plus elle était comprimée, plus se resserrait l'intimité entre la Prusse et la Russie, et nul n'avait envie d'entrer en guerre contre ces deux puissances redoutables.

Si, par contre, la paix apporte l'autonomie à la seule fraction naguère russe de la Pologne, des germes de guerre en résulteront tant que la Posnanie restera sous le joug prussien. La Posnanie sera à la Pologne ce que la Bosnie était à la Serbie, et pour peu que la Russie un jour ressuscite, on voit le grand cataclysme de 1914 à 19.... recommencer : assassinat d'un prince allemand à Posen, ultimatum allemand à la Pologne, intervention russe etc...

Un irrédentisme polonais aurait rallumé l'incendie. Tous les irrédentismes présentent le même danger. Quand des peuples séparés d'autres peuples auxquels ils voudraient être unis sont ou se croient opprimés par l'État leur maître, il n'y a pas de sécurité pour la paix. L'exemple de l'Alsace-Lorraine en fait foi. Sans Trente et Trieste, l'Italie ne serait pas intervenue dans cette guerre.

C'est que les États souverains ne savent pas, en général, rendre conciliables le loyalisme qu'ils imposent avec le patriotisme des peuples sujets ; il n'y a pourtant pas là d'impossibilité : le Canada français n'a aucune envie de se réunir à la France, parce que, tout en faisant partie d'un Dominion britannique, il peut être aussi français que cela lui plaît.

Ce sentiment bien connu du Canada a éteint depuis assez longtemps déjà toute revendication de la France à son égard.

La paix stable exigera donc, pour s'établir, des solutions analogues à celles que la Grande-Bretagne appliqua à ses

Dominions : l'autonomie pleine et entière pour les nationalités et les peuples annexés contre leur gré. Cette autonomie reviendrait à l'indépendance complète, car les Dominions sont libres de prendre part ou non aux guerres de la métropole, d'avoir l'armée, la marine, les lois, le régime douanier qu'elles veulent ; en Europe, un tel régime équivaut rigoureusement, en pratique, à la possession totale de la souveraineté par les peuples affranchis : ils en useraient à leur gré pour s'annexer, se désannexer, se fédérer, et cela au détriment ou non de leurs anciens maîtres.

CHAPITRE VIII

Les Causes économiques des Guerres.

§1. — La guerre économique chez les bêtes.

Beaucoup de gens qui réfléchissent à la guerre disent que les causes des guerres, et aujourd'hui plus que jamais, sont toujours économiques. Leur opinion semble être celle de la majorité : elle sert, en effet, les doctrines les plus opposées : le socialisme et le nationalisme, le pacifisme et le militarisme, l'optimisme et le pessimisme.

Je ne l'en combattrai pas moins, et je suis en bonne compagnie.

Dire : — les causes de toutes les guerres sont économiques —, c'est, sans amphibologie possible, prétendre exprimer une loi naturelle et générale de la guerre. La vérification de telles lois doit apparaître d'abord, et mieux que partout ailleurs, dans les cas les moins complexes; ce sera, ici, dans le cas des sociétés animales, lesquelles évidemment sont beaucoup plus simples, à tous les points de vue, que les sociétés humaines.

Or l'étude de la guerre chez les animaux montre que ceux dont les cités sont sujettes à se livrer bataille connaissent tout autant la guerre de haine que les guerres économiques[1].

Guerres de xénophobie pour les chiens des villes d'Orient, tels les chiens qui pullulaient jadis à Constantinople. D'après les vraisemblances et le peu de témoignages qu'on a sur eux, les citoyens de deux cités canines différentes se battent pour la même raison que deux chiens s'attaquent sur les limites communes des propriétés confiées respectivement à leur garde ; peut-être aussi faut-il voir là de la guerre sportive, amour du combat pour le combat et contagion de fureur.

Guerres de xénophobie aussi pour les abeilles sans aiguillon, les mélipones, et pour les fourmis non esclavagistes, c'est-à-dire la grande majorité des fourmis.

Une cité méliponienne a la guerre par le seul fait qu'on l'adjoint à un rucher ; elle est nouvelle venue, *étrangère*, les voisins se jettent sur elle ; rien d'autre que la rencontre hors du logis social n'amène la bataille ; il n'y a pas pillage et extermination du vaincu ; qui, d'ailleurs, est vainqueur ou vaincu ? on ne sait. Une fois assouvie la fureur xénophobe, la paix règne, définitive. Que les mélipones fassent bien des guerres de haine, on en trouve encore la preuve dans leurs rapports avec les abeilles : quand elles sont leurs voisines, elles les attaquent loin de la ruche, au butinage, et les abeilles ne se défendent pas, ou du moins se défendent sans aucun succès, puisque nombre d'entre elles rentrent éclopées, leurs adversaires toujours indemnes.

Quant aux fourmis non-esclavagistes de cités différentes, si elles se rencontrent en nombre suffisant, elles se battent[2].

1. Voir plus haut, Première Partie, Ch. III : *La Guerre chez les Bêtes*.

2. C'est la règle générale, non absolue, car il y a chez les fourmis,

Les larves des vaincus sont souvent dévorées en conséquence de la poursuite qui amène les vainqueurs jusqu'à la fourmilière ennemie. C'est là un effet, économique si l'on veut, de la guerre, non une cause, car on ne surprend jamais chez les non-esclavagistes d'armée qui soit en route pour une expédition agressive; les attaques sont mutuelles et ne résultent que de rencontres non préméditées.

Les guerres des fourmis esclavagistes sont, au contraire, d'origine économique; mais là il y a des degrés dans l'urgence du besoin qui les provoque. Pour le *Polyergue roussâtre* (Fourmi-Amazone) qui ne sait ni élever ses larves ni même manger tout seul[1], c'est une question de vie ou de mort que de se procurer des nourrices pour sa progéniture et pour lui : sa cité disparaîtra ou elle organisera périodiquement des razzias destinées à l'alimenter en main-d'œuvre. Par contre, d'autres fourmis, la *Fourmi sanguine*, entre autres, qui pratique, pourrait-on dire, le minimum d'esclavagisme, vivraient très bien sans « esclaves », étant aussi prospères, prolifiques, actives et industrieuses, ni plus ni moins, que les fourmis non esclavagistes, et les soi-disant maîtres ne profitant pas de la main-d'œuvre importée pour se créer des loisirs.

De ces deux catégories extrêmes de fourmis, on peut dire également que leurs guerres esclavagistes sont agressives, préméditées, entreprises pour une fin économique, car les observateurs ont souvent assisté à des départs de véritables armées qui allaient « en pleine paix », sans provocation aucune, assaillir par surprise une cité étran-

---

suivant leurs espèces, tous les degrés de courage et d'excitabilité guerrière.
1. Forel. *Loc. cit.*, pp. 308-311.
2. *Ibid*, pp. 358-360.

gère et, après bataille acharnée, en revenaient avec un ample butin de larves. Ces offensives ne sont jamais le fait que des fourmis esclavagistes[1].

Du *Polyergue* à la *Fourmi sanguine*, le but économique est le même. On n'en dira pas autant de l'intérêt économique, équivalent, chez le premier, à une nécessité vitale, très discutable chez la seconde.

Celle-ci n'a aucun besoin d'esclaves et n'en tire aucun profit qui l'avantage par rapport aux fourmis non-esclavagistes et, puisque, d'autre part, la guerre esclavagiste est presque toujours très meurtrière pour le ravisseur, la razzia de larves se solde-t-elle par un bénéfice, un avantage certains? Y a-t-il un intérêt véritable à l'entreprendre?

Or, l'intérêt économique ne devrait jamais apparaître plus nettement que chez l'animal. S'il n'est que douteux ici, pour la *Fourmi sanguine*, il faut le considérer comme entrant en concurrence avec des instincts non économiques et qui mériteraient plutôt le nom de passionnels. Il n'y a aucune raison, en effet, si l'on s'en rapporte à l'étude de la sélection naturelle, pour concevoir les instincts d'une espèce comme lui assurant la plus grande somme possible d'avantages, auquel cas ils ne feraient jamais qu'un avec l'intérêt économique, il suffit qu'ils ne soient pas assez désavantageux pour amener la destruction de l'espèce : avec ce minimum, l'espèce survit.

Il n'y a, par contre, aucune hésitation à avoir sur les guerres d'abeilles : elles ont une cause véritablement

---

[1]. Elles n'excluent sans doute pas les guerres de rencontre comme chez les fourmis non-esclavagistes, bien que les auteurs en signalent peu. Il faut noter aussi que les fourmis d'une même espèce ne se font jamais d'esclaves entre elles; à la suite d'une guerre de rencontre, d'une guerre de haine, le vainqueur peut dévorer les larves de son congénère vaincu, il ne les élève pas.

économique. Le pillage collectif d'une ruche faible, mal gardée, mal entretenue, où l'esprit collectif, l'esprit public, pourrait-on dire, a baissé, représente véritablement un moindre effort. (Rien de plus clairement économique que l'économie d'effort). Voici le bilan de l'opération : le gain consiste en ce que les vainqueurs s'approprient en quelques instants le fruit d'un très long travail ; la perte, ce sont les ouvrières tuées, du miel, par conséquent, qui ne sera pas récolté. Il y a bénéfice presque certain, surtout parce que les provisions pillées permettent d'élever immédiatement un nombre correspondant de larves : la reine d'une ruche pond à peu près à discrétion.

Le cas diffère de celui des *Fourmis sanguines* qui ne se pillent pas de provisions, pour la bonne raison qu'elles n'en font pas. En cela elles sont semblables à toutes celles de nos climats, les seules sur les guerres desquelles on ait des observations. La fourmi de la littérature classique, la fourmi prévoyante qui amasse des grains, n'est représentée que par deux ou trois espèces méridionales, très communes tout autour de la Méditerranée [1], et dont les guerres ne sont mentionnées par aucun auteur.

La guerre chez les bêtes s'avère donc comme ayant pour origine les instincts passionnels aussi bien que les économiques.

§ 2. — Évolution du point de vue économique dans les guerres.

A l'origine, les guerres humaines pouvaient avoir souvent, le plus souvent même — elles ne l'avaient certaine-

---

1. Voir Forel, *Fourmis de la Suisse*. p. 429.

ment pas toujours —, une cause économique. Les hommes furent d'abord chasseurs. Si l'aire de chasse d'une communauté s'appauvrissait, soit parce que le gibier était trop décimé, soit parce qu'il émigrait à la suite de sécheresse, d'invasions de sauterelles..., la communauté devait, sous peine de mort, vaguer à la recherche de proie animale; quand elle en trouvait, il arrivait que ce fût dans une région déjà exploitée par d'autres chasseurs; les nouveaux venus avaient parfois un intérêt vraiment vital à évincer les premiers occupants et ceux-ci à repousser les intrus. De là une guerre de cause nettement économique.

Même intérêt, même cause, quand des peuples pasteurs se battaient pour des pâturages, des peuples agriculteurs, à population vite accrue, pour étendre leurs terres.

Les besoins d'où naissaient les guerres n'étaient pas si urgents, la plupart du temps, et les guerres n'en conservaient pas moins, en de fréquentes occasions, leur type de conflits d'origine économique. Ces guerres, semblables à celles des abeilles, se réduisaient essentiellement au vol : il n'y a rien, en effet, de plus économique que le vol, à condition toutefois qu'il soit assez rémunérateur, car il représente alors une application de la loi primordiale de l'économie politique: la loi du moindre effort, s'assurer le maximum de profit au prix du minimum de peine.

Vols de bestiaux, piraterie, enlèvements de femmes et d'enfants, constituaient un fonds courant de causes de guerre à l'époque des premières civilisations méditerranéennes. L'histoire et les légendes en témoignent.

Rien de plus économique pour une tribu montagnarde, aux pâturages pauvres, que de râfler, chez les peuples plus riches de la plaine, la « viande sur pied » qui lui manquait; le coup fait, les ravisseurs se réfugiaient dans leurs nids d'aigles et narguaient les représailles. Ainsi vécurent les Eques dans les Apennins; les cités latines et Rome même leur firent la guerre pendant des siècles avant de pouvoir les réduire.

Chez les contemporains de l'Iliade et de l'Odyssée, comme chez beaucoup de sauvages actuels, la femme représentait la main-d'œuvre des principales industries domestiques. C'était donc une opération hautement économique que d'en enlever, de sorte que la guerre de Troie, si poétique, pouvait bien n'être au fond, dans ses origines, qu'un rapt pareil à ceux que pratiquaient couramment les peuples maîtres de la mer.

Il est à remarquer que l'esclavage antique prit beaucoup plus tard son immense développement; il ne fut pas alors une cause de guerre, mais un résultat de la guerre; de même qu'il était un châtiment au sein des sociétés, on l'infligeait à l'ennemi vaincu pour le punir d'hostilités trop obstinées, de récidives trop fréquentes dans ses agressions, pour l'anéantir, par haine, par vengeance. Le prisonnier de guerre était réduit en esclavage, non pas, comme aujourd'hui, pour la durée de la guerre, mais pour toujours, à moins qu'il n'appartînt au parti vainqueur.

Jusqu'à la stabilisation des peuples qui s'opéra quelques siècles après la chute de l'empire romain, les guerres de nos ancêtres barbares eurent, dans l'ensemble, des causes économiques : des peuples pourvus de mauvaises terres en cherchaient de bonnes. Par là s'explique l'afflux continuel d'envahisseurs du Nord-Est vers le Sud-Ouest : invasions des Celtes, des Cimbres et des Teutons, infiltrations des Germains dont Rome fit des Lètes — cultivateurs fixés au sol de l'Empire —, puis, à plusieurs reprises, inondations plus brusques de peuplades germaniques ou autres.

Quand on en arrive à la Cité, à l'Etat féodal, à l'Etat d'Ancien Régime, on aperçoit encore très bien aux guerres des causes économiques, mais elles paraissent moins générales, et le besoin auquel elles répondent de moins en moins directement vital; comme il ne s'agissait pas autant et d'une manière aussi constante, pour les peuples ou leurs chefs, de satisfaire des nécessités biologiques, les passions avaient plus d'occasions de prédominer, passions telles que l'orgueil, l'amour de la magnificence, de la gloire, du sport guerrier, de l'indépendance; telles que, chez les Musulmans et les Chrétiens, les passions religieuses. Il faudrait, pour démêler les deux catégories de causes, la passionnelle et l'économique, un examen trop détaillé et une trop longue discussion.

Il suffira de rappeler quelques guerres passablement économiques dans leurs origines : ce furent, en grand nombre, celles que menèrent les cités antiques : presque toutes dépourvues de bases territoriales importantes, elles ne s'enrichissaient que par la mer, elles avaient intérêt à évincer les marines rivales, à monopoliser autant que possible les comptoirs fructueux, à prélever des tributs sur le commerce général. Tel fut le cas, aussi, dans l'ère moderne, des cités italiennes.

Une cause économique engendra, pour une part au moins très importante, plusieurs des guerres dérivées de la concurrence pour le commerce des épices. C'étaient les Musulmans d'Égypte et de l'Asie occidentale qui apportaient de l'Inde les denrées dont on appréciait si fort l'action excitante sur les papilles du goût : poivre, cannelle, etc..., denrées transmises à l'Europe par les Vénitiens, Génois, Pisans. Les Portugais, après qu'ils eurent doublé le Cap de Bonne-Espérance, enlevèrent ce commerce aux

Arabes, les Hollandais l'enlevèrent aux Portugais, les Anglais et les Français entrèrent en rivalité avec les Hollandais; toutes les guerres des Indes vinrent de là. L'espoir d'arriver directement par l'Atlantique à la terre des épices et de l'or, aux Indes, suscita la tentative de Christophe Colomb; maîtresse de l'Amérique, grâce à son succès, l'Espagne devint une puissance maritime, ce qui la mit bientôt en concurrence, et souvent en hostilité, avec l'Angleterre.

Pendant toute l'époque de la préhistoire et celle de l'histoire qui s'étend jusqu'à la chute de l'Ancien Régime, l'intérêt économique était senti directement par les sociétés ou leurs chefs.

Le moindre membre d'une tribu de chasseurs avait conscience de lutter pour sa nourriture, pour sa propre vie, quand il combattait une autre tribu afin de conserver ou d'acquérir un terrain de chasse suffisamment giboyeux, et il en était de même d'une guerre de pâturages entre pasteurs, d'une guerre de terres entre agriculteurs.

Quand le pouvoir social et politique tomba entre un petit nombre de mains, les petits chefs, les roitelets, les oligarchies archaïques, tiraient un bénéfice immédiat nullement douteux des pirateries, enlèvement de femmes, vols de bestiaux, commis par eux ou à leur compte. Dans les cités, les citoyens appréciaient chacun d'une manière tangible le résultat des guerres. Les souverains féodaux, le Roi, mesuraient très nettement l'intérêt économique d'une entreprise quelconque, d'une guerre en particulier, à ce qu'elle rapportait ou coûtait à leur trésor.

Aujourd'hui, au contraire, nul individu n'a son intérêt économique personnel en contact direct avec l'intérêt général. Celui-ci est fait d'un ensemble tellement complexe d'aspirations et de besoins contradictoires qu'il faudrait un génie surhumain pour le formuler avec une exactitude un peu approximative ; la formule une fois trouvée serait immédiatement contestée, parce que, exprimant une moyenne, elle ne satisferait personne, et elle deviendrait fausse au bout de quelques années, quelques mois peut-être, tant les conditions économiques du monde varient rapidement. Donc les citoyens, les hommes d'État eux-mêmes, ne peuvent concevoir l'intérêt public que de loin, par imagination, en se « faisant des idées », comme dit le populaire, d'après des préjugés, des partis pris dictés par les passions politiques ou nationales. Qu'est-ce dès lors que la cause économique d'une guerre? simplement la cause que l'on se représente, et on s'en représente toujours une — car un État ne se battra jamais avec l'idée que c'est pour se ruiner —, et on peut se représenter n'importe laquelle, comme l'attestent les motifs économiques infiniment variés, conciliables ou non, qu'on attribue à l'explosion et à la persistance de la guerre actuelle.

§ 3. — L'ère actuelle est essentiellement l'ère économique. La paix représente, dans cette ère, l'intérêt économique fondamental.

Depuis que la vapeur et l'électricité ont intensifié, au point que l'on sait, les communications et les échanges mondiaux, on est entré dans une ère véritablement nouvelle. Les conditions de la vie des peuples civilisés ont changé du tout au tout. Jusqu'au milieu du XIXe siècle environ, un grand pays développé pouvait se suffire à lui-même ; quand son commerce extérieur pâtissait, même au point de se réduire à rien, il n'en résultait pas pour lui une souffrance intolérable. Dès lors, il n'avait pas à redouter la ruine d'une autre nation, en particulier s'il en était l'auteur lui-même par la guerre ou autrement.

Mais aujourd'hui, des millions d'hommes, dans de tels pays, dépendent pour leur subsistance de ce que leur pays exporte et importe. Les milliards de francs d'exportation des commerces extérieurs représentent le travail de ces millions d'hommes et, par conséquent, leur vie, à condition, bien entendu, qu'ils soient payés; or, comment sont-ils payés? dans l'ensemble, et pour la plus grande partie, par les importations.

J'ai rencontré des gens qui avaient pour idéal que leurs compatriotes fussent uniquement exportateurs : on les paierait en or; ils draineraient ainsi tout l'or du monde et seraient le peuple le plus riche du monde. Au train de milliards du commerce mondial, ce résultat serait atteint en quelques années, au bout desquelles ce peuple exportateur ne pourrait plus rien exporter, parce qu'on n'aurait plus rien pour le payer; ce serait la ruine chez lui et autour de lui. Celui qui importe paie encore avec l'intérêt des créances qu'il a chez les exportateurs : ce ne peut être que dans une mesure restreinte, toujours à cause de l'énormité des chiffres du commerce universel [1].

En se bornant à cette simple raison — car il en existe d'autres —, on voit qu'il ne subsiste plus d'intérêt économique dans la guerre entre nations développées, celles de

[1]. Il est donc normal — et c'est ce qui a lieu en effet — que les nations pourvues de capitaux, comme la Grande-Bretagne, la France, comme le devenait l'Allemagne, soient plus importatrices qu'exportatrices; la différence est représentée par l'intérêt des créances; et il y a encore un petit excédent soldé en or en leur faveur.

l'Europe occidentale et centrale et de l'Amérique du Nord, au moins. C'est ce groupe qui représente, pour chacune d'elles, le gros de son commerce ; en en ruinant une, elle se ruine nécessairement elle-même, elle rend insolvable un gros client, elle ôte le pain de la bouche aux innombrables travailleurs qui, chez elle, vivaient de la fabrication des produits qu'il achetait en les payant d'autres produits devenus nécessaires. Supposons que l'Allemagne victorieuse ruine la France, l'Italie, la Grande-Bretagne et les États-Unis, une grande partie de sa population périra de cette « forte paix allemande ».

Sans doute y a-t-il intérêt à s'occuper des pays mal outillés pour favoriser leur croissance et s'assurer une place importante dans leur commerce futur. Des rivalités naissent de là, des froissements ; faire la guerre pour cela à une nation développée, c'est cependant une affaire ridicule au point de vue économique. Ruiner la France ou l'Angleterre pour obtenir une main-mise sur l'Empire ottoman, ce serait, de la part de l'Allemagne, échanger le milliard contre le million.

De ce que le commerce de l'Allemagne s'est accru après 70, on conclut que la guerre est favorable au développement économique, et de ce qu'il s'est accru en particulier entre la France et l'Allemagne, on conclut encore que le commerce n'est pas une affaire de sentiments et qu'il prospère dans l'antipathie autant que dans la sympathie. Mais d'abord cette guerre, si importante qu'elle fût, n'était qu'un jeu d'enfants auprès d'un mois seulement de la guerre actuelle ; elle appartenait encore, par la modicité relative des moyens financiers et industriels mis en œuvre, à une période de transition entre l'ère ancienne non économique, et l'ère économique actuelle. Un épuisement réel de la France n'en pouvait pas résulter, tandis que l'Allemagne, moins robuste alors économiquement, y risquait gros ; si bien que celle-ci connut une crise qui nous fut épargnée : des masses énormes d'Allemands durent chercher dans l'émigration un recours contre la misère qui les talonnait. Le relèvement de l'Allemagne ne commença qu'en 1880, en retard de quatre ou cinq ans sur le nôtre. J'admets que la réalisation de l'unité germanique, le prestige obtenu par la victoire sur un grand peuple, eût une part appréciable dans la prospérité surprenante obtenue ensuite, bien que cet élan s'explique beaucoup plus simplement par l'esprit de discipline et d'organisation qu'introduisit l'hégémonie prussienne, par le caractère docile, sérieux et travailleur des Allemands, par le maintien sensiblement au même taux de l'accroissement de la population, par l'importance économique rapidement grandissante des richesses du sous-sol dont l'Allemagne était remarquablement pourvue. Ce que l'on contesterait à juste titre, c'est que l'Allemagne ait fait une bonne affaire, une affaire qui « payait » commercialement en créant, par l'annexion de l'Alsace-Lorraine, un état irréconciliable de l'âme française. Nous aurions certainement beaucoup plus acheté à l'Allemand s'il n'avait pas occupé Metz et Strasbourg, et l'Allemagne eût obtenu ce plein concours de la finance française qu'elle nous reprochait, dans notre intérêt, disait-elle, de lui mesurer bien chichement.

Avec une telle aide, l'Allemagne eût obtenu à très peu de frais, y compris un pourboire pour nous, ce que les pangermanistes les plus exaltés escomptent de la victoire la plus écrasante dans la guerre actuelle.

Bref, depuis que le monde entre dans l'ère économique,

l'intérêt économique qui prime et conditionne tous les autres, c'est la paix.

§ 4. — L'ILLUSION ÉCONOMIQUE.

Tout cela est bien connu, banal même ; on sait depuis longtemps, quand on parle « affaires », vraiment au point de vue « affaires », que les intérêts économiques mondiaux sont trop entrelacés pour qu'une crise grave produite quelque part ne se répercute pas en tout centre important, pour qu'on puisse nuire sérieusement à une nation développée sans se nuire à soi-même.

Comment se fait-il donc que cette vérité si élémentaire soit méconnue ? Comment se fait-il que des gens, qui la proclament implicitement par leur pratique journalière et explicitement dans leurs propos habituels sur les questions économiques, se mettent par accès à la nier avec violence ?

Il y a, dans la nature humaine, des singularités plus grandes que celle-là. On se trouve ici en présence d'un cas particulier de la loi de notre évolution, loi d'après laquelle notre mentalité ne se modifie jamais tout d'un bloc. Chaque individu contemporain est un peu un homme de tous les âges ; il y a en lui des diverses civilisations ou absences de civilisations qui se sont succédées depuis l'aube de la préhistoire jusqu'à maintenant ; tantôt c'est l'homme de l'âge de pierre qui le fait penser et agir, tantôt le citoyen d'Athènes ou de Rome, tantôt le serf ou le chevalier, tantôt le sujet de Louis XIV, tantôt le Jacobin... Et si l'on prend une moyenne nationale, on voit que, dans l'ensemble, nous sommes dirigés, suivant les circonstances, par des idées qui supposent tous les degrés imaginables d'évolution. Il est inévitable qu'elles se démentent souvent l'une l'autre.

La contradiction principale réside entre le fait que nous vivons dans l'ère économique — réalité qui s'impose à la direction de nos affaires — et notre manière de penser qui, lorsque nous nous occupons de politique, demeure conforme aux principes de l'ère pré-économique.

Nous raisonnons, nous citoyens de nations modernes, comme si nous formions tous ensemble une personnalité qui se fût simplement substituée au Roi d'Ancien Régime, avec la seule différence qu'elle est collective : nous disons : — nos finances —, comme le Roi disait : — mon trésor —, nous disons : — nos colonies —, comme il disait : — mes possessions —; et nous croyons, dans un premier mouvement, au moins, faire une assimilation tout à fait justifiée. Si nous voulons prendre une analogie plus serrée, nous nous comparons aux citoyens des cités helléniques, mais cela revient au même, car l'État, représenté par leur volontés communes ou l'État incarné dans un monarque pouvaient aussi bien l'un que l'autre, et sans grave inconvénient, concevoir l'intérêt économique de la communauté comme calqué sur un intérêt économique strictement individuel.

Un commerçant ruine ses concurrents ; tant mieux pour lui, son champ d'affaires en sera plus vaste, et il n'en souffre pas, puisque ce ne sont pour lui ni des fournisseurs ni des clients. Encore ne risquera-t-il pas toujours grand'chose à s'enrichir à l'extrême dommage de ceux-ci : d'autres fournisseurs et d'autres clients existent en abondance.

Ainsi des États de l'ère pré-économique. Si une cité antique commerçante en détruisait une autre, elle supprimait peut-être un client et un fournisseur, mais sans se nuire beaucoup à elle-même, car elle ne détruisait qu'une ville. Anéantissait-on Carthage, il restait en fait tout ce qui, dans le monde, n'était pas Carthage même, Carthage agglomération urbaine; l'empire carthaginois lui-même ne comprenait, en effet, que des cités et des peuples plus ou moins assujettis à la domination de la métropole punique mais qu'aucun lien « national » ne rattachait à elle; peu leur importait de changer de maître, d'autant que quelques-uns y gagnaient, ou espéraient y gagner, d'alléger leur joug. Carthage anéantie, client supprimé, préjudice appréciable! Très réparable cependant, car il était alors relativement facile de le compenser, et bien au-delà, en se substituant à Carthage dans le commerce qu'elle faisait; on lui *prenait* son commerce.

Tandis qu'aujourd'hui, quand on est une nation développée, on ne prend pas ainsi par la violence le commerce d'une autre nation développée. On le supprimerait sans pouvoir le remplacer avant d'être ruiné de sa ruine : directement parce qu'on aurait détruit pour soi un énorme débouché, indirectement parce qu'on aurait détruit pour les autres un débouché également considérable, qu'ils en seraient appauvris, et moins capables de vous acheter vos produits.

Au temps de Louis XIV encore, le rêve du protectionnisme intégral comportait peu de dangers dans sa réalisation : ne rien importer, exporter beaucoup, et drainer ainsi tout l'or du monde. C'était, du reste, le rêve de Colbert. A la fin, bien entendu, la France n'eût plus rien exporté. Mais il n'en fût pas résulté pour elle de préjudice mortel ; supposez le résultat final obtenu : la France consommait une partie des marchandises auparavant envoyées à l'étranger, marchandises dont l'or accumulé facilitait la répartition ; quelques manufactures fermaient, d'autres restreignaient leur production, quelques centaines d'ouvriers tombaient dans la misère, et tout était dit. Rien de pareil à la catastrophe économique qu'un tel événement produirait aujourd'hui ; dans l'ère pré-économique, en effet, les pays se suffisaient à peu près à eux-mêmes, de sorte que l'arrêt des courants commerciaux les affectaient médiocrement [1].

Les conditions de l'ère pré-économique permettaient ainsi la prise de possession d'un commerce et d'un moyen de commerce comme l'or : on en privait autrui sans trop se priver soi-même.

Toute possession par l'État était d'ailleurs susceptible alors de s'assimiler à une propriété individuelle, notamment la possession territoriale, tandis que, dans l'ère économique, un territoire appartient à ses habitants — à condition qu'ils soient, par leur développement, des gens de l'ère économique —. Il y a souveraineté, il n'y a pas propriété. L'Allemagne, par exemple, ne possède pas l'Alsace-Lorraine, l'Alsace-Lorraine reste aux Alsaciens-Lorrains, seulement la souveraineté qui s'exerce sur eux leur inflige des souffrances morales. Norman Angell fait remarquer très justement que l'Angleterre ne possède absolument pas le Canada, l'Australie, l'Union Sud Africaine... Ces pays, véritables nations indépendantes, appartiennent respectivement aux Canadiens, Australiens, Sud-Africains. Des Blancs, à la vérité, ont *pris* leurs territoires aux indigènes, mais nul ne peut le leur reprendre : quand bien même la

---

[1]. Ceci ne s'appliquait pas, bien entendu, aux cités antiques dont la plupart, essentiellement maritimes, ne pouvait vivre que de commerce extérieur, mais elles pouvaient se prendre le commerce les unes des autres.

Grande-Bretagne n'eût pas exercé à l'égard des Boers vaincus une politique libérale et intelligente, l'Afrique du Sud serait restée aux Boers; on ne leur aurait enlevé que de la souveraineté, du bien-être moral, non leur territoire[1].

L'intérêt économique de l'ère actuelle empêche même une métropole d'avoir des colonies pour son avantage quand ce n'est pas pour leur avantage. Passe encore quand elles ne sont pleines que de populations trop arriérées : les enrichir serait la seule manière de trouver chez elles un débouché; si on ne le fait pas, elles restent pauvres comme avant et la métropole en est pour ses frais d'administration; rien de particulier n'en résulte. Tandis que si elles sont entre les mains de colons civilisés assez nombreux, ce sont ces colons et non la métropole qui les possèdent. Celle-ci ne pourra pas les exploiter sous peine de révolte. Traitant ses conquêtes d'outre-mer comme une propriété, l'Espagne prétendit en tirer de l'or à peu de frais et les obliger à tout acheter chez elle, très cher. Elle perdit ainsi la moitié de l'Amérique; ce dont elle ne fut du reste pas plus pauvre. Elle la garda cependant longtemps, et, sans les guerres napoléoniennes, elle l'eût gardée plus longtemps encore, parce qu'on n'en était pas à l'ère économique. Cette ère venue, l'ancien régime espagnol était incompatible avec une Espagne développée; avec une Espagne de commerce et d'industries minces qui eût persisté dans l'idée de s'enrichir de ses colonies, les His-

---

1. Aussi certains pangermanistes sont-ils très logiques : ils veulent annexer des territoires français en expulsant et expropriant les habitants indigènes, purement et simplement; leur place serait donnée à des Allemands. L'opération toutefois, étant donnée l'organisation économique moderne, causerait de gros déboires aux conquérants. On sait que l'expropriation forcée des paysans polonais en Posnanie n'a guère réussi.

pano-Américains se fussent appuyés sur quelqu'un des pays économiquement forts pour secouer le joug : ce fut d'ailleurs l'histoire de Cuba.

On ne possède même plus complètement son marché intérieur : posséder son marché intérieur, cela suppose qu'on soit le maître absolu d'empêcher chez soi la concurrence du commerce étranger ; or on a là un pouvoir très limité, ne fût-ce que par la nécessité de se faire payer ses exportations ; et l'étranger ne saurait vous payer qu'en importations, si toutefois votre activité économique n'est pas insignifiante relativement aux courants d'affaires d'aujourd'hui.

Pendant l'ère pré-économique, une telle restriction ne s'imposait en rien.

§ 5. — Des passions qui interviennent derrière les causes économiques des guerres.

La contradiction entre le régime économique où nous vivons de plus en plus et nos pensées économiques est naturelle, mais en même temps irrationnelle, ce qui suffirait à indiquer qu'il y a là quelque chose de l'ordre affectif. Et, en effet, il n'est pas difficile de démêler les passions et les sentiments qui se dissimulent derrière le soi-disant esprit froid, positif, désabusé, calculateur, que nous prétendons appliquer à l'examen des choses économiques.

On croit que, nous dépouillant de vaine sentimentalité, cet esprit nous conduit à poser comme base essentielle l'égoïsme national. Or, quand il s'agit de nations développées, c'est au contraire cet égoïsme qui apparaît comme incompatible avec l'adage : — les affaires sont les affaires — ; non pas qu'on traite les affaires en s'inspirant d'un sentiment d'abnégation, mais parce que l'égoïsme ne répond plus aux conditions commerciales de l'ère économique; il porte à croire que l'on peut s'enrichir aux dépens des étrangers alors que le tort qu'on leur fait, on le fait aussi à soi-même, en vertu de la nécessité de recevoir en importations le paiement des exportations. Il n'y a que la ruine du riche par le pauvre ou du pauvre par le riche qui soit sans inconvénients pour l'auteur de la ruine : le Monténégro ne souffrira pas de détruire le commerce britannique, ni la Grande-Bretagne d'anéantir le Monténégro.

A l'analyse, l'égoïsme national se révèle comme confondu avec l'orgueil national. Nous croyons tenir à des possessions qui nous enrichissent, alors qu'il n'y a ni possession, ni enrichissement; l'objet réel de nos sentiments appartient à la catégorie des biens moraux : c'est l'extension de la souveraineté de notre pays à de plus vastes espaces, la considération qui lui revient du fait qu'il tient une grande place dans le monde, sa gloire d'avoir contribué pour une large part à l'aménagement économique du globe.

Les colonies tropicales sont un bon exemple à cet égard. Elles ne rapportent que fort peu aux pays qui les possèdent : étant peuplées d'indigènes qui n'ont pas de besoins, et d'une poignée d'Européens seulement, elles n'offrent pas de sérieux débouchés à la métropole, surtout si, suivant la fréquente pratique française, la métropole veut se réserver ces débouchés, car elle oblige les habitants de la colonie à acheter beaucoup plus cher, donc beaucoup moins. Quand, d'autre part, nous voulons avoir *notre* café, *notre* coton, en les faisant produire par nos colonies, nous encourageons leur culture par des droits de douane imposés aux cafés du Brésil, aux cotons des États-Unis. De sorte que les colonies sont de maigres débouchés que nous bouchons et qui nous servent à l'occasion à payer plus cher des denrées de presque première nécessité. Joignez à cela que la conquête, la défense, l'administration des colonies, représentent des frais assez onéreux ; on en concluera que l'intérêt économique de leur « possession » s'évalue à rien, sinon à une quantité négative. On ne prouvera jamais, chiffres en mains, à un Européen quelconque, et surtout à un Français, qu'il ne serait pas aussi riche si les colonies tropicales appartenant à son pays tombaient sous la domination d'un autre pays (pacifiquement bien entendu, car une guerre coûte toujours cher).

Si l'on se tourne du côté des sentiments, on en trouve au contraire beaucoup qui correspondent à la satisfaction de posséder un empire colonial ; il y en a de bons et de mauvais, de stupides et d'éclairés, il y en a de toutes sortes.

Le plus légitime, et il est très légitime, s'exprimerait comme il suit : c'est un gain pour l'ensemble de l'humanité que l'ouverture à la vie économique d'énormes régions telles que l'Afrique ; plus grande est la part que mon pays y a prise, plus j'en suis fier.

Un sentiment impérialiste primitif nous inspire de la joie à l'idée que nous sommes les Maîtres dans beaucoup de pays, la race supérieure, conquérante, que, dans ces pays, il en coûte infiniment plus aux indigènes de nous insulter, qu'à nous d'insulter les indigènes. Ce sentiment, accessible aux gens de la moindre culture, sévit aussi en Europe et entre Européens.

Quant aux colonies de peuplement, on est conduit, si elles prennent de l'importance et si on ne veut pas les perdre, à leur laisser la liberté ; on ne les possède donc absolument pas. Qu'elles se tiennent attachées à l'empire métropolitain ou s'en détachent, c'est tout un au point de vue de l'intérêt économique, car elles débutent dans l'usage de leur liberté par le protectionnisme, mesure estimée nécessaire, à tort ou à raison, pour la première croissance des nations. Malgré leurs barrières douanières, les Etats-Unis, affranchis de la Grande-Bretagne, lui ont procuré un plus ample débouché que tous les Dominions ensemble; et le commerce extérieur du Canada britannique ne va, malgré des tarifs de faveur, que pour les 36 p. 100 à la métropole, tandis que la Grande-Bretagne absorbe les 38 p. 100 de celui de l'Argentine (chiffres de 1908[1].)

L'Anglais s'illusionne donc s'il fait de sa bourse le bénéficiaire presque exclusif de la grandeur britannique. Cette grandeur est un bien « en soi »; une fierté légitime naît de l'importance de l'œuvre humaine et civilisatrice achevée sous les plis de l'Union Jack. Qui niera ce bien-être moral intime pour l'âme de tout citoyen britannique?

Votre voisin a trois millions et vous deux et il ne gagne jamais vingt francs sans que cela vous rapporte cent sous. Faisant ce que vos moyens vous permettent, vous vous enrichissez, vous augmentez votre fortune du simple au double en dix ans et le voisin du simple au quintuple; qu'y a-t-il là de contraire à votre intérêt économique?

Mais la nation qui est vis-à-vis d'une autre dans la même situation que vous vis-à-vis de votre voisin se croit gravement menacée. Péril économique? pas du tout, puisqu'elle s'enrichit, et vite, et que la fortune plus rapide de la concurrente lui profite. C'est son orgueil qui souffre : elle regrette le temps où elle était la première parmi des pauvres. Le rang compte pour elle plus que tout le reste. Elle a peut-être aussi des craintes politiques; elle redoute que son vainqueur économique ne la froisse dans son indépen-

1. Norman Angell. *The Great Illusion*, p. 107, Note.

dance ou sa fierté. Sentiments naturels et qui, suivant l'occurence, peuvent devenir légitimes ou louables; mais ils n'ont rien d'économique : tant de milliards de fortune, c'est toujours le même nombre de milliards avec ou sans abjection.

Je m'empresse de dire qu'il vaut mieux moins de milliards ou pas de milliards et pas ''abjection; c'est pourquoi je soutiens que les causes économiques des guerres ne sont ni primordiales ni exclusives.

Outre que des éléments affectifs se cachent sous les causes économiques de guerres, il y en a qui dictent l'axiome : — toutes les guerres sont d'origine économique. — Ce sont des passions politiques.

Passions des partis nationalistes : ils exploitent l'idée pré-économique de possession, de prise du commerce et de l'industrie, pour exciter l'égoïsme national dans ses convoitises et ses méfiances.

Passions socialistes aussi : elles font haïr dans le régime capitaliste un ferment permanent de guerres. Cette conception n'a aucune clarté, car on prend là le capitalisme dans le sens vague et général de tout ce qui est hostile au socialisme.

Or dans beaucoup de ses acceptions, le capitalisme est au contraire synonyme de paix à tout prix. Signifie-t-il le règne de l'intérêt « bourgeois, de classe » il recommanderait une bonne armée de métier de deux cent mille hommes assez soustraits, par leur profession et leur paye, à toute solidarité avec les prolétaires pour mitrailler la foule sans hésitation en cas d'émeutes; pas de guerre extérieure, sous aucun prétexte, afin de maintenir intacte cette police capitaliste et de n'être pas conduit à mettre des armes aux mains du peuple; entente avec le prussianisme, un protecteur au besoin, comme il l'a été pour les Ukrainiens, contre les bolcheviks.

Au surplus, il aurait été beaucoup plus conforme au principe capitaliste exempt de sentimentalité de prêter les milliards bourgeois à l'Allemagne qu'à la Russie et d'oublier l'Alsace-Lorraine dont le souvenir fut pécuniairement onéreux.

Voilà un capitalisme essentiellement pacifiste. C'est la préférence heureuse de l'honneur national à l'intérêt pur qui l'a fait rejeter.

Et qu'est-ce que le capitalisme dans son acception précise? La possession et l'accumulation individuelles du crédit. Il ne se symbolise pas seulement par le règne du CAPITAL, poulpe monstrueux qui enserre le globe entier de ses tentacules; il est fait de la réunion des *capitaux*, pareils à des lapins dans une garenne, êtres d'une timidité extrême qui, au moindre bruit martial, se dispersent et disparaissent au fond des terriers. Demandez au monde des affaires si ces paniques lui agréent.

On conclura enfin que les causes affectives prédominent dans les guerres et cela d'autant plus que nous avançons dans l'ère économique.

Elles n'en ont jamais été exclues : elles jouent un rôle important dans les guerres animales, là cependant où l'explosion des hostilités doit correspondre le plus clairement à des lois naturelles. Ces causes affectives sont fréquentes aussi dans les guerres entre primitifs : vendettas, bravades, amour des exploits; goût désintéressé du sang; dans les guerres entre civilisés de l'ère pré-économique : les Grecs continentaux, en partie du moins, repoussaient les envoyés perses réclamant « la terre et l'eau », simple formule de vassalité morale qui n'engageait en rien l'indépendance effective... Combien de féodaux se battirent pour le plaisir, de monarques par amour de la gloire..! Nos guerres de la Révolution et de l'Empire furent-elles mercantiles dans leurs origines?

Que dire de toutes les guerres de nationalités du xix° siècle? Et faut-il croire que tant de milliers de Français ont donné leur vie et la donnent encore parce qu'il y a beaucoup de potasse en Alsace-Lorraine?

§ 6. — LE SEUL INTÉRÊT ÉCONOMIQUE DE LA GUERRE : SUPPRIMER LA GUERRE.

Ce qui contribue à égarer le raisonnement au sujet des causes économiques de la guerre et à faire affirmer qu'elles sont de plus en plus prédominantes, c'est que la guerre elle-même prend un caractère de plus en plus économique dans les moyens d'action qu'elle met en jeu. Elle est devenue métallurgique, chimique, mécanique, alimentaire au point que l'on sait, et elle sera telle dans l'avenir à un degré toujours croissant. On veut avoir beaucoup de mines de houille, de mines de fer, d'industries métallurgiques et mécaniques organisées, de blé, de fourrages, d'engrais, de points d'appui pour sa flotte, de navires de commerce ; tout cela représente un intérêt vital pour la prochaine guerre.

Une telle préoccupation conduit à une économie politique qui n'a rien d'économique, qu'il convient plutôt d'appeler stratégique.

Quand des hostilités ont été provoquées par le désir de semblables avantages, c'est une seconde guerre, encore à venir, qui constitue la cause, le but, la justification pratiques d'une première guerre en cours. Cercle vicieux dont il n'y a aucune raison pour se tirer jamais. Absurdité sans limite qui consiste à poursuivre dans la ruine d'un client un moyen plus sûr pour le ruiner en une prochaine occasion. (Je me place toujours dans l'hypothèse de guerre entre nations développées).

Une seule idée économique raisonnable subsiste dans une telle ligne de conduite ; l'espoir de rendre la guerre plus rare en la rendant plus difficile. On se dit : — Si je me rends inattaquable, il n'y aura plus de guerre, car moi, je ne fais que me défendre, les autres seuls sont agressifs. — Mais puisque cette pensée se base sur la présomption du mauvais vouloir des autres États, la logique vous oblige à conclure que vous n'aurez absolument rien fait tant que vous ne serez pas capable d'inspirer au monde entier la crainte de votre force, tant que vous n'aurez pas l'hégémonie.

Imposer la paix au monde comme une police puissante impose l'ordre dans une société bien organisée, cela, c'est concevoir un but vraiment économique, puisque le seul intérêt économique de l'ère actuelle est la paix, but qui reste tel malgré tous les bouleversements économiques nécessaires pour l'atteindre : sur des ruines passagères s'élèverait l'édifice éternel.

Dans ce sens, il est raisonnable d'assigner au présent cataclysme un but économique allemand. Engagée contre la Russie et contre la France, cette guerre, si elle eût tourné au gré de Bethmann-Hollweg, donnait l'hégémonie européenne à l'Allemagne, que l'Allemagne le voulût ou non ; car avec une France désarmée, une Russie rejetée en Orient, quel obstacle subsistait-il devant le bon plaisir germanique ?

Et de l'hégémonie européenne découlait l'hégémonie mondiale.

Ne mettra-t-on cependant que le souci des affaires à la racine de cette conception colossale? Une véritable ivresse de puissance l'accompagnait à coup sûr, passion effrénée que l'on pourrait aussi bien considérer comme la cause principale de la guerre.

Ainsi, quand il y a guerre aujourd'hui entre grandes nations économiquement développées, ou bien leurs hostilités violentes sont contraires à leur intérêt économique, d'où on conclurera que leur but économique est imaginaire et masque un mobile affectif à quoi il ne sert que de justification soi-disant rationnelle, « scientifique », ou bien ces hostilités concordent avec un intérêt économique réel, et une frénésie de sentiments les accompagne.

C'est donc, dans l'ensemble, la passion qui prédomine.

TROISIÈME PARTIE

L'AVENIR DE LA GUERRE ET DE LA PAIX

CHAPITRE I

Évolution générale des Causes de Guerre.

§ 1. — Est-il possible ou impossible de supprimer les guerres? Comment se pose cette question?

L'histoire nous apprend qu'il y a toujours eu des guerres, et la Grande Guerre a éclaté contrairement à toutes les bonnes raisons que l'on donnait pour pronostiquer un avenir pacifique de l'humanité. Donc, semble-t-il, l'expérience a prononcé : une paix définitive est chimérique.

Il faut cependant qu'il y ait quelque chose de bien fort, même au point de vue rationnel, dans cette idée qu'un ordre légal finira par régner entre les nations, puisque les partisans de la violence y croient eux-mêmes implicitement.

Les auteurs qui prônent la guerre comme hygiène morale et comme esthétique nécessaires pour préserver les hommes de la corruption devraient rêver à une sorte de Walhalla. Dans ce paradis germanique, on s'en souvient, les élus se battaient toute la journée, guérissaient de leurs blessures le soir et recommençaient le lendemain après avoir bu toute la nuit. Si l'on ne veut pas s'exposer à manquer de la guerre, de cet antidote contre les vices et les laideurs, une précaution indispensable, c'est de conserver des ennemis et de leur laisser une force assez grande pour qu'il y ait du mérite à les vaincre.

Or les lyriques belliqueux parlent toujours de supprimer leurs ennemis par écrasement. Tel Bernhardi : après avoir accusé les « tendances pacifistes d'empoisonner l'âme » du peuple allemand, et prétendu prouver que la guerre est « un facteur indispensable de la culture, voire la plus haute expression de la vitalité et de la force de peuples civilisés dignes de ce nom[1] », il ajoute : « D'une façon ou de l'autre, *il faut que nous réglions nos comptes avec la France pour avoir les mains libres dans notre politique mondiale. C'est la première condition et la condition indispensable d'une saine politique allemande...* Il nous faut abattre la France de telle sorte qu'elle ne puisse jamais plus nous barrer le chemin.[2] »

Contradiction évidente. Une fois la France abattue, l'Allemagne est maîtresse de l'Europe, puis bientôt du monde. Alors règnera une paix germanique, car il n'y a aucune vraisemblance à supposer que les maîtres du monde s'écrient jamais : — Le bien-être de la paix va nous faire entrer en putréfaction morale ! Bien vite créons une puissance

---

1. Général von Bernhardi. *L'Allemagne et la prochaine guerre* (1913). Traduction de Robert Fath. Paris, 1916, p. 6.
2. Général von Bernhardi. *Loc. cit.* p. 103. (Les passages soulignés ici le sont dans le texte de Bernhardi).

aussi forte que la nôtre et faisons d'elle une ennemie afin d'entretenir, en la combattant, notre esprit de sacrifice. —

Bernhardi et ses semblables d'autres pays et d'autres temps veulent supprimer dans le monde toute opposition à leurs desseins politiques ; ce résultat obtenu, ils ne pourraient plus entretenir la guerre qu'en défaisant ce qu'ils auraient fait. Ils visent donc la paix par la domination. Ou bien leurs couplets sur la guerre hygiénique et moralisatrice ne sont que littérature, ou bien ils se garderaient de rêver pour leur pays une puissance dont l'effet serait de supprimer la guerre.

Par la force même des choses, la théorie de l'excellence de la guerre aiguille un État puissant vers l'instauration d'un ordre universel où il sera le législateur, le juge et le gendarme. C'est d'ailleurs ce rôle que von Bernhardi assigne à l'Allemagne quand il parle de la mission du peuple germanique appelé par sa supériorité dans tous les domaines à tenir le premier rang. Hégémonie morale et non politique, a déclaré plus tard von Bernhardi. Sans doute, mais il faut répéter que le brillant pangermanisme — un des modérés parmi les gens de sa secte — veut abattre la France ; il réclame en outre une puissance navale au moins égale à celle de l'Angleterre. Ces deux résultats obtenus, qui donc sur terre pourrait rien faire sans l'agrément de l'Allemagne ? Elle aurait l'hégémonie. Elle déclarerait ensuite qu'elle n'a pas voulu, qu'elle ne veut pas cette hégémonie : cela ne changerait rien à la chose ; et une paix, une « forte paix allemande », serait, par le fait même, imposée au monde.

Voilà donc une conception d'ordre pacifique définitif qui ressort des théories militaristes outrancières : une paix analogue à l'antique paix romaine.

Ainsi les antipacifistes envisagent un terme final des

guerres. Cela ne prouve pas que ce terme viendra, cela prouve qu'il n'est pas absurde d'admettre la possibilité de sa venue, puisque ceux qui la nient sont obligés de se contredire en l'affirmant par les conséquences mêmes de leurs visées.

Il ne s'agit pas cependant ici de prédire la suppression ou la non-supression des guerres : les prophéties n'ont jamais servi à rien. Ce qui peut présenter de l'utilité, c'est de voir en quoi les causes générales de guerre ont évolué ; on pèsera par là les chances nouvellement gagnées et aussi les chances nouvellement perdues pour l'avenir de la paix stable. La valeur des mesures proposées pour écarter les grandes catastrophes sanglantes découlera de là.

§ 2. — Progrès de l'importance des causes morales.

De toute l'étude faite jusqu'ici sur les « âmes collectives » ressort que le phénomène moderne le plus remarquable et le plus important est justement la formation de ces âmes, le développement rapide et prodigieux de leur vie.

En un siècle environ, il est né des nations et des opinions nationales, il s'est formé des sociétés humaines, quelques unes égales ou supérieures à l'Empire romain, que régissent les passions soulevées simultanément chez la plupart des associés ou la résultante du conflit de ces passions.

De là suit, comme conséquence, un accroissement prodigieux de la force des idées.

En disant cela, je ne fais que répéter les conclusions de plusieurs des chapitres qui précèdent. Il convient de les rappeler.

Les sentiments de haine ou de sympathie que l'on professe à l'égard des peuples étrangers ne peuvent provenir de l'observation; on ignore ces peuples, un peu plus encore que celui auquel on appartient, d'où il suit que l'indifférence devrait être notre attitude sentimentale à leur égard. Or nous portons sur eux des jugements violemment favorables ou défavorables; ils ne s'expliquent que par des images que nous nous faisons, et dont le modèle nous est suggéré par des différences ou des similitudes d'idéals. On hait un peuple pour les griefs qu'on a contre lui; une fois qu'ils sont effacés, on le revêt, si l'on veut, des qualités de ses défauts, qualités et défauts qui sont également le produit de l'imagination. Les sentiments que l'on croit s'adresser à des hommes s'appliquent donc à des Causes.

En matière d'intérêts et de sentiments politiques collectifs, tout devient matériellement plus lointain pour l'individu à mesure que les collectivités se développent en nations et que l'on avance dans l'ère économique. La complexité toujours accrue de la vie industrielle et commerciale empêche absolument le citoyen, noyé dans d'immenses organismes, de connaître les relations réelles qui font dépendre sa prospérité personnelle de la prospérité commune et la prospérité nationale de la prospérité étrangère; il ne peut en décider que d'après son imagination mise en branle elle-même par des moteurs affectifs. Comparez la vie politique de la nation moderne avec celle de la cité antique.

En même temps l'opinion se développe, et toutes ces choses qui s'éloignent des yeux se rapprochent du cœur; plus de gens se passionnent pour elles et plus violemment.

Le patriotisme empiète progressivement sur l'ancien loyalisme jusqu'à le supplanter, de sorte qu'il entre en jeu, non pas seulement dans les circonstances graves et exceptionnelles, mais chaque fois qu'il est question de relations avec l'étranger. Au lieu d'être considérées comme la besogne mystérieuse d'un monarque ou d'une oligarchie, les affaires de l'État tombent dans le domaine public; elles sont nationales. Chacun s'en occupe, du moins pour s'en affecter, y penser, en parler. Autrefois, comme on s'en remettait à Dieu de gouverner le monde, on s'en remettait au Roi de gouverner ses peuples ; ce qu'il faisait était bien fait; on demeurait passif, du moins tant qu'il s'agissait de guerres, de cessions et d'acquisitions éloignées et de tractations entre cabinets. Tandis qu'aujourd'hui les passions s'excitent à propos des moindres agissements des impérialismes étrangers ou nationaux, ou des moindres soupçons relatifs à ces agissements. On conçoit le commerce et l'industrie d'une manière nationale, jusqu'à en oublier au besoin que, pour faire du commerce, il faut être deux.

Ce n'est pas le souci de faire beaucoup d'affaires, le plus d'affaires possible, qui dicte la politique économique des peuples, sans cela le laisser-faire absolu devrait présider aux relations internationales. On veut s'enrichir par la vente de ce que l'on produit, donc il faut favoriser au plus haut degré possible l'enrichissement de l'acheteur. Cette nécessité rend absurde toute espèce d'hostilité entre l'un et l'autre, d'autant que les produits se paient en produits, et que prétendre être beaucoup plus vendeur qu'acheteur, c'est aspirer à être de moins en moins payé, donc à cesser de vendre.

Or, au contraire, les rapports entre nations développées s'aigrissent à propos de ces questions économiques qui les rendent en fait étroitement solidaires les unes des autres. C'est qu'elles y font intervenir des désirs ou des craintes de domination, de la jalousie, de la méfiance, de l'orgueil. Ces mauvais sentiments ne sont que l'envers d'autres sentiments très légitimes : la passion pour l'indépendance et la dignité nationales.

Avec l'avènement des nationalités, des forces affectives considérables se sont encore développées à propos de langage, de littérature, d'histoire, de traditions, ou même de fictions purement légendaires, telle cette idée de l'Allemagne moderne qu'en annexant l'Alsace-Lorraine en 1870 elle récupérait son bien légitime : or, en 1648, la souveraineté de ces provinces appartenait en grande partie aux Habsbourg ; quant à l'ancien Empire germanique, il avait été aboli du consentement des Allemands eux-mêmes ; étant mort, il n'avait plus de souveraineté sur rien.

Ainsi s'affirme bien, sous tous les rapports, une prédominance accrue des idées. L'évolution moderne oblige l'individu à se représenter mentalement tout ce qui l'intéresse dans la conduite de l'énorme cité dont il fait partie. A défaut d'une expérience et d'une observation impossibles, il se guide sur des préjugés, des principes, des idéals, des « Idées ».

§ 3. — Effets de l'évolution moderne sur l'augmentation et la diminution des causes de guerre.

C'est donc aux causes morales des guerres qu'il faut surtout s'attacher si l'on veut peser les possibilités de la paix stable. Faute d'avoir reconnu cette nécessité, Norman Angell, dans sa *Grande Illusion*, s'est illusionné lui-même sur les chances et les conditions de l'ordre pacifique international. Il a prouvé — et ses arguments ne sauraient se réfuter — que les bénéfices matériels, palpables, de l'impérialisme et de la guerre sont illusoires. Mais, précisément, c'est de l'Illusion que vivent les hommes, si l'on appelle ainsi le bien-être moral que l'imagination seule leur rend tangible. La victoire, ou la défaite, la variation sur la carte de la tache colorée qui représente le territoire national, les vicissitudes d'une Cause qui nous est chère, tout cela est un cordial ou un poison tellement efficaces que notre santé physique elle-même en ressent profondément les effets, alors que, bien souvent, quand nous y réfléchissons, nous reconnaissons les événements qui nous émeuvent tant comme étrangers à notre bien-être matériel personnel.

La première question qui se pose est la suivante : le développement de l'importance des « Idées » augmente-t-il ou diminue-t-il les chances de guerre? On répondra qu'il les augmente et les diminue tout ensemble, car il correspond à un accroissement de la sensibilité du monde. L'imagination, par laquelle s'étend l'empire des idées, marche de pair avec la nervosité : c'est en proportion de notre faculté de nous faire des représentations mentales que nous réagissons. Ainsi l'évolution moderne tend-elle chez les hommes les ressorts affectifs.

Les pacifistes en escomptaient une forte garantie contre la guerre. Ils observaient avec raison que le développement des communications mondiales, télégraphe, téléphone, presse, chemins de fer, paquebots, multipliaient les occasions et les facilités de se représenter les horreurs des massacres modernes à tel point que les neutres en savaient autant — sinon plus — que les sujets des nations belligérantes non en contact direct avec l'ennemi. Cela devait rendre universelle la réprobation contre les fauteurs de guerre.

Ils oubliaient la contre-partie, à savoir que cette même sensibilité rendait les hommes plus susceptibles, plus prompts à s'indigner contre tout ce qui leur semblait une atteinte à l'indépendance et à l'honneur nationaux, à la justice, un obstacle au développement de la grandeur du pays. Il y avait à cet égard l'exemple très frappant des nationalités assujetties qui s'agitaient et dont on accentuait l'assujettissement au nom de l'intégrité nationale.

De sorte qu'il y a une certaine compensation entre les chances belliqueuses et pacifiques introduites par l'augmentation générale de sensibilité. Toutefois, il convient de remarquer que si cette augmentation fait courir des risques, elles est nécessaire à la consolidation d'une paix mondiale. L'ère belliqueuse ne prendra fin que si l'on se passionne fortement contre la guerre, ce qui n'aura jamais lieu dans une humanité indifférente et passive.

Il semblait que la première garantie contre la guerre fût la guerre elle-même. On savait que le développement économique de nations telles que l'Allemagne ferait de la guerre quelque chose de monstrueux, d'inouï, par les souffrances de toutes sortes qu'elle accumulerait. Cela ne l'a pas empêchée d'éclater après tout ce que les guerres russo-japonaise et balkaniques avaient enseigné. Le cataclysme actuel dépasse de beaucoup les cauchemars conçus par les imaginations les plus ingénieuses en fait d'horreurs. Qu'est-ce, auprès de lui, que l'anéantissement de Saint-Pierre-Martinique par l'éruption de la Montagne Pelée? Il y a une centaine de Saint-Pierre et cent fois plus de morts. Comment ne pas se mettre d'accord pour éviter le retour d'une catastrophe quand tout le monde est d'accord sur la nécessité de ne jamais revoir un pareil fléau? Mais les hommes sont rétifs aux leçons de l'expérience : les volcans ont eu beau ensevelir les villes, on s'est obstiné à bâtir des villes neuves sur les tombeaux de lave des villes mortes.

Encore, dans le cas des volcans, la difficulté des mesures de précaution contre la répétition de l'accident est-elle minime : — c'est le volcan qui a fait les ruines et les victimes, et sa colère eût été vaine si l'on se fût tenu loin de lui. — L'unanimité existe sur les causes du malheur et sur la manière de l'éviter.

C'est la première condition à remplir pour empêcher le retour d'une calamité : si cette calamité a mis à mal un ensemble humain, il est clair qu'un accord est indispensable avant tout sur les causes qui l'ont produite. Or, en cas de guerre, et particulièrement dans celle-ci, il existe à cet égard un dissentiment irréductible qui entretient le fléau, et même, en un certain sens, l'a engendré ; on se bat parce que chaque parti dit à l'autre : — c'est toi qui es cause de la guerre. — Des paix de conciliation ont été proposées : avaient-elles pour but d'établir les responsabilités ? Non, mais de les passer sous silence, et l'on prétendait préluder ainsi à une longue période de sécurité internationale. Étrange procédé que de fermer les yeux sur les origines d'une maladie afin de lui trouver un remède !

Toute paix par la seule force des armes reviendra à ce que l'un des partis impose à l'autre sa propre façon de comprendre la garantie contre une guerre future ; ce ne sera pas plus un accord que la guerre elle-même. L'accord ne se réalisera que par le libre rapprochement des volontés en lutte, c'est-à-dire par des changements intérieurs aux États belligérants. Jusque-là, l'expérience que l'on a des atrocités de la guerre ne servira qu'à accroître les indignations adverses, donc à entretenir la guerre ou à grossir la provision des semences de guerre.

Chose étrange ! ce n'est pas que le monde soit ouvertement divisé sur les préceptes de la Morale entre États. Les paroles officielles qui sont prononcées aussi bien chez les Empires centraux que chez les nations de l'Entente sont pareilles : résistance à l'oppression, libre développement des peuples, respect des traités, flétrissure à l'esprit d'agression, à la soif des conquêtes, devoir de faire la guerre humainement... Les principes de Clausewitz : — terroriser la population civile de l'adversaire, — principes inscrits dans les manuels de l'État-Major allemand, sont contraires à ceux qui furent toujours professés à la tribune du Reichstag, dans la presse allemande, par l'agence Wolff, le Kaiser, les princes, les professeurs, les prêtres, les pasteurs, les parlementaires germaniques. D'après toutes les voix autorisées d'outre-Rhin, les armées impériales avaient l'ordre et n'ont jamais manqué de ménager les non-combattants jusqu'à l'extrême limite du possible : s'il y a eu des exécutions — terribles parfois il est vrai —, elles n'ont été que de justes représailles contre les violations plus atroces encore du droit des gens commises par la population civile ennemie.

Les pouvoirs dirigeants se reconnaissent donc dans l'absolue nécessité de passer pour rigoureux observateurs d'un certain code humain qui est le même partout. Ils plaident non coupables devant l'opinion universelle. Cela prouve la force et l'unanimité de cette opinion et que le jour où elle serait suffisamment éclairée sur les faits et développée, sa réprobation et son *veto* constitueraient un obstacle à l'iniquité internationale.

Or une grande caractéristique de l'évolution moderne

c'est la diffusion de l'opinion, autrement dit la démocratisation. En elle réside par conséquent un sérieux espoir du règne des idées qui éviteraient la guerre, comme le pense le Président Wilson. Mais le développement de l'opinion dans les divers États du monde présente des différences considérables, et ce fut là une des causes les plus importantes de la Grande Guerre.

Parallèlement à la démocratie s'est accru le socialisme. Ce n'est pas le lieu ici de le définir avec précision; toutefois je lui enlèverai un peu de son vague en disant que je le considère sous son aspect de doctrine commune à ce qu'on appelle les partis socialistes. Il apparaît alors comme une sorte d'idéalisme religieux, comme un christianisme laïque pour ainsi dire. On sait combien de différences de pensée politique et sociale séparent les chrétiens, alors même qu'ils sont tenus par les liens d'une confession commune. Il en est ainsi dans le socialisme; les unifications qui s'y produisent expriment l'acceptation d'un pacte disciplinaire masquant plus ou moins bien une gamme d'opinions infiniment étendue et nuancée. Dans l'ensemble, le socialisme formule un programme tout à fait adapté à une organisation mondiale où les rapports juridiques entre les peuples supprimeraient les appels à la violence. On est donc tenté par là de voir en lui la principale des forces qui concourent à l'établissement de la paix stable.

Cette force n'est, par malheur, que d'une efficacité très incertaine. Précisément parce que la seule unité réelle du socialisme le constitue en christianisme laïque, il n'a pas plus de pouvoir que les religions chrétiennes pour apaiser les hostilités entre nations.

Envisagé de tous les autres points de vue, il est excessivement divisé, en particulier sur les questions nationales.

Ses logiciens extrêmes nieront purement et simplement ces questions : — Quel intérêt ont-elles pour de vrais socialistes ? demanderont-ils ; aucun, évidemment, puisqu'elles représentent toujours, au fond, des chocs entre ambitions capitalistes adverses. Tant que le capitalisme subsistera, il y aura des guerres. Et comme une guerre est toujours, dans le régime actuel, de capitalistes contre capitalistes, nous n'avons pas à nous en mêler, fût-ce sous prétexte de défense nationale ; notre seule tâche raisonnable consiste à en profiter au besoin pour faire la révolution sociale. —

Les socialistes « de droite », eux, considèrent que le remplacement du régime économique actuel se fera par évolution. Les différences entre les États capitalistes ne leur paraissent pas négligeables ; ils en admettent de meilleurs les uns que les autres et sont prêts à soutenir la démocratie, même « bourgeoise », contre l'autocratie, comme un progrès. Tout ne se réduit pas pour eux au capitalisme ou au non-capitalisme ; ils envisagent les problèmes nationaux comme le font les démocrates non socialistes de gauche.

Entre ces deux ailes du « Parti », quelle infinité d'autres opinions peu conciliables si ce n'est au prix d'équivoques et d'obscurités !

Si l'on considère le socialisme universel, la confusion s'accroît encore des oppositions qui se manifestent entre diverses « sections nationales ».

Il en résulte une incertitude très grande sur le sens réel dans lequel le socialisme, pris comme un ensemble, influence les politiques nationales, et, par conséquent, la mondiale. Telles sont, en effet, ses contradictions internes que les plus anti-nationalistes d'un pays agissent en concordance avec les plus nationalistes d'un autre pays ennemi du premier. Nos Kienthaliens, par exemple, s'accommoderaient d'une paix à la Scheidemann.

Que cependant, en moyenne, les progrès du socialisme soient favorables à la diminution des chances de guerre, cela tient beaucoup plus à ses principes humains et à tout ce qu'il a en commun avec les autres partis démocratiques qu'à ses caractères particuliers.

Son anti-capitalisme n'a rien d'un remède spécifique contre l'instabilité de la paix, pour la bonne raison que, dans l'ère économique, l'intérêt économique essentiel est la paix, donc aussi l'intérêt capitaliste, car on ne saurait séparer l'un de l'autre. Que certains capitalistes trouvent leur compte dans les guerres, cela ne change rien au sentiment de l'ensemble de leurs pareils qui ont toujours ardemment désiré le maintien de la paix[1]. Nous avons d'ailleurs le témoignage des militaristes à la de Moltke et à la Bernhardi : ils disent que, sans la guerre, le monde sombrerait dans le matérialisme le plus abject, pourquoi? parce que la paix perpétuelle serait favorable au règne des hommes d'argent, des capitalistes. Combien de fois n'a-t-on pas entendu flétrir par les journaux nationalistes, impérialistes, les hommes d'affaires, les financiers cosmopolites! Le fait est qu'aujourd'hui, dans notre ère économique, toute activité économique est internationale *en soi* et que le capitalisme moderne est pacifiste par destination quand il ne fait appel qu'à la froide raison; c'est parce que les capitalistes ont des passions étrangères au sens économique qu'ils peuvent devenir belliqueux, parce qu'ils sont orgueilleux, impérialistes, patriotes, imaginatifs...

---

1. Voir II° Partie, Ch. VIII, *Les Causes Économiques des Guerres*, § 3 et § 4.

Que l'état de paix entre nations économiquement développées soit la conséquence nécessaire d'une conception rationnelle de l'intérêt économique — comme le démontre irréfutablement Norman Angell —, cela supprimera les guerres quand on jugera rationnellement. La garantie est importante. Mais elle ne jouera que le jour où seront apaisées les passions qui empêchent de voir ou de préférer l'intérêt économique bien entendu. On en revient donc toujours à la nécessité de s'en prendre à ces passions.

Le développement économique, fruit tout récent de l'évolution moderne, n'en figure pas moins parmi les conditions qui favorisent la paix stable.

CHAPITRE II

Le Problème de la Paix.

§ 1. — L'évolution des causes de guerre et le problème de la paix.

Dans ce qu'elle a d'essentiel, l'évolution des causes de guerre n'est qu'un mode de la grande évolution politique moderne : la diffusion de l'opinion.

On peut tirer de là des conclusions importantes pour mettre en évidence quelques-unes des difficultés générales du problème de la paix.

L'opinion constitue l' « âme » de certaines grandes collectivités, âme nationale, changeante, spasmodique, diffuse, sans cohésion dans de multiples circonstances de sa vie, mais à qui la passion pour certaines Causes donne une soudaine et ardente unité.

Il n'y aura de paix véritable que par l'absence de sentiments hostiles entre ces âmes. Toute autre paix, même enregistrée dans un traité, sera une paix de contrainte, sans sincérité, fragile, parce qu'elle aura enfermé la guerre dans les cœurs.

Une entente pacifique entre les États ne signifiera

rien si elle n'est une entente entre les opinions nationales.

Il faut donc, avant tout, qu'États et opinions coïncident. Puisque, en effet, ce sont les États qui règlent entre eux les rapports internationaux, on n'aura aucune garantie sur l'accord entre « âmes » nationales si l'opinion n'est pas représentée assez exactement par ces États, soit qu'elle y manque de développement, soit que l'État incarne tout autre chose qu'elle. Or c'est justement le cas pour l'Allemagne prussianisée, soumise à un régime hybride, à moitié féodal et absolutiste, mais encore plus pour l'Autriche-Hongrie où existent des opinions nationales qui sont anti-autrichiennes et anti-hongroises ; ce n'était pas moins le cas, d'ailleurs, pour la Russie tsarienne encore plus absolutiste que l'Allemagne et englobant, comme l'Autriche-Hongrie, des nationalités hostiles.

L'entente des âmes nationales, c'est la Société des Nations toute réalisée. Des États tels que ceux que je viens de nommer ne peuvent pas faire partie d'une telle Société ; il faut qu'ils changent par l'effet d'une rénovation intérieure.

Une certaine similitude générale de nature est nécessaire aux unités sociales qui veulent s'unir par libre contrat en une unité supérieure ; sans cela, ne parlant pas le même langage, elles ne sauraient se comprendre. Le Congrès de Vienne avait institué virtuellement une Société des Monarchies qui eût été viable s'il n'y avait eu que des rois absolus, mais les Nations naissaient et cela bouleversa le système. Quand des États, adaptés par leur constitution à la seule Sainte Alliance, se prétendent disposés à entrer dans la Société des Nations, ils proclament leur ambition d'unir les contraires ; or ceci tuera cela.

L'Entente a donc parfaitement raison de proclamer comme but de guerre la suppression du militarisme prussien. Le militarisme prussien, c'est le régime de domination de la caste féodale prussienne sur l'Allemagne par les conseillers occultes du Kaiser, les chambres prussiennes, l'état-major, les officiers nobles. Ce changement, bien entendu, n'aura de valeur que si l'Allemagne elle-même l'accomplit de sa propre initiative, à quoi elle ne se décidera que sous l'empire de la souffrance et surtout de la défaite. Des chefs invaincus ont toujours raison, et rien ne peut ébranler leur pouvoir.

Et l'Autriche-Hongrie n'acquièrera la capacité de participer à la Société des Nations que si elle devient elle-même une Nation — impossibilité manifeste — ou des Nations, que si par conséquent elle se dissout en ses divers éléments nationaux ou ne les conserve assemblés que sous un fédéralisme très lâche.

L'accord des opinions nationales, seule base de la paix véritable, ne se fera que si elles savent de quoi il est question dans les rapports entre diplomates. Puisqu'elles sont nerveuses, tout ce qui éclate après s'être tramé dans l'obscurité et le secret leur imprime des soubresauts violents; c'est dangereux.

Bethmann-Hollweg écrivait dans le *Livre Blanc* allemand du 1ᵉʳ août 1914 : « De tout notre cœur nous pûmes assurer notre allié (le gouvernement austro-hongrois) que notre approbation était acquise à toute démarche considérée par lui comme nécessaire pour arrêter le mouvement dirigé en Serbie contre l'intégrité de la Double Monarchie... Nous avons laissé à l'Autriche les mains complètement libres dans son action contre la Serbie... » Cette grave décision a été prise au plus tard dans le Conseil de Potsdam du 5 juillet 1914;

l'ultimatum de l'Autriche-Hongrie a été présenté le 23. Dans l'intervalle, ni les particuliers d'aucun pays, ni les hommes d'État qui n'étaient pas Allemands ou Autrichiens n'ont rien su. La guerre aurait-elle eu lieu si le gouvernement germanique avait rendu ses intentions publiques dès le 5 juillet ?

Que les engagements internationaux se prennent donc au grand jour. Une telle règle de conduite suppose à la vérité la démocratisation générale, car tant qu'il y aura des gouvernements d'esprit monarchique, ils tiendront aux traités secrets, et à moins de renoncer à « causer » avec eux, il faudra conserver, en ce qui les concerne, les vieilles habitudes.

Et ne méconnaissons pas le cercle vicieux qu'il y a dans cette révolution désirable des mœurs diplomatiques. Soyez assuré du règne de la paix stable et la publicité des engagements entre États n'aura d'inconvénients pour aucun d'eux ; mais tant que la guerre demeure parmi les possibilités, on se trouve souvent très avantagé par le mystère. C'est ce qui eut lieu pour les Empires Centraux à l'origine de la Grande Guerre ; l'ignorance profonde où était le reste du monde sur leur entente relative au « châtiment » de la Serbie leur assurait le bénéfice de la surprise. Ou bien les chancelleries d'Europe, mises brusquement en face du fait accompli, prises de court, manquant de temps pour se concerter, ne sachant sur qui ou quoi compter, laissaient, elles aussi, les mains libres à Vienne, et c'était pour les Empires Centraux un triomphe politique de la plus haute portée ; ou bien la guerre éclatait, et l'Allemagne avait eu trois semaines d'avance pour les préliminaires de sa mobilisation ; car la guerre était nettement envisagée par Bethmann-Hollweg comme conséquence du blanc-seing donné à l'Autriche : « Nous savions parfaitement, dit le

Livre Blanc allemand, qu'une attitude belliqueuse de l'Autriche-Hongrie contre la Serbie était possible, d'où pouvait résulter l'entrée en lice de la Russie, ce qui nous ferait participer à la guerre en raison de nos devoirs d'alliés. » Préparer l'effet de surprise diplomatique, c'est se ménager, le cas échéant, l'effet de surprise stratégique. L'avantage du secret apparaît aussi dans le cas de la Bulgarie qui était liée depuis longtemps vis-à-vis des Empires Centraux alors que l'Entente escomptait son concours.

Supprimez donc les chances de guerre avant de supprimer la diplomatie secrète, car tant que ces chances subsisteront, le mystère dans l'œuvre des chancelleries est une arme tentante contre les adversaires éventuels, et d'autant plus dangereuse si tout le monde croit que vous ne vous en servirez pas. Il y a en ce cercle vicieux une grande difficulté qui ne peut être surmontée que par une influence très forte et simultanée de l'opinion dans les divers pays.

Au surplus, une fois que la démocratisation générale aura eu lieu, que les nations s'aboucheront ensemble opinion nationale à opinion nationale, tout ne sera pas dit. Il restera à concilier les passions qui créent l'unanimité dans ces « âmes » collectives; or, de ces passions, quelques-unes s'opposent entre elles violemment, par exemple la passion pour l'indépendance nationale et la passion pour l'intégrité nationale; celle-ci est l'héritage direct du droit de souveraineté monarchique. Exactement comme le Roi d'Ancien Régime, l'opinion nationale tient pour une possession inaliénable, définitive, intangible, sacrée, toute souveraineté une fois acquise et n'importe comment sur des territoires ou des peuples. D'autre part ces peuples peuvent éprouver une ardente passion d'indépendance nationale qui les excite à se soustraire à la souveraineté qui s'exerce sur eux, tout au moins à protester contre elle. S'ils ont des frères « de race » ou amis à l'extérieur, c'est la guerre toujours menaçante.

Les opinions démocratiques seraient en général disposées à cet égard à quelques mesures de conciliation : elles préconisent souvent l'autonomie. Mais elles ne concèdent rien sur la souveraineté, comme l'exemple de l'Alsace-Lorraine en fait foi; les démocrates germaniques les plus avancés n'ont rien à répondre sur ces provinces, sinon qu'elles *sont* allemandes.

Querelles sans issue que celles de souveraineté : — Je te reprends ce que tu m'as pris, — peut se répéter indéfiniment au cours des siècles et justifier indéfiniment la guerre. On n'échappera à cet engrenage qu'en échappant au droit de souveraineté lui-même en tant qu'on le considère comme un droit de possession et en le remplaçant par le droit des peuples là où il y a des peuples et capables de donner leur avis sur leur sort.

Ce n'est pas tout : le problème de simultanéité vient, là encore, tout compliquer. Veuillot disait : — J'exige de vous la liberté au nom de vos principes et je vous la refuse au nom des miens. — L'État assez fort qui sera le dernier à répudier le droit de souveraineté fera de même : il exigera des restitutions au nom du droit des peuples proclamé par autrui et les refusera au nom du droit de souveraineté auquel il se tient. L'État qui, le premier, donnera le bon exemple n'obtiendra certainement d'aucun autre la moindre restitution. Il faut donc qu'il n'y ait ni premier, ni dernier, que tout le monde parte ensemble et marche au même pas. C'est difficile.

§ 2. — LE CERCLE VICIEUX DE L'ORGANISATION MONDIALE.

Supprimez la diplomatie secrète et vous supprimerez une cause de guerre. D'autre part, tant qu'il existe des causes de guerre, la diplomatie secrète est avantageuse pour ceux qui s'en servent.

Ce cercle vicieux où tourne la diplomatie classique n'est que le cas particulier d'un autre cercle vicieux, tout à fait général celui-là, et qui provient de l'organisation même du monde civilisé actuel. Il se résumerait assez bien ainsi : — Les États veulent des garanties contre la guerre, et les recherches de ces garanties sont les causes de guerre par excellence. — On en arrive ainsi à une situation aussi absurde que celle de compagnies de chemins de fer qui multiplieraient les chances d'accident par les précautions mêmes qu'elles prendraient contre les accidents.

S'il ne devait plus y avoir de guerre, on n'aurait plus à parler des intérêts vraiment vitaux des États, pour la bonne raison qu'ils ne seraient plus menacés; mais tant qu'un régime de paix stable n'est pas assuré au monde, chaque État adapte sa politique à la prévision de la guerre qui, en effet, met en danger ses intérêts vitaux : indépendance, intégrité... Il les sauvegarde par des « garanties » qui se prennent, la plupart du temps, au détriment des intérêts vitaux d'autres États, donc au prix d'une cause de guerre. Et quand cette cause de guerre, jointe ou non à d'autres, a produit ses effets en déchaînant une guerre nouvelle, le but des belligérants est d'obtenir des sécurités pour la guerre qui suivra celle-là, en quoi faisant ils poursuivent implicitement l'accumulation de causes de guerre. Le proverbe dit : — Si tu veux la paix, prépare la guerre —, mais si on veut la guerre, on préparera aussi la guerre ; c'est qu'en effet il revient pratiquement au même de vouloir l'une ou l'autre sous un régime où garanties de paix et causes de guerre se confondent, sous le régime des États *absolus*, celui du monde d'hier, celui aussi du monde de demain, si la paix qui terminera la tragédie actuelle doit être une paix de compromis.

Chaque État professe, de bonne foi ou non — il n'importe —, mais obligatoirement, qu'il ne sera jamais l'agresseur, d'où il suit que toute mesure qu'il prend pour se renforcer est à son sens une garantie de paix. Cette mesure, représentant une précaution *contre* un ou plusieurs États, est aussi une chance de guerre : puisque le ou les autres États visés s'affirment non moins énergiquement étrangers à toute idée agressive, ils s'estiment grièvement lésés ; leur politique tendra à renverser la situation. Si deux États, auparavant hostiles, se réconcilient, c'est toujours pour prendre de soi-disant garanties de paix *contre* des tiers, donc non pas supprimer les causes de guerre, mais en effectuer une simple mutation.

Quand la Prusse fit sa campagne de 1866, ce fut pour obtenir des garanties de paix contre les États de la Confédération germanique ; elle eut la sagesse alors de ne rien prendre à l'Autriche-Hongrie, sauf du prestige et de l'influence, griefs moraux non négligeables cependant, et qui constituaient une certaine cause de guerre, laquelle disparut et se changea en une autre très efficace lorsque l'Allemagne s'unit à l'Autriche-Hongrie : garantie de paix contre la France et la Russie, garantie qui se trouva être, comme les événements l'ont montré, une cause de guerre contre les mêmes puissances.

L'annexion de l'Alsace-Lorraine était supposée garantir la

paix allemande contre la France. Stratégiquement d'abord : répondant à l'impératrice Eugénie, le grand-père de Guillaume II écrivait : « ce n'est pas le désir d'agrandir une patrie dont le territoire est assez grand qui me force à insister sur des cessions de territoires qui n'ont d'autre but que de reculer le point de départ des armées françaises qui, à l'avenir, viendront nous attaquer ». Par raison de politique intérieure surtout : constituer l'Alsace-Lorraine comme domaine collectif des États germaniques, c'était les réunir par la crainte des revendications françaises, c'était empêcher le particularisme des Allemands non prussiens de s'opposer à la Prusse en s'appuyant sur la France. En juin 1918, un journaliste allemand officieux publiait ces lignes : « Nous ne saurions tolérer que les Français s'installent de nouveau sur le Rhin, car... toute l'architecture se disloquerait par l'effet de la renaissance des vieux instincts particularistes de ces États (du Sud) qui ne tiraient naguère leur prospérité que de leur rapprochement de la puissance française. » Sans avoir beaucoup d'actualité dans une Allemagne aussi solidement unifiée qu'elle l'est, l'argument n'aurait aucun sens s'il ne répondait à la pensée politique qui inspira l'annexion ; il a une grande valeur explicative, surtout si on le rapproche de ces expressions : — l'Alsace-Lorraine clef de voûte, symbole de l'Empire — employées tout récemment par les gouvernants germaniques et de cette phrase du prince de Bülow : « On ne veut pas comprendre en France que ce que les Français prennent pour les brutales rigueurs du vainqueur (l'annexion de l'Alsace-Lorraine) a été, pour nous autres Allemands, une nécessité nationale [1] ». Cette garantie de

1. Prince de Bülow, *La Politique Allemande*, traduction Maurice Herbette, Paris, 1914, p. 92.

l'unification de l'Allemagne, de la solidarité entre l'Allemagne du Nord et celle du Sud, de la sécurité puisée pour l'Allemagne dans sa force, était une cause de guerre, puisqu'elle reposait sur la provocation en France d'un esprit hostile.

Garanties de paix qui devenaient causes de guerre se succédèrent ensuite. A la Triple-Alliance répondit la Duplice franco-russe. Ce système, qui avait l'avantage d'inciter les hommes d'État et les peuples à éviter la guerre comme devant être plus formidable et d'issue plus douteuse, multipliait d'autre part les causes de guerre en rendant les États solidaires de litiges qui leur étaient auparavant étrangers.

Puis, se lançant dans la politique mondiale, l'Allemagne construisit une marine de guerre, garantie, en cas de guerre, de son commerce sur les océans; cause de guerre aussi, car la Grande-Bretagne voulut conserver sa supériorité sans laquelle, en effet, elle serait, en cas de guerre, menacée de blocus ou d'invasion. La crainte du pouvoir maritime de l'Allemagne fut la cause initiale de l'entente franco-anglaise, devenue ensuite la Triple-Entente, d'où les récriminations germaniques contre l'encerclement.

Ainsi les perspectives de guerre conduisirent les États à assurer leur sécurité pour la guerre future, et cela par des garanties qui engendrèrent cette guerre future.

De sorte que l'organisation mondiale moderne était, en temps de paix, non pas pacifique mais belliqueuse.

Ce paradoxe apparaît surtout dans l'organisation économique. D'après les nécessités les plus évidentes d'une gestion raisonnable de la planète, le commerce, dans l'ensemble, devrait être libre afin que chaque contrée fournisse aux autres, et au meilleur compte possible, les produits de sa spécialité. Liberté aussi aux hommes doués des meilleures aptitudes industrielles de créer n'importe où, et d'où qu'ils viennent, des entreprises utiles. Sans doute! mais il peut y avoir la guerre; dès lors chaque État a le plus grand intérêt à pouvoir se suffire à lui-même, donc à développer chez lui la production de toutes les denrées nécessaires, ce qui implique le protectionnisme, et il ne saurait laisser la puissance économique entre les mains d'étrangers, si géniaux soient-ils, quand ce sont des ennemis éventuels.

Il y a déjà longtemps que des pacifistes ont dit : — Établissez partout le libre échange et vous supprimerez la guerre. — A quoi on répond : — Non! supprimez d'abord la guerre, sans quoi il y aurait danger à établir le libre échange. Que serions-nous devenus, nous Français, pendant la Grande Guerre, si, en temps de paix, nous avions abandonné la culture des céréales pour faire venir tout notre blé de Russie, d'Argentine, des États-Unis, d'où nous l'aurions eu, en effet, en suffisance et à meilleur marché? Ainsi du fer et de bien d'autres produits. Nous avons été mis en péril du fait d'avoir abandonné à l'Allemagne le monopole des produits chimiques servant à la fabrication de nos explosifs.

C'est pourquoi l'activité économique mondiale a été partout plus ou moins nationalisée, autant du moins que le permet la nécessité économique inéluctable : laisser importer si l'on veut exporter.

D'où vient ce cercle vicieux? Évidemment du droit de souveraineté des États, de leur individualisme, de leur égoïsme absolus. « Chacun pour soi » est leur devise, peut-être pas en théorie mais en fait; et ils n'ajoutent même pas « et Dieu pour tous », mais « Dieu est avec moi : *Gott mit uns* », ce qui est une manière d'accaparer, chacun pour soi tout seul, la Vérité, le Bien, la Justice, le Droit. Cette vue unilatérale des choses entraîne nécessairement la méfiance absolue et l'idée que l'on a seul besoin de garanties, parce que l'on est seul à ne pas vouloir la guerre. Je laisse à dessein de côté les théories de force et de conquête telles que celles des pangermanistes qui reviennent absolument au même : de garantie défensive en garantie défensive, ou de conquête en conquête, un État fort comme l'Allemagne arrivera toujours à l'hégémonie. La seule différence est dans l'accueil verbal que l'on ferait à cette hégémonie. Les uns danseraient avec ostentation la danse du scalp, les autres tremperaient leur joie de pleurs comme le vieux Guillaume qui « déplorait, en répondant à l'impératrice Eugénie, la triste nécessité où il était d'insister sur des cessions de territoire », ou comme Scheidemann et ses partisans qui jugeaient la paix de Brest-Litovsk détestable dans ses clauses mais ne la ratifiaient pas moins par amour de la paix en soi : le résultat final serait-il changé par la prédominance de l'une des deux attitudes ?

§ 3. — Le problème du droit de souveraineté.

Le droit de souveraineté équivaut en somme à la suppression de tout droit, à l'anarchie entre États : dans une Société où il n'y aurait ni lois, ni tribunaux, ni police, on pourrait dire que règne le droit de souveraineté de l'individu, droit absolu laissant chacun livré à son arbitraire personnel intégral.

Ce régime n'a sans doute jamais existé entre membres d'un groupe humain quelconque, puisqu'il équivaut à la dissolution immédiate de ce groupe. Aussi loin que nous puissions remonter dans les origines humaines, nous rencontrons des sociétés où la souveraineté de la plupart des individus est limitée par une autre, embryon des futurs États. L'efficacité de ce pouvoir résulte, non pas seulement de l'application directe et constante de la force des « gouvernants » sur les « gouvernés », mais bien plus encore des croyances, mœurs, respects, craintes, préjugés, communs à tous les membres de la collectivité.

L'évolution politique moderne a consisté à réfréner autrement la souveraineté des individus, à en égaliser la limitation de telle sorte qu'elle ne fût pas très étroite pour la plupart et très large pour quelques privilégiés, ainsi que cela avait lieu auparavant. C'était se diriger d'après le principe de liberté et d'égalité : égale souveraineté, égale liberté pour tout le monde; liberté de tout faire tant qu'on n'attente pas à la liberté d'un autre homme n'importe lequel.

Voilà, dira-t-on, le principe dont l'application aux États résoudrait pacifiquement le problème de l'opposition entre leurs souverainetés. Or on le professe, ce principe, et rigoureusement. On n'a jamais admis, en temps de paix, la plus légère atteinte aux territoires, aux juridictions d'un État petit ou grand, à n'importe quoi de ce qu'il appelle sien. La courtoisie la plus méticuleuse est de règle dans les rapports internationaux; elle obéit à ce précepte de ne faire sentir en rien — dans les formes — qu'on se considère comme supérieur à son interlocuteur. Aujourd'hui encore, l'égalité et la liberté des États petits et grands est à la base des projets de paix dites de compromis, des paix « sans annexions ». Formules verbales que tout cela : elles n'empêcheront pas plus la guerre à l'avenir qu'elles ne l'ont empêchée dans le passé.

C'est qu'elles ne s'appuient sur aucune possibilité de réalisation.

On ne saurait, en effet, assimiler l'ensemble des États aux sociétés qui réunissent les individus en une unité politique. La conservation de la Cité, de l'Empire, de l'État, de la Nation, dépend d'un effet psychologique produit sur une masse humaine ; que ce soit la crainte, ou une bonne volonté sympathique, ou tout autre agent affectif, il existe de toute nécessité un sentiment commun à des hommes relativement nombreux qui permet à un « pouvoir » de les mener, faute de quoi ce pouvoir demeure impuissant et la société se dissocie.

Insistons sur ce point que les membres des sociétés politiques civilisées sont relativement nombreux, des centaines de mille au moins. Cela permet le jeu de la contagion mentale d'où vient la toute-puissance des mœurs, et par instant de l'opinion, sur les individus. Il règne dans une communauté humaine une sorte de pression mutuelle qui empêche les personnalités de tenir une conduite trop écartée d'une moyenne : la masse réprime ces écarts par une désapprobation violente allant parfois jusqu'au lynchage ; plus souvent elle les *laisse* réprimer : il n'y aurait ni tribunaux, ni police (intérieurs à la communauté), si les crimes et délits qu'ils poursuivent étaient considérés par elle comme louables.

Au contraire, les États ne se comptent que par dizaines, nombre qu'il faut réduire si l'on veut s'en tenir à ceux qui sont susceptibles de former actuellement une Société des Nations : il n'y a que les formules protocolaires pour admettre la Perse, la Chine, l'Empire Ottoman et autres parmi les membres éventuels d'un semblable concert. Et l'élimination faite, on constatera que quatre ou cinq États tiennent à eux seuls à leur discrétion la paix ou la guerre.

L'entente durable de la France ou de la Russie avec la Triple-Alliance de naguère eût empêché, au gré de ce groupe, n'importe quel conflit violent, sous peine de désastre certain pour les perturbateurs de la paix.

Tout se passe comme si le monde était un groupe d'individus-États que l'on compterait sur les doigts de la main. De tels individus, doués de la souveraineté absolue, ne formeront jamais une société d'égaux; ils sont voués à l'éternelle anarchie, à moins que l'un deux ne parvienne à s'assujettir tous les autres.

Ce n'est pas qu'ils soient immoraux, bien au contraire! Chacun se prétend le meilleur adepte d'une morale humaine commune à tous; il n'a jamais tort; il est un Dieu, un Absolu, ou tout comme, puisque Dieu est avec lui. Il ne reconnaît d'autre juge que lui-même, et, quoi qu'il fasse, il ne manque jamais de trouver d'excellents motifs pour s'absoudre. Quand le voit-on partir en guerre sans proclamer qu'il a la conscience pure? Mettre en doute le bien fondé de cette affirmation, c'est risquer la guerre avec lui : les États désintéressés de sa querelle, et qui pourraient se prononcer impartialement, s'en gardent bien. Aucune garantie de paix n'existe donc dans l'adhésion universelle à certains principes d'humanité, à celui notamment qui ne permet la violence que dans la défensive : l'auteur de l'agression la plus flagrante mettra toujours la provocation au compte de l'assailli. La reconnaissance du même droit par les deux adversaires ne fait ainsi qu'envenimer les conflits.

Un pouvoir juridique efficace ne saurait s'imposer au groupe des États-souverains jusqu'au jour de l'hégémonie de l'un d'eux, car il faudrait qu'il y eût des juges en dehors d'eux et au-dessus d'eux, et une police plus forte que la plus forte coalition susceptible de se former entre eux, rigoureuse impossibilité. Leur très petit nombre rend inutile de considérer l'effet mutuel, sur eux, de la pression psychologique de masse qui soumet à un empire des mœurs les individus proprement dits quand ils sont agglomérés en ensembles assez considérables.

Cet effet, dans leur cas, ne peut se produire que par une pénétration réciproque des opinions nationales qui se mettraient d'accord sur la substitution au droit de souveraineté d'un autre droit, celui des peuples à disposer de leur sort. Le problème serait ainsi résolu, car toutes les difficultés provenant des besoins de garanties, des intérêts vitaux, des nécessités stratégiques, des revendications territoriales formulées par des raisons quelconques s'anéantiraient; lorsqu'on adoptera l'idée que les peuples se possèdent eux-mêmes, la question de savoir qui les « possèdera » n'aura plus aucun sens.

Malheureusement les opinions nationales tiennent, toujours et partout, pour le maintien intégral de la souveraineté de leurs États respectifs. C'est un fait. Elles peuvent bien aller jusqu'à répudier toute conquête nouvelle, mais une fois la conquête accomplie, elle s'opposent à la restitution ; le territoire saisi par la force devient aussitôt un territoire national, un bien inaliénable qu'il faut conserver au prix des plus cruels sacrifices.

On ne saurait s'en étonner. Cette intransigeance des opinions n'est qu'une conséquence vicieuse du patriotisme par quoi se cimentent les grandes unités politiques; conséquence peut-être inévitable aussi : quand on considère la conquête et l'agression comme des crimes, la passion patriotique vous fait dire : — Je ne peux pas croire, *je ne veux pas* croire, que ma patrie soit coupable. — Le degré d'injustice et d'erreur qu'atteignent en toute sincérité les individus possédés par une grande passion nous plonge souvent dans la stupeur, si avertis que nous soyons. Combien d'inconséquences ne doit-on pas attendre de la part des opinions, ces « âmes » bien plus confuses, intermittentes, inconscientes encore, que les âmes individuelles !

C'est seulement quand l'opinion nationale, puissante sur l'État, développée et habituellement très divisée, s'agrège, à peu près unanime, que l'on peut avoir en elle une garantie de conscience et d'esprit de justice ; elle représente alors, en effet, quelque chose d'humain dans le sens le plus général du mot, elle devient capable d'atteindre le Droit.

Or le droit de souveraineté n'est dans le Droit que par occasion ou par ambiguïté, puisqu'il sanctionne la conquête, la violation du droit d'autrui. Je ne dis pas qu'il sera nécessairement ramené à ses justes limites par les nations démocratiques, mais il n'y a que les nations démocratiques qui, d'accord entre elles, puissent le réduire ainsi : possédant elles seules des opinions nationales qui contrôlent le pouvoir avec efficacité, elles ont par là le moyen d'exercer sur les États la pression psychologique de masse qui réprime la souveraineté absolue, car l'idée d'un Droit général humain est accessible à chacune de ces opinions nationales.

On retombe encore sur la nécessité de la démocratisation.

Ce n'est là qu'une des nécessités du règne de la paix stable : il y en a d'autres. De quelque façon que les États cessent de se battre, ce ne sera qu'en respectant leur indépendance et leur intégrité territoriale respectives, c'est-à-dire leur souveraineté. Il s'agit donc de concilier droit de souveraineté et droit des peuples, à quoi on arrivera seulement en ne laissant subsister la souveraineté que là où elle est librement acceptée par la population.

La suppression radicale du droit de souveraineté se concevrait — à moins de complète désorganisation politique de l'humanité — par l'institution d'un pouvoir qui réglerait les affaires mondiales, par les États-Unis du monde. Deux voies seules conduiraient à ce résultat : ou bien l'hégémonie d'un État, ou bien la libre entente de tous les États s'accordant pour abandonner leur souveraineté à un gouvernement fédéral. La première est celle où l'on marche avec le régime de la souveraineté absolue : de garantie en garantie de paix, un des États les plus forts finira par dominer. Pour marcher dans la seconde, il faut nécessairement passer par la phase de la souveraineté combinée avec le droit des peuples, car ce n'est pas librement qu'on abandonne sa souveraineté si elle n'est d'abord intacte.

La paix d'entente et sans contrainte suppose donc que l'on commence par respecter les souverainetés avant de réaliser leur limitation. Autrement dit, c'est spontanément que les États devraient libérer leurs peuples. Or ils y consentent rarement, surtout quand ils sont d'Ancien Régime : ils craignent la désagrégation; crainte parfaitement justifiée dans le cas de la Russie tsarienne qui s'est en effet émiettée, de l'Autriche-Hongrie, de l'Empire ottoman.

A ces difficultés on oppose le palliatif de la fédération. Elle concilie tout, en effet : la souveraineté parce qu'elle s'opère à l'intérieur des États, le droit des peuples parce qu'elle confère à ceux-ci l'autonomie. Mais la situation politique réelle de l'Europe s'y prête mal, comme on le voit par l'exemple de l'Autriche-Hongrie.

CHAPITRE III

Le Droit des Peuples.

§ 1. — Le droit et la force.

Il n'y a pas de question qui ait fait couler plus d'encre que celle des rapports du Droit et de la Force. Littérature vaine, en grande partie, car elle repose sur une confusion de termes et d'idées. La Force, en tant que force, n'est ni pour ni contre le Droit; elle n'a aucun droit, pas plus que le Droit, en tant que droit, n'a aucune force. On ne saurait opposer que droit à droit ou force à force. Aussi bien voit-on sans peine que ce qu'on appelle conflit du Droit et de la Force est celui de deux notions de droit antagonistes.

On reconnaît la présence de la Force à un fait acquis, un résultat, un succès, une réussite. L'Univers, ensemble des phénomènes physiques, se conçoit comme une résultante de forces, une force par conséquent; « force » traduit bien ici ce qui se passe en réalité dans le Grand-Tout, la somme de ce qui réussit à s'y produire. De même dans l'ordre humain : n'importe quel agent de triomphe, de réussite, se voit attribuer de la force : il y a de la force dans toute faiblesse humaine, à moins qu'elle n'ait absolument rien de ce qu'il faut pour séduire ou tromper. Si l'on consulte l'histoire, on ne voit guère le moyen de séparer la force de la ruse, et la ruse comprend de tout, sans excepter les armes de la faiblesse, du moins de tout ce qui réussit; le seul critérium de la Force, c'est le succès; la Force se confond avec la réussite.

Que signifient dès lors ces expressions : — La Force fait le Droit; la Force prime le Droit; le Droit prime la Force —? Elles se traduisent très exactement ainsi : — Le Droit régnant est celui qui a réussi à s'implanter; celui qui n'a pas réussi ne règne pas; celui qui réussira régnera. — De telles formules, étant des tautologies, ne se prêtent guère à la discussion. Puisque cependant elles soulèvent des débats passionnés, il faut bien que l'on sous-entende inconsciemment au mot « Force » un sens qui corrige cette tautologie en permettant d'opposer ou de comparer la Force au Droit comme à une entité de la même espèce, en donnant à la Force et au Droit une commune mesure; cela suppose que l'on implique dans la Force un droit.

Et c'est ce qui a lieu en effet. Jamais vous ne voyez un théoricien de la Force la préconiser absolument pour l'amour d'elle-même; il y associe toujours la réalisation d'un bien, la destruction d'un mal.

Proudhon commence son livre « La Guerre et la Paix » par un apologue sur Hercule : ce dieu de la Force vient d'accomplir les illustres travaux qui font sa gloire, lorsque les pédagogues de la cité procèdent à une distribution solennelle de récompenses : prix de rhétorique, de poésie, et autres semblables; rien pour l'élève Hercule qui sait à peine lire. Le héros se fâche et malmène un peu brutalement les cuistres. Ceci tend à nous prouver que la Force a des droits à la considération. A condition toutefois, faut-il ajouter, qu'elle s'exerce en faveur d'un bien. Cacus, Procuste, Augias, tyrans et bandits, étaient forts, eux aussi, à tel point que personne ne pouvait leur résister avant la venue d'Hercule. Leur force, bien que force, ne bénéficie pas cependant de l'approbation de Proudhon, puisque c'est de l'avoir ruinée qu'il fait un mérite à Hercule. Et Proudhon serait encore bien certainement du côté d'Hercule si le héros avait succombé dans sa tâche d'assainissement. La Force apparaît donc ici comme le Droit même en action.

Ce Droit est plutôt un droit se dressant contre un autre droit adverse qui se décèle aussitôt que l'on interprète l'allégorie contenue dans la petite fable à la mode antique. Hercule, Proudhon le dévoile, représente le peuple révolutionnaire luttant contre ce que ses partisans appellent les forces d'oppression et de mensonge ; le droit en action est alors le droit révolutionnaire, droit d'insurrection, dont le code de 89 a même fait un devoir, droit qu'a un peuple de contrôler souverainement ceux qui le gouvernent et par conséquent de leur imposer ce contrôle quand ils ne veulent pas s'y soumettre.

Mais les Cacus, les Procuste, les Augias, l'hydre de Lerne devenue l'hydre réactionnaire, tout ce qui est symbolisé dans l'allégorie comme forces ennemies du Peuple-Hercule, les aristocrates, les capitalistes, agissent aussi au nom d'un droit, et leurs théoriciens n'auraient aucune peine à tourner à leur profit l'apologue proudhonien : il leur suffirait d'intervertir les noms en mettant Hercule de leur côté comme soutien de la foi, de la tradition, de l'ordre, de la hiérarchie, contre les Cacus et Procuste guillotineurs, pétroleurs, fusilleurs, les Augias de la corruption parlementaire, l'hydre de Lerne de l'anarchie. Est-ce que l'Ancien Régime, adversaire initial du Peuple-Hercule révolutionnaire, ne reposait pas en toutes ses institutions sur le Droit Divin conçu, non moins que les Droits de l'Homme, comme éternel, imprescriptible, comme le Droit en soi ?

Malgré ses plus orgueilleuses prétentions à l'absence de préjugés, au réalisme, le moderne est prisonnier de l'idée du Bien ; cet assujettissement, si peut-être il diminue dans l'ordre purement individuel, augmente à coup sûr dans tout ce qui intéresse la communauté et l'humanité. Des philosophes tels que Treitschke en témoignent, malgré leur affectation de cynisme. Après avoir crié très haut que le Droit est le recours des faibles, ils justifient immédiatement la Force par un droit. Pour eux, en effet, la Force représente la somme de toutes les qualités spirituelles d'un peuple ; le peuple qui est le plus fort est aussi le plus moral, le plus travailleur, le plus intelligent, le plus pondéré ; quand il étend sa souveraineté dans le monde par l'exercice de sa force, il ne fait qu'obéir à une mission divine, il avance le triomphe universel de la Vertu, il se dévoue au Bien de l'humanité. Or on ne saurait parler du Bien et répudier en même temps le Droit, car c'est assurément un droit, sinon un devoir, de faire le bien.

Rien de mystérieux dans le droit qu'invoquent implicitement les Treitschke, les Bernhardi, et autres pangermanistes : c'est celui de la civilisation supérieure.

Il serait hypocrite de cacher que tous, tant que nous sommes, Blancs, ou assimilés aux Blancs, nous reconnaissons ce droit : nous considérons comme légitime d'abolir l'esclavage, l'anthropophagie, les rites barbares tels ceux qui consistent à brûler la femme survivante avec le cadavre de son époux, à célébrer des orgies sanglantes comme les « coutumes » du Dahomey...; nous approuvons que l'on intervienne dans la vie de certaines peuplades en réalisant cette abolition chez elles par la contrainte. Sans absoudre tous les soi-disant procédés de civilisation, nous considérons comme un bienfait pour l'humanité que l'Amérique, l'Afrique, l'Océanie, une partie de l'Asie, soient échues à la domination blanche.

Assurément il y a accord entre l'unanimité presque complète des gens de bonne foi et pas trop rêveurs pour accepter une démarcation séparant peuples civilisés de peuples non civilisés. Le conflit entre les conceptions du Droit s'élève à propos des premiers. Au droit qui inspire les théories pangermanistes et qui légitime la domination des peuples civilisés par l'un d'entre eux s'oppose le droit, pour ces peuples, à disposer de leur sort avec une égale liberté.

Cet antagonisme est celui même que l'on désigne comme mettant en présence la Force et le Droit. Le nom de Force a été donné, sans que l'on s'en doute toujours, à un droit, le droit de souveraineté, d'autorité, qui implique en effet une contrainte, tandis que l'autre droit, appelé Droit tout court, dérive du principe de liberté, de suppression de contrainte.

Mais il faut répéter, et avec insistance, que l'on introduit une confusion dans les idées en mettant la Force proprement dite d'un côté et le Droit proprement dit de l'autre comme deux armées ennemies en bataille. A notre époque, les gens qui emploient une force collective ne le font pas, ne peuvent pas le faire, sans invoquer plus ou moins explicitement un idéal moral, la poursuite d'un bien, l'abolition d'un mal, donc un droit; et, réciproquement, les partisans d'un droit sont toujours conduits à le soutenir éventuellement par la force.

A moins qu'ils n'appliquent la doctrine de non-résistance au mal. C'était celle du christianisme à ses origines; mais l'exemple ne vaut pas en matière de politique internationale, d'autant plus que le christianisme n'a pas tardé à employer la Force, ou du moins à sanctionner l'emploi de la Force, contre les non-chrétiens et les hétérodoxes. Pratiquer la non-résistance au mal quand il prend la forme d'une domination étrangère, c'est se soumettre à elle, contribuer à son triomphe.

En fait, cette pratique n'est jamais aujourd'hui qu'apparente. On n'accepte un mal que pour se retourner contre un autre, tant il est impossible à l'homme de professer l'indifférence abolue au Juste ou à l'Injuste. Ainsi les bolchevistes, après avoir cessé toute lutte contre le mal national russe, se sont-ils attachés au bien socialiste international, et puisque l'armée allemande faisait échouer complètement leurs partisans en Finlande et en Ukraine, puisqu'ils demeuraient tout à fait impuissants devant le capitalisme et l'impérialisme germaniques, ils combattirent le capitalisme et l'impérialisme dans l'Entente.

Il en est des pays belligérants comme de la Russie. Les coreligionnaires politiques des bolchevistes, les « défaitistes », les gens qui veulent la paix immédiate, renoncent bien à des revendications telles que celles de l'Alsace-Lorraine, de Trieste et du Trentin, celles en général que dicte le Droit des peuples, mais non pas à tout droit; ils luttent encore pour la Justice, mais par une autre méthode; sans nier qu'il y ait chez l'ennemi du capitalisme, de l'impérialisme, du militarisme, des responsabilités relatives au déchaînement de la guerre, ils raisonnent, par exemple, ainsi : — Pourquoi chercher à punir les péchés de l'adversaire, ce qui ne fait que les aggraver ainsi que les nôtres, car nous en avons

commis aussi ? Bornons-nous à supprimer le mal chez nous !
la tâche suffit ; d'ailleurs notre exemple sera contagieux. —
Ils s'insurgent donc contre le redressement de torts que
poursuit la guerre ; ils combattent leur gouvernement afin
qu'on ne combatte plus les ennemis.

Une guerre comme celle-ci et qui dure s'accompagne
partout de guerre civile au moins latente entre volontés
qui demeurent appliquées à la guerre extérieure et volontés
qui s'en détournent ; celles-ci ne s'accompagnent pas de
passions moins âpres que les autres, ni de moindres ressources pour plaider un Droit dont elles ne sauraient se
dispenser ; si elles triomphent, elles imputeront les misères,
les souffrances, les deuils, les crimes, non pas à l'ennemi
extérieur hors d'atteinte, mais à leur ennemi intérieur terrassé ; nul ne croira que cette vindicte doive s'accomplir
sans quelques actes violents.

L'adhésion à la paix immédiate n'est donc une non-résistance au mal qu'en apparence. La réalité nous la montre comme un droit étayé de force.

§ 2. — LES DROITS. LEUR CONFLIT.

Les hommes ont beau s'accorder sur un Idéal général
du Bien, cela ne les empêche pas d'être en perpétuel conflit les uns avec les autres et de se traiter réciproquement
de fauteurs du Mal.

Les passions et les intérêts s'entrechoquent avec une
âpreté qui n'exclut pas le même attachement des partis
adverses à une même Justice, car l'illogisme ne gêne guère
le jeu des énergies affectives.

Partout se manifestent des oppositions, des contrastes,
jusque dans l'âme du même individu, et cela en vertu de

la dualité humaine qui fait de nous les animaux à la fois les plus sociaux et les plus confinés dans leur Moi. Le travail de réaction mutuelle de ces deux éléments n'est pas près de s'achever; il constitue toute l'évolution sociale. Une perpétuelle recherche d'équilibre met en balance l'*homme-individu* et l'*homme-abeille*, les droits de la société et les droits de l'individu, sans que pour cela la Morale elle-même soit mise en question.

Car les *droits* peuvent se concevoir ici comme des *méthodes* pour réaliser l'Idéal du Bien. Que l'on s'entende sur le but à atteindre, comme on le fait, cela ne préjuge nullement un accord sur la route qui y mène, surtout quand elle se complique d'une infinité de tours et détours, quand des obstacles se dressent partout comme dans les questions politiques et sociales. Au contraire, les disputes se multiplieront en raison du nombre des inconnues du problème, tandis que l'intensité du désir commun de sa solution passionnera les débats.

Droit divin, droits de l'homme et du citoyen, droits de l'État, droits syndicaux..., autant d'idéaux de structure sociale dont la discussion a parfois été extrêmement violente, bien que leurs partisans prétendissent tous viser le même but de bonheur : la dignité de la personne humaine, le pain de l'âme et du corps, la sécurité des transactions, l'abondance matérielle, la douceur de vivre...

Le Droit par excellence s'appellerait très bien le Droit au Bonheur. On s'entend assez sur certaines conditions de ce Bonheur et sur les créances et dettes que les hommes contractent les uns envers les autres pour les réaliser. Il y a des nécessités de la vie en société qui sont universellement reconnues, et la vie d'une société ne saurait avoir pour fin le malheur de ses membres. L'idée que le Bonheur ne règnera que dans l'Au-Delà n'introduit pas de divergence fondamentale à cet égard, puisque ceux qui ont cette idée la prônent comme le meilleur garant du Bonheur d'ici-bas.

Mais l'entente des hommes n'existe que sur les éléments les plus primitifs et sur le schéma du Bonheur. Elle n'a qu'une efficacité restreinte. Le Bonheur résulte, en effet, d'un compromis entre des satisfactions qui se limitent les unes par les autres, en même temps que se multiplient les besoins à quoi elles correspondent ; il est un équilibre, non celui des masses matérielles bien assises qui ne bougeront plus, mais celui d'un oiseau en plein vol, équilibre dynamique sans cesse changeant et dont le changement même est un facteur indispensable. A considérer, en effet, l'évolution humaine, suivant les vues de Tarde, comme une chaîne d'inventions et de besoins qui s'engendrent sans fin, on voit que le bonheur, satisfaction du besoin, est à peine réalisé par l'invention quand celle-ci multiplie les besoins nouveaux.

L'invention doit être prise là dans son sens le plus étendu ; elle correspond au « devenir », terme si fréquent chez les philosophes d'hier ; son cours se calque sur celui de l'histoire, la vraie histoire, celle qui mérite d'être dite. Toutes les fois qu'un grand mouvement agite les sociétés civilisées comme la Réforme, la Révolution, on est en droit de l'appeler une invention dans l'ordre moral : invention religieuse, politique, philosophique. En même temps surgissent les besoins, la tendance à les satisfaire, la poursuite de bonheurs et la conception de droits corrélatifs à ces bonheurs.

Impossible de concevoir ce développement sans une lutte entre ces droits et d'autres, car tout ce qui vit, se meut, évolue, agit, suppose une force ; et il n'y a pas de force sans obstacles, sans résistance, sous peine d'efforts dans le vide.

§ 3. — Le droit des peuples est la seule base juridique possible d'un droit international.

Qu'est-ce qui fait, au point de vue juridique, la valeur d'un principe de droit ? c'est de constituer un point de repère tel qu'en partant de lui les jugements soient exposés au minimum d'interprétations contradictoires. Or non seulement les droits qui ne sont pas le droit des peuples permettent chacun de soutenir également bien le pour et le contre, mais ils ne prennent un sens de droit qu'à la lumière du droit des peuples.

La souveraineté d'Ancien Régime, elle, avait bien dans son essence de quoi devenir une base juridique : elle se transmettait comme un héritage ; il suffisait donc de définir des règles universelles d'héritage. Tant que les peuples conservaient sous divers souverains leurs administrations, lois, taxes, coutumes, langues locales, ils n'avaient pas le sort d'un cheptel humain lors des cessions de leur territoire : rien ne changeait, sauf le titulaire, dans la souveraineté qui les régissait. En fait, cet ordre ne se réalisa pas, étant théorique, contraire à la nature des hommes qui veut qu'un souverain, comptable de ses actes devant Dieu seul, c'est-à-dire devant sa seule conscience, tende à grandir sa souveraineté dans tous les sens. Les querelles de succession demeurèrent fréquentes ; empiétant d'autre part sur les autonomies régionales, les souverains préparèrent la concentration de leurs peuples en une seule société, évolution qui aboutit soit à la Nation unie, soit au conflit des Nationalités.

Aujourd'hui, le droit de souveraineté ne peut plus recouvrer par lui-même son ancienne capacité de base juridique, même théoriquement. Il n'a aucun sens s'il n'est pas un corollaire du droit des peuples.

Dès qu'un sentiment national se superposa aux patriotismes purement locaux, dès que chaque souverain unifia son administration, les populations changèrent vraiment de sort toutes les fois que leur territoire fut cédé par force ou autrement; si c'était contre leur gré, leur condition devenait tout à fait celle du bétail d'un domaine que l'on acquiert avec les prairies où il paît; elles constituaient les objets d'une propriété; le droit de souveraineté jouait vis-à-vis d'elles comme un droit de possession absolument contraire aux principes juridiques fondamentaux communs aux pays de civilisation européenne, principes qui condamnaient depuis longtemps, et du moins entre Européens, l'esclavage, possession de l'homme par l'homme.

Le droit de souveraineté en est venu à rendre inintelligible aujourd'hui la convention la plus essentielle, la plus sacrée, sans laquelle les relations internationales seraient impossibles, à savoir que les engagements pris vis-à-vis de l'étranger par le gouvernement d'un pays lient tous les gouvernements successifs de ce pays. Une telle obligation demeurait dans l'ordre rationnel sous la monarchie de droit divin où la souveraineté se transmettait par héritage : l'héritage demeurait à travers la lignée; les traités en faisaient partie. Le roi est mort, vive le Roi! On contractait avec *un roi*, individu éphémère, mais aussi avec *le Roi* qui, lui, ne mourait pas : il y avait là une permanence de personnalité morale qui se comprend. Mais quand on vient me dire qu'en vertu du droit de souveraineté, une signature de Charles-Quint a la vertu de conférer à M. Clemenceau des pouvoirs administratifs légitimes sur tel ou tel territoire, je ne saurais me défendre de trouver cette assertion mystique. Où est l'héritage de souveraineté ? où voit-on la permanence de personnalité morale, quand non seulement la lignée d'un des contractants a cessé de régner, mais quand les régimes mêmes des souverainetés ont changé partout dans l'intervalle du xviᵉ siècle au xxᵉ ?

Il y a, répondra-t-on, la France ! Justement, mais ce n'est pas l'État français qui fait d'elle une personne morale permanente. Nous avons passé par des gouvernements trop divers pour qu'il soit raisonnable de les réunir en une seule entité poursuivant sa vie à travers l'histoire : le Roi et la Convention, cela fait à coup sûr deux personnes morales bien distinctes. Si la France n'en apparaît pas moins comme un organisme qui est demeuré lui-même pendant des siècles et malgré tout, le lien qui en empêche la dissolution ne peut être trouvé que dans la volonté des habitants du territoire appelé français de rester unis en une même société politique. Cette volonté se constate sans peine aujourd'hui ; elle se manifeste explicitement depuis 1790 ; auparavant elle existait déjà, bien que d'une manière plus latente ; en tout cas, si l'on remonte à près d'un millénaire, on retrouve toujours les populations de pays formant la plus grande partie de la France actuelle réunies de fait par un lien politique (de plus en plus lâche d'ailleurs à mesure qu'on recule dans le passé). Ce qui constitue la France personne morale permanente c'est la volonté d'union des populations du territoire français, manifestation d'une âme véritable qui, comme celle des individus, s'est développée depuis l'enfance jusqu'à la maturité.

Le droit de cette volonté à être respectée, le droit de l'âme nationale à la vie, c'est le droit des peuples.

Celui-ci donne une base juridique à la souveraineté en la dépouillant de son sens inadmissible de droit de « possession » d'hommes par d'autres hommes. Le droit de souveraineté sera tout simplement celui de l'intégrité de l'âme nationale, le droit à la permanence de l'union mutuellement consentie entre toutes les fractions d'un peuple.

Sans le droit des peuples, que représente le droit historique? on ne sait trop : peut-être le droit du fait accompli à être légitimé. Or un assassinat est, lui aussi, un fait accompli; en résulte-t-il pour l'assassin le droit à l'impunité? Ou encore on invoque ce droit comme un droit d'antériorité : — vous possédez tel territoire, mais j'y ai plus de droit que vous parce que je le possédais avant vous; — celui auquel on s'adresse ainsi manquera rarement de riposter par un titre de possession antérieur au vôtre.

On va loin dans cette voie. Des historiens allemands « sérieux » rappellent la division administrative de la Gaule des deux ou trois derniers siècles de l'Empire Romain : il y avait, dans le *Diocèse des Gaules* (circonscription alors purement laïque), deux provinces, entre autres, la *Germanie Ire* et la *Germanie IIe*, correspondant à l'Allemagne actuelle de la rive gauche du Rhin plus l'Alsace et la Lorraine; de tels noms indiquent évidemment que les Romains d'il y a dix-sept siècles considéraient ce territoire comme habité par une population germanique. Par des intrus! répliquent non moins « sérieusement » des gens de chez nous; et ils citent le fameux *Germani qui trans Rhenum incolunt;* ils invoquent César et Tacite pour prouver que, plus anciennement encore, la rive gauche du Rhin était tout entière « gauloise », donc promise, en toute justice, à la future France du xxe siècle

Croit-on que l'on doive nécessairement s'arrêter là ? Pas du tout ! Les docteurs allemands vous démontreront, s'il leur plaît, que les Celtes, envahisseurs de la Gaule au ıx° siècle avant notre ère, étaient en réalité des Germains, puisque dolichocéphales, grands et blonds. Ne leur objectez pas la langue « celtique » ; est-ce que le français, qui devrait étymologiquement être la langue des Francs, c'est-à-dire germanique, ne dérive pas en réalité du latin ?

Nous connaissons la thèse presque universellement admise en Allemagne, jusque par la majorité des sozialdemokrats, c'est celle-ci : le rapt de l'Alsace-Lorraine en 1870 est la reprise d'un bien injustement volé à l'Allemagne deux cent vingt-deux ans plus tôt.

D'où il ressort que le droit de premier occupant, d'antériorité de possession, le droit historique, est pratiquement imprescriptible. Alors il n'y a aucune limite aux recherches d'antériorité d'après lesquelles on plaidera qu'une possession est légitime ou non ; le droit historique est donc inapplicable faute d'un accord sur un délai de prescription au delà duquel la possession ininterrompue d'un territoire serait regardée comme un titre définitif.

A moins cependant que l'on ne s'appuie sur le droit des peuples ; un délai de prescription apparaît alors très nettement : il y a prescription quand les populations réunies sur un territoire ne veulent plus être séparées politiquement les unes des autres. Et le droit des peuples est bien aussi un droit historique, car c'est assurément l'histoire qui a fait leur volonté d'union ou de désunion.

Je passe sur les autres espèces de droits qui ne sont pas des droits mais des expressions de l'arbitraire, comme le droit ethnique dérivé d'une telle pseudo-science, ou plutôt absence de science, qu'il permet de justifier tout ce que l'on veut d'avance justifier, où le droit au libre développement, à la place au soleil, etc... qui est tout simplement celui de prendre ce sur quoi on a jeté son dévolu.

Il faut, en revanche, s'arrêter au droit de civilisation supérieure : c'est le plus dangereux de tous les prétendus droits, comme étant à la fois le plus spécieux et le plus exploitable par l'impérialisme conquérant. Ainsi l'Allemagne s'accorde, et on lui accorde, le génie d'organisation : qu'elle organise donc l'Europe, ce sera pour le bien de l'Europe, disait, au commencement de la guerre, le célèbre chimiste et énergétiste Ostwald. Avec une telle idée comme point de départ, on arrive à conclure logiquement que le peuple qui se sent le plus apte à bien gouverner le monde a le droit, bien plus, le devoir, d'établir son hégémonie.

Mais tout dépend de l'idée du bonheur que se forgent les hommes. Il y en a qui font passer certains idéals avant celui de la perfection de l'organisation économique; pourquoi pas? comment leur démontrer qu'ils ont tort? Au surplus, ils ont raison, car leur goût est leur goût. Le seul moyen de réaliser la plus grande somme de bonheur dans l'humanité, c'est de laisser chacun établir à son gré la hiérarchie des bonheurs et agir en conséquence, c'est la liberté, qui est elle-même un bonheur *en soi*, le plus précieux, pensent beaucoup de gens.

Tout de même, si les États de civilisation européenne ont le droit de maintenir en tutelle des Nègres, des Peaux-Rouges, des Arabes, des Annamites, il y a une ligne de démarcation entre une civilisation considérée comme supérieure et une autre définie inférieure. Quand vous faites passer cette ligne entre Français et indigènes algériens, par exemple, ne devra-t-elle pas passer entre

Allemands et Slaves, et qui sait? entre Allemands et Français ?

La question est délicate.

Comment répondre au sarcasme bien connu des Empires Centraux : — Libérateurs des peuples, vous! s'écriaient-ils à l'adresse de l'Entente, affranchissez donc d'abord l'Égypte, l'Inde, l'Algérie, l'Irlande....

Le cas de l'Irlande doit évidemment se mettre à part de celui de l'Inde et de l'Algérie. L'Irlande est une épine que la Grande-Bretagne s'est enfoncée dans le pied dès le temps de Cromwell et n'a su jusqu'ici retirer, mais elle a fait des efforts où il y a plus de libéralisme que n'en appliquèrent jamais l'Allemagne et l'Autriche-Hongrie : les Irlandais ont le droit, reconnu par l'Angleterre, de parler de l'Angleterre avec autant de haine qu'il leur plaît et de ne pas verser leur sang pour elle; les Alsaciens-Lorrains et les Posnaniens jouissent-ils de libertés analogues? Au surplus, la solution de la question irlandaise n'a qu'une importance très secondaire pour l'établissement d'un régime de paix stable dans le monde.

On répondra aux Empires Centraux par la définition même des peuples. Le reproche, par exemple, que nos ennemis nous font ironiquement de ne pas affranchir l'Algérie a trait, sans nul doute, aux Algériens d'origine indigène; il n'a alors aucun sens, car ce nom d'Algériens désigne des peuples, et non pas un seul peuple : autant de tribus arabes ou de cités kabyles, autant de peuples; ces communautés ont toujours formé des unités distinctes et d'une remarquable permanence, tandis que les liens qui les groupaient parfois étaient précaires et intermittents. Le droit des peuples en Algérie, comme aussi en tout pays dit « arabe », c'est l'indépendance des tribus, laquelle pourrait être respectée presque absolument sans que les souverainetés dont elles dépendent aient rien à abdiquer. S'il y a formation d'un peuple algérien, il ne comprendra que les habitants de souche européenne et se juxtaposera aux peuples indigènes sans se fondre avec eux.

Aux Indes, le droit des peuples ne s'appliquerait certainement pas à la population de l'empire des Indes considérée comme une unité, mais à une foule de tribus, royaumes, principautés.

Le mot « droit des peuples » ne signifie quelque chose que là où il y a des peuples au sens démocratique du mot, c'est-à-dire des groupements humains capables d'une certaine volonté collective. A quoi servirait l'affranchissement de peuples que leurs mœurs, leurs traditions religieuses, leur état de barbarie ou d'inertie, condamnent à subir un joug despotique aussitôt qu'on les aurait débarrassés de la domination des Civilisés? Laisser les Nègres d'Afrique disposer de leur sort, c'est en réalité mettre ce sort entre les mains d'innombrables chefs ou roitelets qui le remettraient, moyennant avantages personnels, à la discrétion de quelque nation blanche; le prix des traités de protectorat aurait monté; à part cela, nul changement essentiel. Donnez la liberté aux peuples brahmaniques de l'Inde et ils resteront soumis au régime des castes que la religion leur impose expressément; donc, en réalité, le droit des peuples de l'Inde à disposer de leur sort, c'est le droit d'une oligarchie à disposer du sort des peuples indiens.

Le droit des peuples en tutelle n'en subsiste pas moins indépendamment du droit qu'ils ont à être traités avec humanité, à ne pas être exploités : il crée pour la nation protectrice le devoir de rendre la liberté politique aussi accessible que possible à ses protégés; elle doit les diriger de telle sorte qu'ils parviennent à résister par eux-mêmes, sans secours extérieur, aux oppressions traditionnelles ; une fois ce but atteint, s'il peut l'être, le droit des peuples exige que la tutelle cesse.

On notera sans doute un oubli capital commis dans cette discussion, l'oubli du vrai droit international tel qu'on l'entend communément et qui est défini par l'ensemble des traités conclus entre les États. Il y a des contrats, dira-t-on ; que chacun les observe, et la paix règnera.

Si on continue à prendre le mot « droit » dans son sens le plus élevé et le plus général, on dira que ce droit international consiste dans le respect des traités.

Est-ce une base juridique solide ? Oui, mais à deux conditions : que le traité résulte d'un libre débat entre les contractants, et qu'on ne contracte pas pour des tiers sans mandat de leur part et contre leur volonté.

Un traité obtenu par la contrainte n'a aucune valeur juridique possible. Si un homme me fait signer un papier en braquant sur moi son browning, je n'aurai pas de cesse que je ne lui aie rendu la pareille et fait signer un papier avantageux pour moi, et peut-être bien que l'homme voudra recommencer le jeu qui peut donc durer indéfiniment. (Il y a des exceptions, en assez petit nombre, tel le traité garantissant la neutralité belge ; c'est pourquoi sa violation ajouta à l'agression de l'Allemagne des circonstances si aggravantes.) Or c'est là l'image de toute la série de traités par laquelle s'est constituée la géographie politique du monde civilisé. On s'en réfère à ces traités pour juger en matière de droit historique, pratique vaine, puisque l'on retombe dans les recherches d'antériorité : qui a, le premier, extorqué par violence ou fraude tel ou tel titre de souveraineté ?

Ce qui achève d'enlever leur valeur vraiment juridique

à la plupart des traités, c'est qu'ils sont tout à fait pareils à celui que la Grande-Bretagne et la France passeraient aujourd'hui l'une avec l'autre, et par quoi elles donneraient un morceau du Paraguay à l'Uruguay, ou réciproquement, sans avoir consulté ni l'Uruguay ni le Paraguay. Les souverains réglaient ainsi le sort de peuples qui n'intervenaient en rien dans la transaction ; ceux-ci n'étaient donc pas engagés eux-mêmes. On peut bien proclamer comme un axiome de droit qu'un gouvernement hérite de toutes les obligations de ses prédécesseurs, quels qu'ils soient, mais c'est un axiome de droit aussi que les conventions de Pierre avec Paul n'engagent pas Jacques sans le mandat et, *a fortiori*, contre la volonté dudit Jacques.

Seul, le droit des peuples lève la contradiction. Les traités conclus sur le sort des peuples, en dehors de la participation des peuples, ne deviennent valables que par le consentement au moins tacite de ceux-ci. Et là le domaine du fait coïncide avec l'ordre du droit : si l'opinion de populations assez nombreuses vient à protester avec violence et persistance contre une situation que leur créent des arrangements internationaux non sanctionnés par elles, ces arrangements deviennent caducs : on sera forcé de les modifier d'une manière ou de l'autre, et mieux vaudra tôt que tard.

Au surplus, le droit international courant n'est qu'un recueil de recettes, de conventions, de fictions, propres à maintenir le *statu quo* à partir de la dernière guerre. Elles servent à la paix, si l'on veut, mais non pas à la paix par le droit, ni même avec le droit, puisque leur mission essentielle est d'enregistrer et de consolider les faits accomplis, vols ou reprises, indifféremment.

Il ne reste que le droit des peuples ; aussi a-t-on raison de l'appeler le Droit tout court.

§ 4. — La valeur « réaliste » du droit des peuples.

La valeur du Droit des Peuples n'est pas seulement celle d'un principe d'esthétique morale, car alors il serait trop facile, avec du lyrisme et de la subtilité, de l'utiliser à n'importe quelles fins. Ne venons-nous pas d'entendre, pendant plus de quatre ans, les hommes d'État ennemis flétrir l'esprit d'agression, de conquête, de vengeance, la cruauté, l'injustice ? nous en faisions autant : leurs causes et la nôtre en étaient-elles moins incompatibles ?

Sous le plus grand mot, et le plus respecté, il faut des faits, ou ce n'est qu'un mot.

Bien loin de tomber dans le « matérialisme » en exposant ces faits, on s'interdit beaucoup des ressources si « pratiques » de la chicane.

Voici le fait sous le droit des peuples : quand on impose à un peuple un sort dont il est ou deviendra mécontent, son irritation pourra le faire réagir par la violence; on crée donc un danger pour le maintien futur de la paix, et d'autant plus durable que le grief sera plus persistant.

Aucune argutie ne tient là contre. C'est en se rapportant à la réalité que l'on s'oblige à la loyauté, que l'on écarte les interprétations par lesquelles on pourrait baser précisément sur le droit des peuples n'importe quelle annexion. Voici, par exemple, comment on pourrait argumenter : — La liberté de chaque citoyen est limitée par la liberté et la sécurité des autres citoyens : la société a ses droits, elle aussi, qui égalent, si elle ne les prime pas, les droits des individus ; pourquoi en serait-il autrement des peuples ? On ne conçoit pas que, pour satisfaire leurs droits, on compromette la sécurité d'autres peuples, que l'on viole le droit supérieur qu'a la collectivité des peuples à vivre sans inquiétudes. — Les hommes d'État allemands ne se sont pas fait faute de raisonner ainsi et de dire qu'en amputant la France après la guerre de 1870, ils travaillaient à la sécurité de l'Europe sans cesse menacée par une nation avide de gloire militaire et de conquêtes. Ils eussent ajouté, si l'idée du droit des peuples avait eu alors le prestige dont elle jouit maintenant, que le droit de la collectivité des peuples européens à vivre en paix égalait au moins celui de l'Alsace-Lorraine à rester française.

Il suffisait, pour dissiper ce sophisme, de songer aux conséquences dangereuses d'un tel grief infligé à la France.

Le fait général qu'il y a sous le droit des peuples s'est traduit dans l'histoire moderne par de multiples faits particuliers.

Presque toutes les guerres européennes, depuis le traité de Vienne, ont été des guerres d'affranchissement. Que les hommes d'État les aient entreprises pour de tout autres buts, cela est certain : ayant des vues courtes, travaillant pour des résultats à brève échéance, ils manquaient, ils manquent encore presque toujours, de moralité internationale : la moralité est, en effet, le sacrifice de l'intérêt immédiat et étroit à l'intérêt futur largement compris ; mais la force de l'idée du droit des peuples n'en agissait pas moins sur ces dirigeants, car ils sentaient la nécessité de l'exploiter pour conquérir l'appui de l'enthousiasme public.

Pendant les trois derniers quarts du XIXe siècle et jusqu'à aujourd'hui, l'opinion libérale, aussi bien chez les pays qui n'intervenaient pas par les armes, sympathisait passionnément avec les peuples luttant pour leur liberté : avec la Pologne, l'Italie, les Magyars[1], les Balkaniques, la Finlande, les Arméniens.

---

1. Quelle erreur pour ceux-là ! erreur venant de l'ignorance : on avait traduit la révolte d'une oligarchie en mouvement populaire.

La Grande Guerre imposa partout, de bonne heure, que l'on s'occupât du droit des peuples. Il y eut, de la part du gouvernement tsariste, des promesses relatives à l'autonomie de la Pologne, mais variables, réticentes, vagues, trahissant une intention de ne pas les tenir.

Dès son avènement, le jeune empereur Charles sentit la nécessité de satisfaire les nationalités, tâche impossible, parce qu'il y avait deux personnes en lui : Charles Ier empereur d'Autriche, Charles IV roi de Hongrie : le second était obligé de s'opposer au fédéralisme voulu par le premier.

Guillaume II lui-même, dont le pouvoir est essentiellement à base de droit divin, se félicita de ce que la lutte menée par l'Allemagne l'eût constituée en champion du droit des peuples. Comme une délégation finlandaise lui remettait, au commencement d'août 1918, la grand'croix de l'ordre finlandais de la Liberté, il lui tint un discours que rapporte ainsi la *Gazette de l'Allemagne du Nord :* « C'est là une magnifique conséquence du grand combat pour l'existence, pour sa propre liberté, sa propre indépendance, que le peuple allemand mène avec l'aide de Dieu... que nos victoires aient pu aider en même temps plusieurs peuples luttant pour leur liberté à rompre leurs chaînes et à conquérir leur patrimoine national. Sans faire de grandes phrases, mais par nos exploits, nous avons réalisé ce que nos adversaires ne se lassent pas d'annoncer, mais n'ont jamais été en mesure de faire et, du reste, ne veulent pas réaliser : la protection des petites nations dans leur lutte pour leur liberté ! »

Le Kaiser exagérait beaucoup les mérites libérateurs de l'Allemagne qui tendait, par exemple, à laisser les paysans lettons sous le joug des barons baltes, c'est-à-dire à perpétuer la servitude même qu'ils supportaient du temps des Tzars. Il n'en est pas moins intéressant de voir un souverain tel qu'un roi de Prusse se féliciter d'avoir aidé « plusieurs peuples à rompre leurs chaînes. » Quelles sont ces chaînes ? l'ancienne souveraineté des Tzars fondée sur les mêmes principes que celle des rois de Prusse. Guillaume II professait donc, là où sa couronne n'y était pas intéressée, que le droit des peuples méritait de passer avant celui de souveraineté.

Ce fut du reste le but de paix le plus constant des Empires Centraux : — *statu quo* là où la guerre n'a rien changé, tenir compte, *dans une mesure raisonnable*, du vœu des peuples là où il y a occupation des territoires par des puissances ennemies ou bouleversements politiques consécutifs aux hostilités. — On n'a aucun besoin d'insister sur l'élasticité de cette formule qui permettait l'annexion déguisée par l'Austro-Allemagne de la meilleure part de l'ancien empire russe. Au surplus, ce but général de paix n'excluait pas les garanties, beaucoup plus élastiques encore : on n'a jamais trop de garanties.

Hypocrite reconnaissance du droit des peuples, bien entendu, mais qui proclamait la force du droit des peuples comme l'hypocrisie, en général, proclame la force de la vertu.

On ne peut compter, comme champions d'un droit, que les gens au détriment desquels ce droit a été lésé et les gens désintéressés ; un pareil concours est réalisable, dans les conditions ordinaires d'une vie nationale, entre individus qui composent la communauté politique, et y assure, grâce à l'effet de masse, un pouvoir réel de l'idée de justice. Mais quand il s'agit de l'ensemble des États, surtout du groupe d'États constituant un jeu de poids suffisant à lui seul pour incliner la balance des destinées mondiales dans un sens ou un autre, il faut que des circonstances historiques spéciales provoquent un choix ; or, en fait d'États prépondérants qualifiés comme champions du droit des peuples, tous sont dans l'Entente, et l'Entente n'en contient pas qui ne soient pas qualifiés.

Tous les grands États de l'Entente, en effet, sont démocratiques, soumis au contrôle, en dernier ressort, de l'opinion — ministère responsable ou président élu —, tandis que les souverains des Empires Centraux tenaient le compte qu'ils voulaient des vœux de leurs sujets.

Les États de l'Entente, ou bien sont désintéressés, comme les États-Unis et la Grande-Bretagne auxquels on n'a rien à demander au nom du droit des peuples, et qui ne demandent rien pour eux, ou bien ont des revendications à élever au nom de ce droit, tandis qu'on n'en a pas à élever contre eux au nom de ce même droit : il autorise l'Italie à réclamer Trente et Trieste, et non l'Autriche à réclamer le Frioul, la France à réclamer l'Alsace-Lorraine, non l'Allemagne à réclamer le bassin de Briey, Verdun, Nancy, Toul.

Quand je parle du désintéressement de la Grande-Bretagne et des États-Unis, je n'entends pas dire que ces deux puissances sacrifient leur intérêt : aucun État ne le fait ni ne peut le faire ; l'individu seul a le droit de s'anéantir délibérément pour le salut commun, dévouement qui fait de lui un héros ; tandis que les dirigeants d'une communauté ne sauraient, de leur propre initiative, provoquer l'effusion du sang de milliers de ses membres avec l'intention de la diminuer ainsi dans sa prospérité future. Or il se trouve, garantie précieuse, que les deux grand pays anglo-saxons sauvegardent leurs intérêts en défendant le droit des peuples.

Ainsi la Belgique pouvait compter sur la Grande-Bretagne, parce que les Belges font tout le nécessaire pour la sécurité maritime anglaise en maintenant leur indépendance intégrale. En cas de guerre anglo-allemande, les Allemands ont besoin d'être à Ostende, Zeebrugge, Anvers; il suffit aux Anglais que les Allemands n'y soient pas.

Les États-Unis jouiront certainement chez nous d'une influence économique à laquelle l'Allemagne ne fût jamais parvenue, et ce sera un avantage pour eux; nous n'en garderons pas moins notre pleine indépendance politique; notre susceptibilité nationale n'aura pas lieu de se cabrer, car si les Américains entrent en France en armes, ce ne pourra jamais être contre notre gré, tandis que la prépondérance économique des Allemands chez nous, c'est celle de gens plus forts que nous et qui ont leurs poings gantés de fer tout contre notre poitrine : en subissant leur maîtrise commerciale, industrielle, bancaire, nous aurions toujours l'impression de nous soumettre à une menace militaire — ils en joueraient d'ailleurs —; en fait, nous ne traiterions pas d'égaux à égaux avec eux, nous ne serions pas vraiment libres. Donc, vis-à-vis de nous, comme d'ailleurs de toute nation européenne grande ou petite, les États-Unis présentent toutes les garanties imaginables pour le respect du droit des peuples.

Voilà quelques-unes des considérations qu'inspire la pure politique. On les confirmera par toutes celles qui se tirent de l'ordre moral.

Rappelons seulement que la France a toujours eu une opinion très forte en faveur du droit des peuples, et cela non pas platoniquement seulement, mais effectivement; les peuples sujets du roi de France ont mis fin à l'Ancien Régime en se fédérant librement en un seul peuple français;

les populations de Nice et de la Savoie ont été consultées lors de leur réunion à la France.

Même force d'opinion en Grande-Bretagne. La Grande-Bretagne a affranchi ses Dominions et laissé une liberté complète aux populations blanches non anglo-saxonnes : les Français du Canada oriental, de l'île Maurice, de Jersey et de Guernesey aiment la France autant qu'il leur plaît et ne manifestent aucun désir de la nationalité française. Les Boers, au lendemain de leur guerre contre l'empire britannique, et bien que vaincus — très glorieusement d'ailleurs — obtenaient la suprématie politique dans l'Afrique du Sud avec le consentement de leurs vainqueurs, suprématie qu'ils n'avaient pas à l'époque de leur indépendance.

Ce n'est certainement pas une chimère qu'un droit qui a trouvé comme porte-parole le Président Wilson. Les gens qui se croyaient réalistes se riaient avec un dédain quelquefois poli de toute politique basée sur un idéal moral, mais ils sont bien obligés d'avoir de la considération pour une telle politique lorsque les principes en sont proclamés par un chef d'État qui a su entraîner des millions d'hommes, à en poursuivre l'application au prix de leur sang. Inutile de discuter l'intervention américaine au point de vue « affaires » ; à quelque conclusion que l'on arrive là-dessus, on devra toujours reconnaître que l'affaire du Président Wilson n'était pas « les affaires » mais une gloire magnifique : être le juriste mondial et donner force de loi au Droit promulgué ; l'affaire de l'opinion populaire américaine n'a pas davantage été « les affaires », car le peuple américain était le plus prospère du monde entier et ne pouvait aucunement sentir que, s'il restait neutre jusqu'au bout, il en serait plus pauvre et moins bien nourri :

il a été soulevé par son président et au nom de la Justice il fait une croisade contre toute oppression intérieure ou extérieure des peuples : le moindre « Yank » vous dira que telle est la cause pour laquelle il vient de si loin risquer sa vie.

Le Droit des peuples apparaît comme une formidable réalité.

Est-ce à dire que la force à laquelle il correspond soit toute-puissante ? Non. Il en est d'elle comme de la passion pour la Justice chez l'individu, très véhémente quand l'injustice est commise à son détriment, et encore d'assez bon aloi quand il s'agit de querelles entre des tiers qui lui sont par eux-mêmes également indifférents, mais complètement dénaturée dans les procès qu'il soutient contre autrui ; ne lui citez pas telle ou telle affaire où il a condamné une cause pareille à la sienne, il vous répondra : — Moi ! ce n'est pas la même chose !

Un État victorieux, même démocratique, ne s'exprimera pas autrement s'il fait une annexion contraire au vœu des annexés, et contraire aussi aux principes qu'il a toujours professés. On lui reprochera peut-être son inconséquence : — Moi ! expliquera-t-il aussi, ce n'est pas la même chose ! — Et il tirera le droit historique du dossier où il vient de reclasser le droit des peuples. Mais si — Moi ! ce n'est pas la même chose ! — la Justice, du moins, c'est ce qui est toujours la même chose, — comme le proclame le Barnavaux de Pierre Mille. Alors à quoi bon un droit de rechange ? Pourquoi ne pas se contenter tout bonnement de faire ce qu'on veut sans autre explication ? C'est que l'opinion ne peut pas se passer d'idée de Justice et qu'heureusement pour les politiques machiavélistes, donc, en somme, malheureusement, le système des droits de r'echange permet de donner une odeur d'équité à n'importe quelle revendication impérialiste.

Voilà comment les peuples entrent en conflit malgré leur attachement commun à la Justice. Aussi faut-il éliminer celle-ci et ne considérer que les passions. Quand on veut mettre à son rang, parmi les autres forces affectives des collectivités, celle que traduit le Droit des Peuples, les moyens de comparaison ne manquent pas. Mettez en parallèle les regrets que les Français ressentirent de la perte de la Belgique en 1814 avec le deuil que leur fit porter le rapt de l'Alsace-Lorraine.

CHAPITRE IV

La Solution du Problème de la Paix

§ 1. — Le régime de la paix stable ne peut être inauguré que par une grande liquidation.

La question de la paix stable ou de la paix instable se ramène à celle d'un régime à changer ou à perpétuer.

C'est avec raison que l'on dit qu'il y aura toujours des guerres si l'on sous-entend que le régime de la paix doit redevenir, après le présent cataclysme, ce qu'il était auparavant.

Les diplomates qui se réuniront autour d'un tapis vert auront beau être animés de l'esprit le plus équitable et le plus ingénieux, ils ne bâtiront qu'un château de cartes s'ils entrent dans la voie des marchandages, s'ils « négocient ». Pour quelles raisons réussiraient-ils mieux que leurs illustres devanciers qui, l'expérience le montre, n'ont jamais su signer une paix exempte de germes de guerre? Peut-on vraiment croire que c'est par une malechance persistante que les signataires des traités de paix ont échoué, pendant le cours entier de l'histoire, à réaliser la paix? Est-on fondé à espérer qu'un coup heureux du jeu diplomatique changera la veine? Evidemment non. Le hasard ne saurait rien expliquer ici. Il serait au contraire tout à fait subversif de la logique des choses que des traités de paix conclus en vue d'une prochaine guerre, comme ce fut toujours le cas, eussent jamais conduit à la suppression de la guerre (à moins de consacrer une hégémonie mondiale). Compter que l'application de cette même pratique à la liquidation de la Grande Guerre fournira de meilleurs résultats, c'est attendre qu'une même cause cesse un beau jour de produire les mêmes effets.

La paix traditionnelle, la vieille paix instable, seule connue de nos ancêtres depuis pas mal de millénaires, et de nous-mêmes jusqu'ici, nous fait vivre dans un cercle vicieux, avec des garanties territoriales, économiques..., contre une prochaine guerre qu'elles finissent inévitablement par déchaîner, précautions contre un accident qui sont des causes d'accident[1].

Cette paix se caractérise aussi en ce qu'elle se fonde sur l'indifférence au Juste et à l'Injuste. Elle sanctionne intégralement ce qui précède son rétablissement ; *væ victis!* elle ne permet pas aux victimes de récriminer avec violence contre celui qui les a mutilées et dépouillées : ce serait le provoquer. Qu'un traité ait été signé le couteau sur la gorge ou que ce soit un arrangement amiable, elle lui accorde la même valeur. En temps de paix, la condition fondamentale absolue des relations entre États, c'est le *statu quo*, c'est la prescription acquise pour tous les faits accomplis, quand bien même ils dateraient de la veille, et quel que soit leur degré de moralité ou d'immoralité. Le lendemain du traité de Francfort, la loi européenne de paix imposait à tout gouvernement français de ne rien faire ni dire qui disputât à l'Allemagne la possession de l'Alsace-Lor-

---

[1]. Voir IIIe Partie, Chap. II, *Le Problème de la Paix*.

raine; loi de paix, puisque la violer conduisait à la guerre.

Quelle autorité aurait une institution juridique internationale quelconque basée sur le *statu quo*, sur la prescription absolue comme point de départ? Aucune, puisqu'elle traiterait en voleur celui qui reprendra aujourd'hui ce qu'on lui a volé hier. On n'accepterait pas non plus bien volontiers la sentence d'un juge qui vous donnerait tort pour la légère violation d'un traité dont la signature a été extorquée de vous naguère par la violence.

De tels traités, sous le régime desquels on vit en temps de paix, n'ont aucune valeur ; on n'est pas lié par la signature qu'un brigand vous a extorquée sous la menace de ses pistolets.

Tout dépend donc, en temps de paix, de ce qu'a été l'équilibre moral et politique des États au moment où a commencé la période de paix. L'instabilité de cet équilibre rendra la paix instable irrémédiablement. Or, depuis que le monde est monde, l'équilibre qui a suivi les guerres a toujours été instable par nature, par principe ; il constitue un véritable régime d'instabilité; on en a vu les caractères : cercle vicieux des garanties contre la guerre lesquelles engendrent la guerre, respect absolu des souverainetés, égale fidélité aux traités sans valeur obtenus par vol ou par violence et aux libres engagements que nulle fraude n'a viciés...

La Paix par excellence, la Paix qui ne sera plus une pause entre deux guerres, est une affaire de régime à changer. Elle nécessite une grande liquidation de tous les traités, la table rase des faits accomplis, la substitution d'un principe d'ordre et d'organisation à l'anarchie qu'engendrent les égoïsmes absolus des États, d'un droit clair et humain aux droits multiples dont la mêlée confuse perpétuerait les chicanes pendant l'éternité. Ce droit ne peut être que le droit des peuples.

§ 2. — La grande guerre seule occasion de tuer la guerre.

L'occasion d'une telle liquidation ne s'était jamais encore présentée. Il fallait un formidable bouleversement pour remettre en question l'édifice politique mondial. La Révolution française et les guerres de Napoléon remplirent bien cet office, mais la liquidation qui les suivit prétendit restaurer et consolider l'ordre politique mondial de la Société des Souverains légitimes régnant par droit divin : trop tard. Le Congrès de Vienne eut beau avoir le mérite de comprendre une des nécessités de la paix stable — l'accord des États obtenu par leur ralliement de plein gré autour d'un principe —, il fut étrangement aveugle devant ce grand fait nouveau que le Souverain n'était plus à lui tout seul l'État, que, par conséquent, malgré la fiction contraire, des Souverains avaient contracté entre eux, non des États, et que l'ordre pacifique basé sur la présomption du pouvoir des monarques de tout décider pour leurs peuples n'avait aucune raison de durer, dès lors que les peuples étaient en train d'acquérir une capacité de résistance aux volontés impériales ou royales.

Aujourd'hui, le bouleversement est bien plus formidable encore, et il y a de grandes possibilités pour que la liquidation se fasse conformément aux exigences de la paix stable, c'est-à-dire au droit des peuples.

Manquer cette occasion de ruiner le régime de la vieille paix traditionnelle instable serait un malheur sans nom, car l'immense somme de souffrances subies par l'humanité n'aurait servi qu'à en préparer de nouvelles pour bientôt : pour demain peut-être. Comment d'ailleurs qualifier les gens qui diraient : — Bah! l'occasion se retrouvera!

Elle résulte d'un concours de circonstances si improbables et si mathématiquement ajustées aux exigences du droit des peuples qu'il ne se renouvellera certainement pas. Il fallait que la Russie fût vaincue et privée de tout esprit nationaliste, c'est-à-dire complètement désorganisée; sans cela, pas d'indépendance pour la Pologne, ni la Finlande, pas de Bessarabie pour la Roumanie, pas d'autonomie pour la Lithuanie, les provinces baltiques... Et qui donc eût osé prédire que la défaite de la Russie n'entraînerait pas celle de l'Entente, et, par conséquent, l'assujettissement à leur vieux joug ou à un joug nouveau de tant de peuples violentés dans leurs aspirations nationales? L'Amérique nous permet de continuer la lutte jusqu'à la victoire, mais, intervenant un an plus tôt, elle nous faisait triompher avec la Russie qui continuait alors d'opprimer la Pologne, la Finlande, etc...; si elle intervenait un an plus tard, c'était sans doute trop tard. La guerre a donc eu, à très peu de chose près, la durée précise sans laquelle on manquait le but de la libération générale des peuples. Ce qui retardait la victoire de l'Entente — les fautes politiques et militaires, dont il y eut d'énormes — était non moins indispensable que ce qui l'assurait, d'où une combinaison d'événements très déroutante pour la prévision humaine : nous regardions beaucoup d'entre eux comme néfastes pour notre cause, et ils lui étaient cependant nécessaires; plus on entre dans le détail de cette trame historique, plus on la trouve merveilleusement adaptée au triomphe du droit des peuples.

Compter sur l'affaiblissement universel de l'esprit national — grâce au progrès des idées anarchiques, internationalistes ou autres — pour rendre les peuples indifférents aux rivalités collectives, donc à tout ce qui provoque les guerres, c'est compter sur un miracle. Toute baisse de la force de cohésition intérieure des Etats est une prime pour l'Etat qui résiste le mieux à cette baisse : il aura l'hégémonie ; on n'évitera de subir un pareil impérialisme que si la baisse s'accomplit partout avec un synchronisme parfait ; voilà où serait le miracle. Supposer que les peuples se mettent un beau jour à marcher sur un seul rang et au même pas dans la voie de l'évolution ! on n'a pas besoin de montrer le degré d'invraisemblance d'une pareille hypothèse, d'autant qu'il n'y aurait plus d'évolution : l'évolution humaine se produit par la réaction des hommes les uns sur les autres ; elle s'arrêterait le jour où ils feraient et penseraient tous la même chose.

On n'imagine vraiment pas le moyen de tuer la Guerre autrement qu'à la suite de la Grande Guerre.

§ 3. — La paix d'hégémonie ou paix germanique.
La victoire de l'entente
« ne peut pas » amener une paix d'hégémonie.

L'Allemagne était tellement forte en 1914 qu'un accroissement de puissance relativement léger lui donnait l'hégémonie en Europe, ainsi que les événements se sont chargés, et avec une clarté absolue, de le démontrer. Elle assurait donc sa domination par des bénéfices de guerre modérés ; pas d'annexions, pas d'indemnités, rien que des zones de protection et d'influence, ce programme — dont elle ne se fût, sans doute, pas contentée — lui suffisait parfaitement pour devenir maîtresse de nos destinées tout en affichant, avec sincérité ou non, la volonté de respecter la liberté et l'intégrité des nations.

La paix de compromis, telle que la concevaient, en septembre 1918, les plus conciliants de nos ennemis, était encore une paix d'hégémonie : l'Allemagne régnait sur un *Mittel-Europa* constitué par ses alliés — Autriche-Hongrie, Bulgarie, Empire Ottoman — que la guerre avait soudés à elle, sur la Roumanie, la Pologne, la Lithuanie, le Baltikum, la Finlande, indépendants, sans doute, mais assujettis à suivre une politique germanophile. Un traité qui consacrait cet ordre de choses condamnait les nations de l'Entente à choisir entre la soumission aux volontés allemandes et une guerre désastreuse, quand bien même le reste de l'ancien empire des Tzars se reconstituait en une unité assez solide.

Il va sans dire qu'une guerre qui eût tourné, dès le début, conformément au plan du grand état-major allemand eût donné l'hégémonie à l'Allemagne par l'assujettissement de la France. Bethmann-Hollweg avait promis à la Grande-Bretagne, si elle restait neutre, de respecter l'intégrité de notre territoire continental : assurément, il eût tenu sa parole, car il n'avait aucun intérêt à la violer. Plaçons-nous au point de vue de l'Allemagne : elle ne pouvait vouloir évidemment autre chose qu'obtenir une paix stable, que nous mettre dans l'impossibilité de lui résister militairement, de l'attaquer, comme elle dit en son langage ; elle visait notre désarmement par des conditions économiques ou autres. Avant 1914 déjà, le savant chimiste et humanitaire Ostwald nous conseillait de désarmer de bon gré, faute de quoi nous y serions contraints à la suite de calamités effroyables, et un socialiste germanique estimait que Marianne devait être débarrassée de son corselet de fer. Aucune conquête de territoire n'était nécessaire pour obtenir ce résultat — qui revenait à l'annexion de la France tout entière, avec tous les avantages et sans les inconvénients de l'annexion —, d'autant que nous devions être engagés dans une étroite « collaboration » économique avec l'Allemagne.

Cette « tension » dans le sens de l'hégémonie existait indépendamment de toute volonté des dirigeants de l'Allemagne : elle était une conséquence fatale de l'évolution historique. Dans le régime de la paix instable, où la politique des États se détermine, à chaque instant, par la recherche de garanties en vue de la prochaine guerre, la formation de deux grandes coalitions adverses était conforme à la logique même des choses. Et comme l'Allemagne est militairement beaucoup plus forte que n'importe quelle autre nation européenne, elle domine nécessairement toute coalition dont elle fait partie; elle dominera donc, par surcroît, les coalisés adverses supposés vaincus.

Elle n'a pas à craindre qu'après sa victoire ses alliés se joignent à leurs anciens ennemis : ils dépendent trop d'elle. La nécessité de se maintenir contre ses sujets slavo-latins met l'oligarchie magyare en étroite solidarité avec l'Allemagne. Sans l'Allemagne, elle n'est plus rien en Hongrie; elle appuie énergiquement, par instinct de conservation, ceux des Autrichiens allemands qui repoussent toute constitution fédérale favorable aux Slaves. Les Turcs voient dans l'Allemagne la seule puissance qui leur laissera les mains entièrement libres en Arménie, en Syrie, sur les côtes de l'Asie-Mineure, dans les pays arabes, et favorisera même leur expansion en Égypte, en Perse. Quant aux Bulgares, comment et pourquoi s'insurgeraient-ils en de telles conditions contre leurs alliés de la Grande Guerre?

En s'unissant à l'Allemagne, on ajoute à sa force, on ne la complète pas; elle a, en effet, et à un très haut degré, toutes les forces, l'industrielle, la commerciale, la financière, la navale, l'organisatrice, aussi bien que la militaire, de sorte qu'on ne peut pas lui apporter de ce qu'elle n'a pas; et de ce qu'elle a — du moins lorsqu'il s'agit d'États européens continentaux — elle en a beaucoup plus que vous. Ses moyens de pression sur vous dépassent donc toujours énormément vos moyens de pression sur elle; vous lui êtes inférieur, elle vous commande virtuellement, et, les circonstances aidant, vous lui devenez subordonné en fait.

Au lieu que les membres de l'Entente forment une association analogue, pour les plus puissants d'entre eux, à celle de l'Aveugle et du Paralytique de la fable : que le premier refuse ses jambes ou le second sa vue, c'est l'impuissance pour tous les deux. Faute, par exemple, de la France comme tête de pont, l'Angleterre ne peut rien contre l'Allemagne, et nous serions battus depuis longtemps sans la marine britannique. Avant toute action, l'Aveugle et le Paralytique doivent tenir conseil entre eux, ayant conscience de la nécessité de leur accord, mais aussi de leur pleine égalité l'un vis-à-vis de l'autre; ni l'un ni l'autre n'est en situation de dire : — Tu as plus besoin de moi que je n'ai besoin de toi ; — ils sont obligés de ne recourir qu'à la persuasion mutuelle, d'où compromis, cotes mal taillées, risques d'indécision, de retards; ils forment un corps à deux têtes; l'Entente a toujours eu plusieurs têtes.

Grand désavantage pour celle-ci en face de la coalition des Centraux où l'Allemagne est la seule tête, mais aussi grande sécurité pour l'Europe dans le cas de victoire décisive de l'Entente! après la paix, plus encore qu'auparavant, l'Entente aura plusieurs têtes. L'hégémonie n'est donc accessible à aucune des nations qui la composent. La Grande-Bretagne n'a d'action sur l'Europe que par le concours d'une nation continentale européenne, ce qui la prive absolument de l'hégémonie européenne, et, par conséquent, mondiale; on en dira autant des États-Unis. Quant à l'hégémonie navale et économique, elle se partagera désormais entre ceux-ci et la Grande Bretagne, sans compter les autres concurrences à venir : hégémonie partagée, hégémonie nulle.

Il n'y aura donc d'action pacifique commune de l'Entente que celle qui peut être concertée par délibérations entre associés libres et égaux : de telles délibérations sont, par ce caractère même, propres à réunir la participation de tout le monde; c'est le noyau de la Société des Nations.

CHAPITRE V

La Société des Nations.

§ 1. — LA SOCIÉTÉ DES NATIONS CONSIDÉRÉE AVANT ET APRÈS LA GRANDE GUERRE.

Dès l'instant que les États étaient en paix naguère, dans notre ère économique, ils formaient par là même, bon gré, malgré, une Société des États : les institutions et rapports internationaux, nombreux déjà, tendaient à se multiplier; mais c'était une société anarchique dont les membres, n'ayant pour règle suprême que leurs intérêts vitaux et leur honneur, et s'instituant seuls juges de ce qu'il fallait appeler ainsi, vivaient en plein arbitraire. La paix ne dépendait que d'une crainte mutuelle; elle consistait en une menace permanente de guerre; elle aboutissait donc à la guerre à plus ou moins brève échéance.

Ce régime de la paix par la crainte, jusqu'ici régnant, ne se stabiliserait que par une hégémonie, que si tout le monde craignait un État trop fort, lui, pour avoir personne à craindre.

Mais le groupement pacifique des peuples sous une domination qu'ils ne contrôlent pas en dernier ressort, ce n'est pas une Société des Nations, c'est, malgré tous les subterfuges verbaux, la réédition agrandie de l'Empire Romain.

Il n'y avait, d'autre part, aucun fonds à faire, pour stabiliser la paix, sur la bonne volonté des gouvernements. D'une convention, supposée réalisée entre eux, naissait, non la Société des Nations, mais la Société des États, organisme monstrueux, nécessairement mort-né, parce qu'il rapprochait des êtres d'espèces trop différentes pour qu'il y eût entre eux aucun lien moral : parler d'une compréhension mutuelle entre l'autocrate russe et la République française, c'était une pure fiction.

Mettons à part le cas de la Russie : elle n'entrera dans la Société des Nations que si le bolchevisme est transitoire, sinon l'organisation mondiale dont elle serait susceptible de faire partie résulterait d'une « marxisation » universelle supprimant les Nations pour les fondre en une seule Internationale du type le plus évolué.

Cette réserve faite, on vérifie qu'avant la Grande Guerre la Société des Nations n'avait aucun sens ; certains États, n'étant pas démocratiques, ne représentaient pas des Nations, ou ils consistaient en Nations ou morceaux de Nations comprimés ensemble par une souveraineté à laquelle répugnaient plusieurs des peuples intéressés. Il fallait que l'État se confondît avec la Nation partout où cette fusion intime n'existait pas encore, il fallait la démocratisation générale et l'application du droit des peuples, nécessités qui se résument en une vérité tautologique : il n'y a de Société des Nations qu'entre Nations.

On aimait à espérer que ces conditions se réaliseraient sans cataclysme sanglant, par une évolution naturelle. Espoir mal fondé, puisque l'on vivait dans le régime de la paix instable organisée pour la guerre, organisation qui, du même coup, permettait aux États non-démocratiques de résister indéfiniment à la démocratie et aux nationalités mécontentes, comme le démontraient les militarismes prussien, russe et austro-hongrois. Il n'y a que la défaite pour briser de tels militarismes, et encore des défaites assez écrasantes : la guerre russo-japonaise n'obligea le Tzar qu'à des apparences de concessions à la démocratie ; elle lui laissa son pouvoir sur l'armée, et par l'armée sur la Russie. Par contre, les grands succès militaires renforcent le militarisme. Et comme la Russie appartenait à un camp opposé à celui de l'Allemagne, il y avait apparence qu'un au moins des militarismes autocratiques sortît encore plus puissant d'une guerre. L'éventualité de la naissance d'une Société des Nations, condition nécessaire elle-même de la paix stable, n'avait donc aucune chance visible de se produire ; les probabilités étaient toutes pour la perpétuation du régime de la paix instable avec guerres intermittentes, ou pour une hégémonie germanique.

La Grande Guerre réalisa ce quasi-miracle d'abattre les trois militarismes autocratiques ; elle achemine vers la démocratisation universelle et le triomphe du droit des peuples, c'est-à-dire vers la distribution de l'humanité civilisée entière en groupes politiques susceptibles de former entre eux la Société des Nations, parce qu'ils seront tous de vraies Nations, entières, non mutilées.

Ce fait seul, supposé accompli, qu'il n'y ait que des Nations, abolit dans le monde le régime de la paix *instable par principe et par nature*; il réalise, en effet, les exigences du Droit des peuples, dont la valeur, pour perpétuer la paix, est si incontestable.

§ 2. — L'Arbitrage entre nations.

Discuter ces institutions, par lesquelles les Nations feront cesser l'anarchie mondiale de naguère, serait une étude trop longue pour trouver sa place ici; la « littérature » relative à ce sujet comprend un nombre considérable d'ouvrages, plusieurs excellents[1].

Qu'il suffise de chercher quelles sont les conditions les plus générales d'efficacité des mesures proposées pour instaurer un ordre pacifique.

Dès l'instant qu'on ne veut pas d'anarchie non plus que d'ordre par l'hégémonie, d'ordre hiérarchique à base de contrainte, on ne saurait compter, pour sauver l'humanité du vieux régime de la paix instable, que sur la force même des choses et sur l'opinion.

Une institution juridique internationale aura de l'efficacité dans la mesure où elle sera un excitateur rapide et puissant de l'opinion en faveur d'une solution pacifique des conflits. Je suppose que les gouvernements prennent l'engagement solennel de soumettre leurs litiges à un tribunal d'arbitrage constitué en permanence, *tous* leurs litiges non résolubles par un accord amiable immédiat, et de les soumettre dès que l'une des parties réclamera ce recours; il est certain que, si on a affaire à un État démocratique, l'opinion s'agitera lors d'un danger de tension et réclamera, contre les risques de guerre, le remède qui est là, sous la main, et dont on lui a promis d'user.

Dans l'Europe d'avant 1914, un tel arbitrage obligatoire, supposé fondé par un traité formel entre tous les États,

---

1. Notamment *La Société des Nations*, titre commun à trois ouvrages différents ayant respectivement pour auteurs MM. Léon Bourgeois, Edgar Milhaud et Maxime Leroy.

n'eût fourni qu'une garantie de paix très précaire. Pour que l'opinion pèse dans le sens d'une solution pacifique, il faut qu'elle s'agite à la fois dans les deux pays dont les rapports s'aigrissent et qu'elle y ait un égal pouvoir sur les gouvernants. Or il n'y a que chez les États démocratiques que la simultanéité nécessaire soit assurée; elle fera souvent défaut quand il s'agira d'un État démocratique affronté à un État autocratique; d'un côté, en effet, se fera entendre l'opinion, de l'autre elle sera sans voix. Les hommes d'État représentant un pouvoir absolutiste ne violeront sans doute pas le traité général d'arbitrage, mais ils ne mettront aucune hâte à l'appliquer. Qu'est-ce qui les presse? S'ils se croient assez forts, rien chez eux ne les empêchera de traîner les choses en longueur, de chicaner indéfiniment sur ce sujet toujours possible de litige : comment formuler au juste les questions sur lesquelles porte le désaccord? car le tout, diront-ils, n'est pas de recourir à une cour d'arbitrage; encore devra-t-elle savoir exactement ce qu'on la prie de juger... Et ils auront à leur disposition bien d'autres méthodes connues pour se dérober; ils exaspèreront ainsi l'opinion du pays avec lequel ils sont en délicatesse et l'accuseront de se montrer agressive; c'est ainsi qu'on marche à la guerre.

Telle était la situation de l'Europe récente composée d'États aux régimes divers. L'arbitrage obligatoire international n'y eût pas tenu les promesses que faisaient les pacifistes.

Au surplus, les circonstances empêchaient qu'on l'instituât : l'Allemagne souhaitait du Tribunal des États une sanction mondiale du traité de Francfort, la France une proclamation mondiale de l'injustice de ce traité. On vivait sous le régime de l'absolu des États, régime évidemment éternel (à moins de paix romaine) tant que le besoin de survivre n'obligera pas leurs égoïsmes à une limitation mutuelle. Or la nécessité ne les avait conduits qu'à des coalitions diplomatiques du type de la Triple-Alliance et de la Triple-Entente, combinaisons bâtardes où il n'y eut, à ébaucher une association de Nations, que l'accord entre la France et la Grande-Bretagne. L'alliance franco-russe ne recouvrait, comme lien social effectif, qu'un contrat d'assurance que nous payions en réalité du renoncement à soutenir nos intérêts dans la sphère des affaires russes. La différence radicale des régimes empêchait qu'un traité d'arbitrage entre la Russie et nous eût aucune valeur autre que nominale. A quoi aurait-il servi? à prévenir la rupture de l'alliance? Mais le travail obscur des chancelleries était seul propre à remplir cet office : apporter un différend franco-russe devant une cour d'arbitrage c'était aussi l'étaler aux yeux de l'opinion française qui, étant démocratique, eût été excitée contre le Tzar et l'eût traité aussi mal qu'un Président de la République impopulaire. Dangereuse aventure! Le silence s'imposait sur les querelles intestines de l'ancienne Duplice. Le traité d'arbitrage ne pouvait exister qu'à condition qu'il ne servît jamais.

La situation est changée aujourd'hui. Il semble bien que la démocratisation doive devenir universelle, qu'il n'y aura vraiment plus que des Nations.

Ainsi est écarté un obstacle fondamental qui, sous le régime de la paix instable, rendait illusoire le fonctionnement de l'institution juridique internationale.

§ 3. — LA POLICE DE LA SOCIÉTÉ DES NATIONS.

Dans une société non anarchique, il existe toujours, à côté des institutions juridiques, une police. Quelle sera celle de la Société des Nations ? Je pense qu'il ne pourra pas en exister une à proprement parler, dans ce sens que les membres de la Société des Nations seront réduits à faire eux-mêmes leur police entre eux.

Des auteurs spécialistes en Société des Nations proposent que l'on mette au service du tribunal d'arbitrage international, mettons celui de La Haye, une armée également internationale, pourvue d'un matériel formidable et entretenue aux frais des Nations, chacune contribuant pour sa quote-part. Dès qu'une nation refuserait l'arbitrage, ou la soumission à une sentence d'arbitrage, les juges de La Haye déchaîneraient sur elle la force internationale de police.

Mais celle-ci, quelle que soit sa composition, sera peu nombreuse relativement. Si elle s'attaque à un petit pays, son armement ultra-moderne lui donnera une victoire facile, tandis qu'elle ne viendrait pas nécessairement à bout d'une population industriellement développée de plusieurs dizaines de millions d'âmes. Le désarmement, en effet, ne saurait être tel que les nations suppriment chez elles toute institution de défense : on arrivera sans doute à les faire renoncer aux armées permanentes, à l'artillerie lourde, et en général aux engins coûteux, mais elles pratiqueront un système de préparation militaire ; elles auront des fusils, des mitrailleuses, des fils de fer, des tranchées, et, à trois ou quatre contre un, elles rosseront les représentants de la justice. Ceux-ci devraient être assurés de toujours se battre au moins à un contre deux, et former, par conséquent, une armée permanente énorme. Comment la recruter ?

Le Président Wilson propose le boycottage économique, la mise en quarantaine du récalcitrant. Il y a là, en effet, un moyen de répression redoutable.

Encore faudra-t-il, pour qu'il soit effectif, que certains

concours lui soient assurés; l'abstention de la seule Grande-Bretagne, par exemple, ferait tout échouer, excepté si l'on mettait en quarantaine un pays sans ports comme la Suisse. Or en refusant d'acheter ou de vendre à une nation économiquement développée, on se punit toujours soi-même quand on fait beaucoup d'affaires. Que l'Angleterre interdise les importations des États-Unis et c'est le chômage pour une nombreuse population ouvrière. On n'acceptera de participer à l'action de police préconisée par le Président Wilson que si l'on éprouve une irritation nationale assez forte pour vous faire passer outre à un dommage économique national; on ne se nuira pas à soi-même pour un grief qui vous est étranger et par simple amour de la discipline universelle. Il n'y aura que contre les faibles que l'on consentira sans trop de répugnance à participer au boycottage mondial, parce qu'on tablera sur une soumission immédiate de leur part.

En fait, ce seront une demi-douzaine de nations puissantes qui contrôleront en dernier ressort la force exécutoire des sentences rendues par le tribunal mondial. Elles devront être d'accord : elles le seront si leurs opinions le sont, ce qui impliquera presque nécessairement l'adhésion du plus grand nombre des moindres nations.

Mais la police mutuelle par contrainte ne s'exercera pas au sein du groupe de ces chefs policiers, du moins dans la plupart des cas prévisibles : la prime à l'abstention est trop forte. On n'a de garantie du maintien de l'ordre entre eux que dans leur entente et de leur entente que dans l'absence de griefs chez l'un ou l'autre, ce qui suppose, en raison des répercussions multiples des rapports nationaux, l'absence de ces mêmes griefs chez la majorité des petites nations : c'est l'affaire du traité de paix.

Je n'entends pas rabaisser par là le rôle de ces petites nations dont plusieurs sont grandes par leur esprit et leur civilisation. On recrutera chez elles des arbitres dont l'indépendance de jugement ne fait de doute pour personne ; leurs sentences n'accableront certainement jamais aucun des plaideurs en cause et achèveront de démontrer que l'on a plus à gagner même à la perte d'un procès qu'à un massacre.

§ 4. — Le désarmement.

Il en est du désarmement comme de l'arbitrage : il vaut dans la mesure où il pourra y avoir simultanéité, chez les diverses opinions nationales, à réclamer et à maintenir la réduction des dépenses militaires.

Insérer des clauses de désarmement dans le traité général de paix entre les nations, ce sera présenter partout aux opinions nationales un très fort appât de résistance contre des gonflements de budgets qui ne paraissent désirables à personne.

Là donc encore, la démocratisation s'impose. Quand les budgets sont discutés dans les Parlements, il en résulte une publicité qui permet aux nations de se contrôler les unes par les autres, mais il ne faut pas avoir affaire à des régimes gouvernementaux tels que le récent prussianisme : ils permettent le secret dans des actes très importants de préparation à la guerre et, par conséquent, de se dire pacifique lorsqu'on est belliqueux, tout en traitant les opinions étrangères de provocatrices dès qu'elles s'inquiètent.

A l'entente sur le désarmement se joindra un auxiliaire puissant : l'embarras budgétaire universel. On restreindra les dépenses militaires au minimum, parce qu'on ne pourra pas faire autrement.

Certaines considérations permettent de se faire une idée de ce minimum. Les clauses internationales de désarmement devront, pour que l'on tombe d'accord sur elles et qu'on les observe, ne rien stipuler de contraire à l'indépendance des nations ni à la volonté justifiée qu'elles auront toutes de se défendre à l'extérieur et à l'intérieur. La nécessité, pour leurs gouvernements, de parer aux guerres civiles serait invoquée même par les socialistes les plus internationalistes qui voudront avoir leurs « gardes rouges » ; et l'on se refusera à une inquisition étrangère qui aurait le droit de contrôler dans le détail, sur tout le territoire national, les usines susceptibles de fabriquer du matériel de guerre et des explosifs, c'est-à-dire les industries mécaniques, métallurgiques, chimiques... Il n'y aura de réglementation mutuellement acceptée que celle qui tiendra compte de ces exigences nationales ; elle portera sur ce qui est d'un contrôle réciproque facile : les budgets militaires et le contingent annuel des effectifs sous les armes, le tout basé sur les besoins du maintien de l'ordre intérieur et de la défense.

Or les difficultés financières tendront au même résultat. On voudra se défendre le mieux possible aux moindres frais ; avoir beaucoup d'hommes exercés et relativement peu d'hommes s'exerçant à la fois, sacrifier l'armement offensif au défensif qui, à dépense égale, est incomparablement plus efficace. Une telle politique ne présentera pas les mêmes dangers qu'avant la guerre, puisque personne ne pourra plus s'offrir le luxe d'une machinerie agressive irrésistible.

On ne se trompe donc pas beaucoup, je pense, en se représentant ainsi les systèmes militaires de l'avenir : une armée de citoyens soumis à des périodes d'instruction militaire nombreuses et courtes, ou, au moins, une éducation militaire nationale à l'école ; comme armement, des fusils, des mitrailleuses, des grenades, peu d'artillerie; les frontières couvertes par un système de lignes de tranchées, des fils barbelés...

Cela, dira-t-on, n'empêchera pas la guerre : privés de tous engins modernes, les hommes se battront, s'ils en ont envie, à coups de pierres, à coups de bâton, à coups de pied, de poing, de couteau... Que des nations enragées et entêtées l'une contre l'autre, mais réduites toutes deux au désarmement de l'avenir, entrent en hostilité et soient contraintes à la guerre de tranchées, il ne faudra pas un an avant qu'elles aient de l'artillerie, des projectiles à explosifs puissants, des tanks, des avions de bombardement, instruites qu'elles auront été par la Grande Guerre de 1914 à 1918.

Mais si le désarmement, par lui-même, comme il faut bien l'admettre, ne supprime pas la guerre, il diminue, et cela dans une très forte mesure, la tentation d'y recourir. Savoir d'avance qu'on devra commencer par une longue période d'inviolabilité des fronts avant de commencer les opérations militaires conduisant à une décision, que l'on devra par conséquent suspendre la vie économique du pays, laisser libre carrière aux concurrents commerciaux et industriels pendant plusieurs mois, c'est de quoi rafraîchir les ardeurs de l'offensive-défensive. Avec une telle perspective, l'Allemagne n'eût pas engagé la guerre en 1914. Elle n'a jamais caché combien elle estimait vitale pour elle la nécessité de faire vite.

§ 5. — La liberté des mers.

Je n'ai, pour ma part, jamais bien compris la liberté des mers.

C'étaient les Allemands qui la réclamaient avec le plus d'insistance; on ne voit pas cependant en quoi le développement de leur navigation commerciale a été gêné avant Août 1914. Ils avaient donc à cœur l'établissement, non pas d'un statut maritime de paix, mais d'un statut maritime de guerre. Personne ne se méprend sur leur intention : ils ne voulaient pas être exposés au blocus lors de leur prochaine guerre avec la Grande-Bretagne; ils faisaient ressortir combien les autres nations, les grandes et les petites, auraient avantage à entrer dans leurs vues. Et, en effet, à moins d'être alliées du Royaume-Uni, elles aiment évidemment mieux bénéficier que pâtir d'hostilités anglo-allemandes éventuelles; elles sentent très bien qu'il y aurait beaucoup à gagner à ravitailler librement des grandes puissances économiques dont la consommation en marchandises importées tendrait forcément à augmenter.

Une entente internationale relative à la liberté des mers est illusoire parce que là le point de vue britannique diffère du tout au tout de celui des nations continentales : la Grande-Bretagne a besoin de l'empire des mers pour vivre, et, ayant l'empire des mers, elle n'ira pas se priver volontairement des avantages qu'elle en retirerait en cas de guerre.

Le droit international maritime, dans ses clauses relatives au blocus, favorise certains pays au détriment des autres. D'après lui, vous pourrez bloquer les ports de France et d'Angleterre si vous avez les moyens de maintenir devant chacun d'eux des navires de guerre même minuscules, tandis qu'une Turquie non belligérante garantit à Odessa et aux autres ports russes de la Mer Noire la libre communication commerciale sous pavillon neutre avec le reste du monde : il vous est interdit d'y mettre obstacle, fût-ce par une barrière de cent dreadnoughts placés à l'entrée des Dardanelles ; les ports allemands de la Baltique jouissent, bien qu'à un moindre degré, du même privilège.

Comment croire que le belligérant le plus loyal, combattant la Russie ou l'Allemagne, consentira à laisser à la puissance ennemie tous les avantages qu'elle a sur lui sans profiter de ceux qu'il a sur elle s'il possède la maîtrise des mers? Il interprètera donc en sa faveur les clauses du droit maritime relatives à la contrebande de guerre, clauses assez élastiques pour permettre pratiquement de saisir sur n'importe quel navire toutes les marchandises destinées aux ennemis. Faites un code plus étroit, les moyens ne manqueront pas pour échapper à ses sujétions : représailles, abus commis sous pavillon neutre...

Et quel principe invoquer pour la liberté des mers? Elle ne se justifie en rien que par la force des neutres dont on redouterait le mécontentement. On parle de se baser sur le respect de la propriété privée, et, par conséquent, d'interdire la saisie de toute cargaison appartenant à un particulier, même belligérant. Comment concilier ce précepte avec le droit évident que l'on a d'intercepter les fournitures faites à l'État ennemi ? Que celui-ci observe ou n'observe pas la parole d'honneur qu'il donnera de réserver les importations à la population civile, c'est tout un : envoyez cent mille tonnes de blé à ses non-mobilisés et veillez à la distribution, vous rendrez disponibles cent mille tonnes de blé indigène qui iront à l'armée. Ainsi du reste : bois, charbon, laine, coton, pétrole, caoutchouc, métaux ; dans une guerre comme celle-ci, il n'y a pour ainsi dire pas de marchandises qui, par elle-même ou par les substances dont elle est constituée, ne puisse servir à des besoins militaires; tout ce que vous laisserez passer ira grossir le stock national des adversaires ; peu importe donc que l'État ennemi achète lui-même ou non les importations : la part qui en ira aux particuliers représentera toujours une part égale de matières ou produits — soit accumulés pendant la dernière période de paix, soit indigènes, soit introduits par contrebande, soit pris dans les territoires envahis — et que l'État s'attribuera s'il lui plaît. Respecter le commerce privé avec les ennemis, celui des neutres aussi bien que celui des belligérants, c'est alimenter les armées que l'on combat ; on ne s'infligera ce tort à soi-même que pour éviter un dommage plus grave : l'intervention contre soi d'un neutre puissant.

Puisqu'on a la liberté des mers en temps de paix, elle ne contribue nullement à stabiliser la paix : les nations qui en font un but de guerre recherchent donc un avantage pour la prochaine guerre. Les événements ont prouvé que l'Entente avait plus à perdre qu'à gagner à la liberté des mers. Se déclarer pour celle-ci revient donc à se déclarer d'avance contre celui des deux partis belligérants qui sera dans la même situation relative que l'Entente : il y en aura toujours un, étant donnée la diversité des conditions géographiques, économiques, politiques... Attitude imprudente.

La cause de la paix stable n'a d'ailleurs aucun profit à tirer d'une réglementation quelconque de la guerre. Plus on rend la guerre supportable, moins on en détourne les peuples. Assurer aux neutres maritimes un trafic sans entraves pendant que de grandes nations s'entretuent, c'est les faire profiter de cette tuerie, leur ôter tout intérêt à la prévenir. On a mis les pays civilisés à l'abri de la peste, parce qu'on a pris contre elle des mesures internationales, et on a pris ces mesures parce qu'elle menaçait tout le monde. Il faut que la guerre soit, de même, un fléau pour tout le monde à la fois ; sans cela, il n'y aura jamais d'accord universel pour en empêcher le retour. Plus de neutres (ou du moins de neutres puissants), ou pas de Société des Nations ! car le neutre serait celui qui ne voudrait pas participer à la police mondiale. Deux ou trois neutres d'importance suffiraient à assurer le triomphe d'une nation de proie sur ses victimes. On aurait donc le plus grand tort d'offrir à la neutralité une prime aussi tentante que la liberté des mers.

Il n'y a à valoir quelque chose pour la paix stable que la suppression des gênes et de toutes les causes de mécontentement qui subsisteraient *pendant la paix*. Si la liberté des mers proprement dite n'a rien à voir avec cette condition, il n'en est pas de même de certaines questions qui s'y rattachent indirectement. On devrait, par exemple, stipuler la libre circulation à travers les passages d'intérêt international comme le canal de Panama, c'est-à-dire l'interdiction de tarifs différentiels. Il sera surtout important d'assurer le libre accès à la mer aux nations dont le territoire n'a pas de côtes ou a des côtes d'abord trop difficile.

Deux griefs sont à éviter. Tout pays bloqué à l'intérieur des terres subit un préjudice économique considérable : il est à la merci de l'État qui détient le port le plus voisin et qui peut abuser de cette situation pour des chantages de toute espèce. D'autre part, si vous accordez, par exemple, à la Magyarie un port slave avec un territoire y donnant accès, vous créez un irrédentisme slave. La seule manière d'éviter à la fois le grief d'isolement économique et celui d'irrédentisme, c'est d'accorder, dans le port en question, des installations à l'usage de la nation isolée, comme ce fut le cas à Salonique pour la Serbie et, pendant la guerre, à Cette pour la Suisse.

On donnera plus de force à la garantie internationale des

débouchés sur la mer en instituant des ports francs qui, eux, sont utiles à tout le monde, de sorte que tout le monde est intéressé à leur maintien.

§ 6. — Fondation et développement de la Société des Nations.

Les géomètres diraient en leur langage que la Grande-Guerre a réalisé les conditions nécessaires de la Société des Nations, non les conditions suffisantes, du moins pas toutes les conditions suffisantes. Il fallait la Grande Guerre pour que la Société des Nations pût exister, mais, une fois la Grande Guerre finie, il faut autre chose : la pure cessation des hostilités, la signature même de la paix, ne suffiront pas à réaliser une organisation pacifique du monde ; tout au plus l'amorcera-t-on, et ce seront seulement nos arrière-petits-neveux qui sauront s'il y a eu naissance ou avortement d'un ordre nouveau.

La Société des Nations n'avait aucune chance de se réaliser par la collaboration des Allemands. Tout ce qu'ils appelaient la paix de compromis, de conciliation, de réconciliation, ne faisait que replacer l'Europe dans des conditions encore plus mauvaises qu'en 1914. Pour qu'ils entrassent de plain-pied avec les autres, et en même temps qu'eux, dans la Société des Nations, il fallait que, vainqueurs encore, du moins en apparence, ils prissent sincèrement l'initiative d'une paix qui, pour eux, fût une paix de défaite. C'était impossible sans révolution et encore une révolution qui amenât au pouvoir les socialistes indépendants (car les autres refusaient de renoncer à l'Alsace-Lorraine); mais de là résultait la débâcle de l'armée allemande et la disparition des apparences de victoire.

Le dilemme demeurait donc : ou paix de compromis et encore moins de Société des Nations qu'avant 1914, ou paix de victoire décisive et, si l'Allemagne l'emportait, c'était l'organisation sous l'hégémonie germanique, si l'Entente triomphait, c'était l'Allemagne exclue pour plus ou moins longtemps de la Société des Nations, qui, en fait, ne peut commencer à fonctionner que contre elle.

La Russie bolcheviste n'a, elle non plus, aucune place dans une telle association : le bolchevisme, le spartakisme, l'internationalisme extrême, c'est-à-dire logique, ne reconnaissent, en effet, de liens de solidarité obligatoire qu'entre les prolétaires du monde entier, donc dénoncent le lien national comme susceptible de faire tuer des prolétaires par des prolétaires. On entrerait, avec l'extension du bolchevisme, dans une ère de *guerres religieuses confessionnelles* pareilles à celles qui opposaient, au xvie siècle, les catholiques aux protestants. Il n'y a que le sentiment de sa faiblesse qui retiendrait un pays bolchevisé de faire la guerre — une véritable guerre sainte — contre une nation « bourgeoise » en train de réprimer chez elle une révolution communiste. Comment, sans hypocrisie et en inspirant confiance, participerait-il aux assises d'une Société dont les statuts prohibent de pareilles interventions ?

Abstraction faite des événements qui ont imposé des exclusions, au moins temporaires, il reste que la simultanéité du vouloir des Nations prépondérantes ne les réunirait pas par des institutions sociales, donc avant tout juridiques, ce vouloir simultané — même s'il y a bon vouloir sincère — n'existant jamais. Les six ou sept États maîtres à eux seuls des destinées du monde sont à la fois juges et parties dans toutes les affaires, puisqu'ils ont, directement ou indirectement, des intérêts partout. Ils manquent donc de toute capacité juridique légitime. D'autre part, aucun d'eux ne se soumettra à un jugement rendu contre lui : sa raison sera toujours : — Moi, ce n'est pas la même chose! — Il faudra lui céder ou le forcer à céder.

Seule la contrainte d'une nécessité vitale commune remédie à l'esprit « unilatéral » absolu des Etats : ou l'union ou la mort, voilà comment le choix doit s'imposer à chacun d'eux avant qu'il consente à sacrifier quoi que ce soit de sa personnalité. Et il s'agit d'un péril d'aujourd'hui, non pas d'un cataclysme mondial prévisible à plus ou moins courte échéance : les Etats sont intelligents, mais chacun plus intelligent que les autres ; comment s'entendraient-ils sur rien, et, en particulier, sur les choses futures? On ne voit que la sanction d'un désastre commun et imminent qui les oblige à une discipline mutuelle, et il n'y a qu'à propos de la guerre déchaînée par une puissance formidable que cette sanction se pose.

L'Allemagne, et nulle autre, répondait à cette condition de former contre elle un bloc des Etats démocratiques prépondérants qualifiés pour devenir une Société des Nations. Elle réalisa cette œuvre par sa force et par sa faute initiale qui devint un crime. Elle avait formé le plan d'abattre la France avant de se retourner contre la Russie, donc de passer par la Belgique, avantage « stratégique » dont elle méprisa les contre-parties morales et politiques. Adoptant la défensive à l'Ouest et l'offensive à l'Est comme le suggérait le vieux von der Goltz, elle ne violait aucune neutralité, elle obligeait la France à l'attaquer : agitation politique chez nous, pas d'intervention britannique, pas de blocus, pas de sous-marins, pas d'intervention américaine, des difficultés stratégiques bien moindres que celles dont elle s'est tirée pendant trois ans avec succès (front défensif moins étendu à l'Ouest et faisant face à moins d'ennemis), etc... Elle a préféré la solution du plus gros bénéfice : imposer son hégémonie politique et économique à la France. (C'est là une preuve de la responsabilité de l'Allemagne qu'on ne développe pas assez : tous les Allemands se justifient par la mobilisation russe, mais, comme elle était fort lente, leur mobilisation à eux ne pressait pas et ne signifiait la guerre que s'ils voulaient attaquer la France préventivement). Un tel choix était cependant dicté par la logique de la nature même de l'Allemagne, un être d'une espèce à part entre tous les êtres collectifs du présent et du passé.

En fait, les circonstances de la Grande Guerre, et elles seules le pouvaient, ont créé *une* véritable Société des Nations, noyau autour duquel les autres peuples n'auront qu'à se joindre pour que *la* Société des Nations existe par le fait même. Impossibilité d'hégémonie au sein de l'Entente ou de l'Entente sur le monde. Chacun de ses membres a dû diminuer sa souveraineté au profit du salut commun ; les sous-marins firent qu'il y eut le charbon, le blé, le fer, le fret de l'Entente, et non plus ceux de la France, de la Grande-Bretagne, des États-Unis, de l'Italie ; des conseils interalliés distribuèrent à chaque nation sa part tandis que, naguère, chacune ne mesurait sa part qu'à ses appétits et à sa puissance.

Ainsi ces États qui vivaient, il y a peu d'années, comme tous les États, dans l'individualisme absolu, apprirent à l'école de la souffrance et du danger la coopération par le sacrifice mutuel. La cessation des hostilités ne mettra pas fin à cette collaboration qui se prolongera bien au delà. Comme l'a très justement fait remarquer lord Northcliffe[1], on ne passera pas directement de la guerre à l'état de paix,

1. *Times*, 5 novembre 1918.

entendons par là l'état de vie normale de l'humanité civilisée. Le monde entier s'est appauvri. Il y a eu raréfaction, sur l'ensemble de la terre, des produits de première nécessité; l'Européen belligérant ou neutre souffre en moyenne de la famine; le tonnage mondial a été réduit ; les réparations des dommages causés par la guerre, la diminution des forces humaines de travail représentée par des millions de morts et de mutilés, tout cela retardera la fin de la dépression économique. Ce sera pendant des années encore que devront fonctionner les organismes chargés de répartir entre les peuples ce qu'il y a de disponible sur le marché mondial, rationnement forcé, puisqu'on devra faire face à des besoins accrus avec des moyens de production et de transport anémiés.

Il suffit donc, en somme, que le statut de la Société des Nations enregistre l'état de choses existant, et il aura de l'efficacité, car il ne fera que traduire, pour la France en particulier, les besoins de garanties contre les risques de guerre, c'est-à-dire, en l'espèce, contre l'Allemagne : proportions respectives des forces militaires, conditions de leur mise en œuvre commune, etc....

La principale de ces garanties, c'est que l'Allemagne ne puisse pas trouver d'alliés parmi les Nations de l'Entente actuelle, autrement dit que ces Nations n'aient pas de griefs mutuels sérieux.

Donc la situation exige impérieusement que l'on maintienne et consolide cette coopérative de peuples. Elle est déjà un commencement de Société des Nations, et il n'y avait pas, à la Société des Nations, d'autre commencement possible, conforme à la nécessité enseignée par l'expérience historique et la psychologie collective : les États ne s'unissent pas par amour mais par crainte.

Passato il pericolo gabbato il Santo; après la bataille gagnée, on remercie du « Bonsoir Messieurs ! » les gens qui ont combattu avec vous. Mais l'Allemagne vaincue conserve trop de force pour qu'aucun des coalisés consente de gaîté de cœur à l'isolement face à face avec elle, et encore moins à ce qu'une brouille entre les autres coalisés lui promette des alliés. On dit alors : « Restez, Messieurs ! »

Surtout la Société des Nations a fonctionné et doit encore fonctionner réellement avant même d'avoir ses papiers ; cela dissipe la seule objection sérieuse que l'on ait contre toute nouveauté : telle chose ne peut pas se faire parce qu'elle ne s'est jamais faite.

Une fois fondée — et il ne lui manque plus que ses actes d'état civil — la Société des Nations attirera assez naturellement à soi les neutres. L'Allemagne ni ce qui reste de ses anciens alliés n'y entrera pas avant longtemps. Et quand arrivera le moment où elle sera toute seule à n'en pas faire partie, la paix ne perdra ni ne gagnera rien à ce qu'elle demeure ou non en quarantaine.

CHAPITRE VI

Réflexions sur les Clauses générales de Paix.

§ 1. — DE QUELQUES DIFFICULTÉS DU TRAITÉ DE PAIX. LE PROBLÈME DE L'EX-AUTRICHE-HONGRIE.

Il va y avoir une Pologne, une Lithuanie, une Tchéco-Slovaquie, une Yougo-Slavie, une Grande Roumanie.

Les frontières de ces nations renouvelées, sinon nouvelles, vont traverser et englober des territoires où, à la population qui domine par le nombre, se juxtaposent ou se mêlent d'autres groupes humains différents par la langue, les mœurs, et surtout l'esprit national. Ces frontières suscitent nécessairement une minorité irrédentiste.

Des plébiscites locaux des populations permettent théoriquement de la réduire à son strict minimun, mais ils se heurtent souvent à des oppositions plus ou moins équitables et à des difficultés pratiques réelles, que les gens de bonne foi reconnaîtront.

Le préjugé de la bonne frontière, de la frontière naturelle, est tellement fort qu'on l'accepte comme un axiome indiscutable et qu'il laissera ses traces dans le traité de paix.

On aura aussi à se garer d'un autre préjugé, celui du

droit historique. Nous le trouvions insoutenable quand il était invoqué par les Magyars qui répètent encore, sous une autre forme, ce que disait naguère le comte Burian : — C'est une sorte de crime que de vouloir démembrer un organisme qui a persisté à travers l'histoire et dont l'expérience a prouvé ainsi l'unité foncière et la vitalité. Or le lien qui unit les peuples soumis à la couronne sacrée de Hongrie est millénaire ; on ne saurait donc les séparer. — Ils n'ajoutent pas que la magyarisation, elle, ne sévit pas depuis cent ans, et que c'est à elle qu'on doit le séparatisme roumain, slovaque, serbe, croate.

Le droit historique n'est pas moins à blâmer quand les nouvelles nations l'invoquent à leur profit. Une unité provinciale, administrative, créée par l'histoire, est, disent-elles, un tout indivisible ; elle doit donc appartenir tout entière à la nation que le droit désigne pour la « posséder ».

Ainsi la Bukowine, la Bessarabie, forment chacune un territoire indivisible habité par une majorité roumaine, donc elles reviennent tout entières à la Grande Roumanie.

Les Polonais soutenaient naguère que la Galicie, ayant appartenu tout entière au royaume de Pologne avant son démembrement, devait aussi lui revenir tout entière ; il semble qu'ils fassent montre aujourd'hui de moins d'intransigeance.

Mais les Ukrainiens répliquent à ces revendications que les habitants du nord de la Bukowine et de la Bessarabie et ceux de la Galicie orientale, étant Ruthènes ou, sous un autre nom, Petits-Russiens, désirent rester Petits-Russiens, donc s'unir à la Petite-Russie, ou Ukraine.

En Galicie se présente une complication que l'on retrouve ailleurs avec des variantes : dans la partie ruthène, les campagnes, les villages et les bourgs sont bien ruthènes mais les villes importantes sont polonaises. Un compromis s'impose donc : on étendra, je le suppose, le territoire polonais de telle sorte qu'il englobe les grandes villes voisines de la région à peuplement polonais homogène ; celles qui s'en éloignent trop seront ukrainiennes.

Rien de plus pressant que d'appliquer à ces problèmes, avec la plus grande approximation possible, la solution indiquée par le droit des peuples. Les exemples choisis en font foi. Il faut que la Russie se reconstitue, et il est infiniment probable qu'elle renaîtra sous forme d'une fédération d'Etats dont, en particulier, l'Ukraine. Or, déjà, Ukrainiens et Polonais sont en délicatesse. Laisser subsister entre eux des motifs graves de mésintelligence, c'est ressusciter le vieil antagonisme de la Russie contre la Pologne. Le même péril se dessine déjà dans les relations ukraino-roumaines. Comme d'autre part il pourrait bien, si l'on n'y prend garde, exister une tension entre Tchéco-Slovaques d'une part, Magyars et Allemands de l'autre, Polonais et Allemands, Roumains et Magyars, il y aurait encore de beaux jours pour le traditionnel gâchis des coalitions adverses, contre-coalitions, garanties, contre-assurances, machiavélisme...

Par bonheur, on est très loin de se trouver désarmé contre une telle éventualité. Les évènements accomplis empêchent à eux seuls les griefs irrédentistes d'affecter des populations trop nombreuses. Si les passions du moment troublent les rédacteurs du traité de paix dans leur claire vision de l'avenir, du moins se modéreront-ils nécessairement les uns les autres par le fait même que l'Entente est une coalition à plusieurs têtes, non hégémonique ; et les Etats-Unis feront entendre dans leurs conseils des avis désintéressés; les hommes politiques qui représenteront les grandes nations de l'Entente auront en outre l'esprit parfaitement libre quand il s'agira de l'Orient européen : là, puisqu'ils n'ont aucun prétexte à chercher des garanties dans des antagonismes et que, bien au contraire, c'est un accord commun de la Pologne, de la Lithuanie, de la future fédération russe, de la Grande Roumanie, avec la cause occidentale qui leur importe, ils feront œuvre de conciliateurs impartiaux

Enfin il y a un moyen de réduire à peu de chose l'irritation des minorités irrédentistes, c'est l'autonomie : autonomie administrative complète pour les îlots bien distincts de population allogène qui subsisteront au sein des nations de l'Europe nouvelle, comme, par exemple, pour les Szeklers et les Saxons de la Transylvanie, partie intégrante elle-même de la Grande Roumanie. Liberté « linguistique » complète quand plusieurs populations de « race » différente sont mêlées à celle qui possède la souveraineté nationale : liberté à chaque langue d'avoir sa presse et ses écoles, ses associations, ses théâtres, etc..., absence de toute obligation linguistique pour être électeur ou éligible.

Les représentants des nouvelles nations ont reconnu la nécessité de ce statut en le formulant spontanément et en s'engageant de leur propre initiative à le respecter.

Là, ainsi, où l'observation du droit des minorités intéresse le plus le maintien de la paix, elle est actuellement voulue. Il est donc possible de l'inscrire dans le traité de paix qui doit être le statut de l'Europe future, et, puisque c'est possible, c'est évidemment nécessaire. Tout le monde y a intérêt, nous, en particulier, qui ne saurions négliger aucun moyen de maintenir l'harmonie entre les différents peuples slaves et entre Slaves et Latins. Une garantie internationale donnée aux minorités « ethniques » supprimera leur tendance à recourir à une agitation nationale. Elles porteront, le cas échéant, leurs plaintes au tribunal des Nations qui, en une telle matière, jouira d'une autorité effective.

Mais la constitution territoriale des souverainetés n'est pas tout. Des embarras naissent de ce que des nations, quand elles ne seront pas d'assez grande taille, voudront se fédérer avec d'autres.

On entrevoit, sans crainte de beaucoup se tromper, la Russie comme une fédération dont feront partie l'Ukraine et le ou les États baltiques. La Finlande restera à part, très probablement, la Pologne aussi presque certainement, mais où ira la Lithuanie ?

Où elle voudra ! répond-on avec une insouciance d'ignorants plus que de libéraux. Ce qui nous préoccupe, c'est le futur ajustement des morceaux de la défunte Autriche-Hongrie.

Voilà son cadavre divisé en trois bandes longitudinales : Tchéco-Slovaquie au Nord, Autriche allemande et Magyarie au Centre, Yougo-Slavie et Roumanie au Sud. Pour beaucoup de raisons, chacune de ces nations cherchera à entrer dans un organisme plus vaste, et on répondrait pour elles, comme pour la Lithuanie : Qu'elles s'arrangent ! si l'on ne s'opposait énergiquement à ce que l'Autriche allemande se fédérât avec les États germaniques.

Il est hors de question d'encourager cette union qui renforcerait singulièrement l'Allemagne. L'Autriche, d'abord, la veut-elle, la voudra-t-elle ? Les vœux manifestés déjà par certains groupements germanophiles ne représentent pas assez l'ensemble de l'opinion pour qu'on puisse répondre affirmativement à cette question. Il est à croire que les Autrichiens seront influencés par la lutte qui s'ébauche, et ne finira peut-être pas de sitôt, en Allemagne entre le centralisme et le fédéralisme : un État germanique, dont les divisions ne seraient plus qu'administratives, comme nos départements français, les attirera, à coup sûr, beaucoup moins qu'un groupement de républiques autonomes : Vienne répugnera à n'être qu'une sorte de préfecture gouvernée par Berlin.

Afin que les Autrichiens ne se soudent pas à un bloc germanique, on exprime quelquefois l'idée de fédérer les cinq nations nommées plus haut, ce qui referait l'Autriche-Hongrie moins la Galicie, mais plus la Serbie et le Monténégro, qui se déclarent partie intégrante de la Yougo-Slavie, et la Roumanie ancienne augmentée de la Bessarabie à laquelle s'agglomèrent la Transylvanie (agrandie) et la Bukovine.

Cette combinaison est économiquement raisonnable, puisque la ceinture montagneuse, qui enveloppe l'ancienne Autriche-Hongrie (la Galicie et la Bukovine non comprises) sur son pourtour presque entier, en fait un tout dont les diverses parties communiquent beaucoup plus facilement ensemble qu'avec les autres régions. Mais, au point de vue politique, il n'y a guère plus d'unité dans ce territoire géographique que dans celui qui comprend la France et l'Allemagne : l'esprit national des Tchéco-Slovaques, Yougo-Slaves et Roumains exprime avant tout l'antagonisme contre les Autrichiens et les Magyars. Ces deux derniers peuples le sentent fort bien, aussi n'ont-ils vraisemblablement aucune envie d'entrer dans un consortium où ils auraient à être garantis contre leurs propres associés et devraient les garantir contre des dangers dont eux-mêmes ne sont pas menacés : le seul rapprochement imaginable serait celui qu'une méfiance commune contre l'Italie amènerait entre Autrichiens et Yougo-Slaves.

On ne fédère pas les gens contre leur gré.

Contrariera-t-on avec plus de succès leurs désirs de fédération ? Oui, mais en apparence seulement. S'il doit y avoir vraiment un vœu réciproque et ardent d'union entre l'Allemagne et l'Autriche, on les empêchera bien de donner à leur association le nom d'État, non de la réaliser en fait : elles pourront agir toujours d'accord, ne fût-ce que spontanément ; aucun moyen n'existe de s'y opposer.

Si l'Autriche allemande ne s'accommode pas d'une existence tout à fait isolée, elle sera un appendice plus ou moins avoué de l'Allemagne : quel appui trouverait-elle ailleurs?

Il est donc sage de se résigner par avance à la future solidarité entre tous les Germains. Faut-il s'en effrayer? Non, quand bien même les Magyars, ce qui est possible, bien que non certain, se joindraient à eux. L'ancien parti des Empires Centraux ainsi reformé sera considérablement diminué : l'Allemagne perd l'Alsace-Lorraine, le Sleswig, la Posnanie, une partie de la Prusse orientale et de la Silésie ; l'Autriche-Hongrie devient moins de la moitié de ce qu'elle était auparavant; la Bulgarie et l'Empire Ottoman sont mis absolument hors la coterie germanophile...

Notre garantie ne réside pas moins dans les nations qui se sont créées ou renouvelées par les pertes même que le parti ennemi a subies. Or ce que nous gagnons en garanties par la neutralité de l'Autriche allemande et de la Magyarie, nous le perdons en garanties d'alliance. Avec une Autriche et une Magyarie indifférentes à tout conflit de l'Allemagne, la Roumanie, la Yougo-Slavie, l'Italie perdent toute raison de s'associer à notre cause.

§ 2. — LES COLONIES.

En privant l'Allemagne de ses colonies, on ne lui fait qu'une blessure d'amour-propre. Les arguments qu'elle développait pour expliquer au monde et à son propre prolétariat son besoin vital de possessions exotiques n'ont aucune valeur. Il lui fallait, disait-elle, un exutoire pour l'excédent de sa population ; or on n'émigrait presque plus de chez elle, et ses colonies, toutes tropicales ou privées d'eau, ne se prêtaient pas à recevoir ses paysans et travailleurs manuels ; elle exprimait donc ainsi le besoin qu'elle avait de l'Algérie, du Maroc, du Sud du Brésil, de Terre-Neuve... Elle fit valoir encore la nécessité pour elle de conserver le Cameroun et le Sud-Est africain qui la fournissaient de matières premières comme le caoutchouc, les bois..., mais en temps de paix elle se procurait abondamment ces denrées partout ailleurs ; un Cameroun et un Sud-Est africain britanniques, hollandais, français, scandinaves, ne lui eussent pas refusé leurs produits : qui donc s'abstient, en temps de paix, de vendre à qui paye? Une puissance commerciale de l'envergure de l'Allemagne de 1914 n'est jamais exposée à manquer de rien. En temps de guerre, ou bien l'Allemagne avait la maîtrise des mers et, même sans colonies, se fournissait abondamdamment de tout, ou elle ne l'avait pas et ses colonies, fussent-elles un monde, ne lui étaient d'aucun secours.

C'est en somme seulement la civilisation générale qui bénéficie de ce que les pays sauvages sont mis en valeur par les civilisés. Chaque métropole, en particulier, trouve dans ses colonies plus de charges que de profits matériels; ou du moins ce sont les circonstance économiques, et non la présence de son pavillon, qui favorisent ses commerçants lorsque la colonie se développe [1]. Il ne revient à la métropole, comme privilège qui lui soit propre, que l'honneur d'avoir été en tel point, elle, et non une autre, l'initiatrice et la gardienne de l'ordre. Satisfaction d'amour-propre non négligeable, mais dont la suppression ne produirait aucune lésion vitale.

A considérer l'avenir pacifique du monde, on n'a pas à se préoccuper de la distribution territoriale des souverainetés dans les colonies [2]; il importe seulement qu'elles ne soient pas détournées de leur véritable fonction qui est de contribuer à la civilisation générale; les ostracismes contre toute activité économique non-métropolitaine devront donc tendre à s'abolir, sinon on créerait des mécontentements chez les nationalités exclues. Cela signifie tout simplement égalité des droits économiques dans les colonies et liberté des colonies elles-mêmes.

Ce statut colonial international ne nuirait en rien à telle ou telle métropole en particulier : aucune ne peut jamais avoir intérêt à ce que ses colonies ne soient pas prospères, et ses colonies ne seront jamais prospères si elle les réserve à ses nationaux quand ils ne veulent pas y aller, ou si elle impose aux colons qui y sont allés un tarif qui les empêche d'y rester.

§ 3. — LES CLAUSES ÉCONOMIQUES.

La guerre économique, dans un monde revenu à la vie normale, est irritante et compromet par la la stabilité de la paix : en outre, elle ne procure que des avantages passagers :

---

[1]. Voir plus haut.
[2]. Sauf, bien entendu, dans celles de peuplement, mais la victoire de l'Entente ne change rien à leur sort.

le dernier mot reste au travail mesuré suivant l'intensité, l'intelligence, l'organisation et la science qu'il peut comporter.

Une nation paresseuse doit, ou bien renoncer à s'enrichir, donc devenir, à brève échéance, relativement pauvre, ou bien laisser l'étranger s'enrichir sur son territoire en y créant des entreprises commerciales et industrielles.

Et le travail a nécessairement raison des protectionnismes institués par les nations prospères et travailleuses elles-mêmes; elles finissent par exporter en grand; plus elles exporteront, plus on exportera chez elles, et c'est le meilleur travail qui l'emportera sur leur marché.

On s'excuse volontiers des insuccès sur une honnêteté personnelle qui vous met en état d'infériorité vis-à-vis des concurrents dénués de scrupules. Entre individus, une telle explication ne vaut déjà pas grand'chose : elle a aussi bien cours de voleur à aigrefin; mais elle perd toute valeur quand il s'agit de l'industrie et du commerce mondiaux, car là, il s'opère fatalement une correction du désir de tromper naturel au vendeur par le désir de n'être pas trompé naturel à l'acheteur. Nous avons abusé de l'argument de la « kamelote » allemande : des Français la vendaient à des Français en connaissance de cause. Il faut être naïf pour attribuer la déchéance des fabricants à leur seule vertu quand ils ne s'y sont pas pris à temps pour fabriquer moins bon et meilleur marché.

Les Allemands ont pratiqué la fraude commerciale peut-être mieux qu'ailleurs — ils sont très appliqués en tout —, mais pas plus qu'ailleurs.

Ce qui justifiait contre eux une antipathie particulière, c'était qu'ayant l'échine très souple pour séduire la clientèle, ils faisaient montre en même temps d'un impérialisme économique où l'on sentait de la menace ou du mépris pour les autres nations. Leurs gouvernants mettaient ce ton à la mode chez eux. On a loué Guillaume II d'avoir été le grand commis-voyageur de son peuple. En réalité, il fit beaucoup pour développer à l'égard de l'Allemagne l'immense désaffection que l'on constatait un peu partout dès avant 1914. On n'aimait nulle part cette croisade pour la métallurgie, la chimie, la mécanique, la quincaillerie, menée avec des attitudes de Maître de la guerre. L'ombre du casque à pointe semblait s'étendre sur le moindre article *Made in Germany*. Il n'y eut que les Allemands au monde pour donner ce caractère à leur commerce, d'où s'augmenta le sentiment de trouble et de malaise qu'inspire tout ce qui vient d'eux.

Il n'en reste pas moins que nous devons nous mettre en face d'une vérité: c'était, avant tout, à son travail que l'Allemagne devait ses succès économiques.

Que, dans un monde pacifié, elle fasse preuve des mêmes qualités et elle réussira encore. On ne peut pas empêcher cela.

Cette observation faite, il y a peu d'intérêt à spéculer sur le régime économique de l'avenir.

Ce n'est pas l'invasion des produits étrangers que l'on redoute, c'est la domination politique étrangère dont elle peut être la menace. Nous accepterons très bien que les États-Unis prennent chez nous toute la place qu'y occupait l'Allemagne, et une bien plus grande encore, parce que l'invasion de leurs hommes d'affaires n'a aucun rapport avec une violation de notre territoire par la force, ni pour la préparer, ni pour lui donner figure d'un moyen de chantage implicite. Nous cesserons de craindre l'Allemagne économiquement si elle cesse de nous inspirer des inquiétudes politiques, or celles-ci n'auront pas lieu d'exister tant que nous saurons maintenir nos alliances essentielles.

D'autre part on n'anéantira pas économiquement l'Allemagne, ni pendant la période de transition, ce qui l'empêcherait de réparer, ni plus tard, puisqu'elle représente un client d'importance. Quand elle en sera au moment où les diverses nations chercheront à conquérir son marché, le cercle de boycottage établi fatalement autour d'elle se rompra non moins fatalement.

Elle reprendra alors barre en arrière, comme il convient, de la ligne où elle était en 1914, et alors elle courra suivant la vitesse et la force de ses jambes.

Ce sera la paix politique qui fera la paix économique, non l'inverse. Que les susceptibilités nationales s'apaisent d'abord et rien ne portera plus à méconnaître cette vérité évidente qu'un peuple concurrent est aussi un fournisseur et un client, qu'on se nuit donc à soi-même en lui nuisant.

On s'arrangera, et de ces arrangements résultera un régime économique concordant, quels qu'en soient les détails, avec les exigences de la paix stable.

§ 4. — Les clauses de justice « pénale » et réparatrice.

La vengeance ne sert à rien. Œil pour œil, cela fait deux yeux crevés au lieu d'un seul, et la victime n'en reste pas moins borgne. Démolir Cologne ne rebâtirait pas Reims. Il n'y a qu'en temps de guerre que les représailles se justifient, et encore à condition qu'elles préviennent le renouvellement du méfait dont on a à se plaindre ; si elles n'y réussissent pas, on entre dans le régime des représailles de représailles indéfiniment.

C'est ce qu'ont reconnu les sociétés civilisées en ce qui concerne leur organisation intérieure : au lieu de crever un œil à qui vous en a crevé un, elles vous font allouer des dommages et intérêts ; la peine afflictive infligée par surcroît à qui vous a blessé n'a plus pour but, elle, de vous satisfaire personnellement : elle n'est que corrective et préventive ; le code pénal l'a instituée pour que le brutal dont vous avez été victime ne recommence pas ses brutalités et que d'autres soient découragés de l'imiter. En cela nos principes de morale et de raison sont d'accord.

Ils nous détournent donc de faire une paix de vengeance.

Sera-ce une paix de justice pénale ? Devra-t-on faire subir au peuple allemand en bloc un supplément de souffrance et des amendes qui forment, dans le traité de paix, une clause spéciale représentant une peine afflictive ? Ce serait puéril. Pour que la justice pénale soit efficace, il ne faut pas qu'elle s'exerce par intermittence et anarchiquement dans une société anarchique comme celle des Etats de naguère dont l'Allemagne était membre. J'entends bien qu'on fondera la Société des Nations, mais si elle a jamais à réprimer une guerre comme celle-ci, cela prouvera qu'il n'y aura pas eu de Société des Nations.

Pour qu'il y eût intérêt à punir un peuple, il faudrait qu'il eût le sentiment de sa responsabilité propre. Or il est inévitable qu'il en manque : il mettra toujours les crimes dont il a été l'instrument, voire le complice, au compte de ses victimes ou de ses dirigeants.

Il n'y a donc lieu d'agir par châtiment que contre les individus, en poursuivant les hommes qui ont une responsabilité personnelle dans le déchaînement de cette guerre et dans les forfaits innombrables et innommables dont elle a été accompagnée. Sera-ce pour empêcher tous ces malfaiteurs de recommencer et décourager leurs futurs imitateurs? Résultat illusoire : quand on prend l'initiative d'une guerre, on se croit sûr d'être vainqueur; on n'est donc pas impressionné par le supplément de sanctions qu'amènerait la défaite.

L'idée n'en est pas moins excellente de faire le procès de tous les coupables. Par cet immense réquisitoire, on donnera au militarisme prussien une publicité qu'il n'a jamais eue en Allemagne : il apparaîtra, au mieux pour lui, comme un procédé de terrorisme systématique consistant à réprimer les délits réels, soupçonnés, ou même simplement possibles, par des exécutions monstrueuses, aussi disproportionnées avec eux que l'indique notre proverbe : brûler Paris pour cuire un œuf.

Les Allemands, sans doute, sauf une poignée de socialistes indépendants, n'ajouteront jamais foi aux résultats de cette enquête : la religion patriotique leur imposera de *ne pas vouloir croire* aux crimes de leur armée; et, quand on a une telle volonté, la moindre ingéniosité en casuistique et en chicane suffit à calmer la conscience. Mais ils ignoraient ce que croit ce « monde entier » qu'ils s'enorgueillissent d'avoir eu pour ennemi ; on le leur cachait ; ils l'apprendront ou le sauront mieux, et cela leur inspirera de la méfiance pour le régime qui leur a valu de telles inimitiés. Leur éducation démocratique s'en poursuivra mieux.

Puisqu'on n'appliquera pas à l'Allemagne le vénérable et absurde « œil pour œil, dent pour dent », on procédera suivant le principe de la justice moderne, intérieure aux États, qui alloue à la victime des dommages et intérêts, c'est-à-dire qui impose la réparation, dans la mesure du possible, du préjudice causé.

Inutile de dire que les réparations seront longues : on détruit plus vite qu'on ne rebâtit; or les Allemands ont travaillé pendant quatre ans à des dégâts qui représentaient pour eux une spéculation économique : ils mettaient hors d'état de se relever des industries rivales des leurs ; par leurs rafles ou destructions de toutes sortes de produits fabriqués, ils créaient des débouchés à leurs manufactures : si la guerre avait mieux tourné pour eux, on voyait la Belgique et le Nord de la France inondés de machines agricoles, machines-outils, quincaillerie, meubles, cédés à des prix défiant toute concurrence, et avec de grandes facilités de paiement. D'une manière générale, ils s'arrangeaient pour qu'une paix « sans indemnités » fût pour eux une avance de plus prise sur la Belgique et la France, une paix où ils restaient indemnisés aux dépens de ces deux pays.

Une « différence » de situation économique a été ainsi créée par l'Allemagne; et il y a encore la différence de situation militaire : les Allemands ont « défendu » leur pays chez nous et nous ont fait subir, outre les ravages normaux de la guerre, dont leur agression les rend comptables, des dévastations d'Attilas scientifiques dues à leur « c'est la guerre ! » tout spécial. Ces différences devront être payées comme toute différence dans un compte équitable.

§ 5. — LA SOLIDARITÉ ÉCONOMIQUE
ENTRE VAINQUEURS ET VAINCUS.

Le désastre économique produit par la Grande Guerre a été tel, en particulier chez nous, qu'une nécessité vitale nous impose de faire payer par l'Allemagne tout, absolument tout, ce qu'elle peut payer.

Mais à combien se monte ce tout ? Les spécialistes apprécieront, sachant d'avance, s'ils sont sérieux, que leurs calculs n'aboutiront qu'à des conjectures très vagues. Ils ont affaire, en effet, à des valeurs protées qui changeront à mesure qu'on voudra les saisir. Dix milliards, vingt milliards à la rigueur, représentent encore un objet réel pour un vainqueur doué de la toute-puissance absolue sur le monde entier; il les verra, s'il le veut, sous forme d'or ou de billets ayant la même vertu d'achat que l'or. Tandis que cent milliards !... et c'est le minimum de ce que doit équitablement l'Allemagne, rien qu'à la France, de ce qu'il nous faut pour éviter une immense gêne financière. Défiez hardiment les économistes de vous expliquer le sens concret de cette expression : cent milliards.

Je ne m'occuperai pas même de rechercher toutes les difficultés qu'ils auront à vous décrire la méthode, pour un Etat, de prendre, donner, recevoir, réaliser cent milliards, si toutefois vous aimez un peu à y voir clair. La question est neuve et terriblement complexe.

Mais les économistes vous montreront sans peine, en s'appuyant sur les raisons mêmes de leur embarras, un exemple remarquable des changements que l'ère économique a amenés dans le monde : la solidarité étroite entre des ennemis mortels. Nous n'éviterons la ruine qu'en sauvegardant la puissance économique de l'Allemagne. Une telle situation n'a, dans l'histoire des peuples, aucun précédent.

Il y a une première partie du paiement de l'Allemagne qui s'estime en valeurs concrètes. Premièrement l'or et toutes les créances qui le valent comme support du crédit; celles-ci correspondent à ce que doivent à l'Allemagne ses débiteurs jugés solvables. Deuxièmement les paiements en nature : charbon, matériel de transport par terre et par mer, matériel agricole, bétail... Mais tout ceci est très limité et se monte — soyons larges — à vingt milliards.

Une fois ce tribut perçu, le problème se pose ainsi : que l'Allemagne acquière pour 80 milliards de crédit et transmette ce crédit à la France.

Un créancier a obtenu, simple acompte, tout ce qu'il y avait de saisissable et de monnayable dans les biens et le crédit de son débiteur; comment celui-ci s'acquittera-t-il du principal de la dette ? Il ne lui reste évidemment que le travail. Tous les morceaux de papier qu'il fera circuler auront chacun d'autant moins de valeur qu'ils seront plus nombreux, tant qu'ils ne représenteront pas des produits échangeables de son travail. De là, pour le créancier, une ligne de conduite nécessaire : laisser au débiteur l'intégrité de sa capacité et de ses moyens matériels de production, veiller à ce que sa santé morale et physique ne souffre pas, lui éviter le chômage forcé, bref, le traiter en poule aux œufs d'or.

L'Allemagne est un débiteur tout pareil. On ne fait pas toujours ce rapprochement : on se laisse abuser par une fausse interprétation du jugement porté sur la situation financière de l'Allemagne, situation excellente, disait-on, bien meilleure que la nôtre, parce que l'Allemagne n'a pas de dette extérieure; donc, concluait-on, l'Allemagne est très riche, donc elle peut payer beaucoup. On oublie que le jour où elle s'engagera à payer ce qu'on lui réclamera par le traité de paix, elle aura une dette *extérieure* de cent milliards (peut-être le double ou le triple) et que sa richesse financière tombera du coup au-dessous de zéro. Une fois que nous aurons perçu de l'Allemagne son or et ses créances valant de l'or, il ne lui restera plus que des marks-papier.

L'Etat allemand chargera ses sujets d'impôts et fera des emprunts intérieurs pour nous payer; que percevra-t-il ? des marks-papier; ils n'auront aucune valeur pour nous tant qu'ils ne représenteront pas un crédit *extérieur* de l'Allemagne ; celui-ci, elle ne l'obtiendra, faute de créances et d'or — déjà cédés —, que par les produits de son travail.

Et d'un travail rémunéré. Il n'y a que dans une très faible mesure qu'on exigera d'elle des fournitures gratuites. Nous ne recevrons utilement que celles qui représentent des réparations en nature, et encore si elles sont immédiatement utilisables, elles-mêmes, par les gens qui en ont besoin pour remédier à des destructions; des difficultés pratiques de toutes sortes limitent ce tribut. A qui, par exemple, a perdu sa bicyclette du fait des ravages ennemis, on ne la remplacera pas par un canapé, ou il faudra le vendre; qu'il doive y avoir de telles ventes pour deux ou trois milliards seulement et l'industrie française en subirait un gros préjudice; le gouvernement s'y opposera.

On a imaginé, pour les ouvriers et industriels allemands, une sorte de travail servile : comme les esclaves de l'antiquité pour leurs maîtres, ils produiraient « pour nous » sans aucun profit pour eux. Cette conception a beau répondre à un certain sentiment de justice, beaucoup de raisons l'avèrent chimérique, celle-ci entre autres : quand bien même l'État allemand y souscrirait, il serait incapable de l'appliquer : les ouvriers allemands aimeront mieux chômer que de travailler dans les mêmes conditions que des prisonniers de guerre, les industriels fermer leurs usines que de ne rien gagner à leur fonctionnement, les capitalistes n'ouvrir aucun crédit aux industriels que de les aider à fonds et intérêts perdus. L'État allemand, même soviétique, ne guérira pas ces répugnances par la contrainte : il sera plutôt tenté de favoriser les prolétaires plus que ne fait le régime « bourgeois ». Au surplus, le rendement du travail forcé est déplorable.

Il faut donc, si nous voulons être payés, que l'Allemagne produise et gagne à produire ; nos quatre-vingts milliards sont dans le crédit extérieur qu'elle se fera par le bénéfice de ses exportations ; ils ne sont nulle part ailleurs.

Autrement dit, la prospérité économique de nos ennemis nous est nécessaire dans la mesure même où nous tenons à la nôtre. L'intérêt le plus égoïste nous ordonne de n'attenter qu'avec un extrême ménagement aux moyens et à la capacité de travail de l'Allemagne, de les favoriser tant que nous le pourrons sans nous nuire à nous-mêmes, et, par exemple, de ne pas fermer les débouchés du *Made in Germany*.

Il serait scandaleux évidemment que l'Allemagne sortît enrichie de la guerre ; nous n'en sommes pas moins contraints de lui laisser les moyens de s'enrichir de ce qu'elle nous paiera, c'est-à-dire de 80 milliards en vingt ou trente ans au maximum — un tribut perpétuel est impossible : on ne ferait pas la guerre pour le percevoir —, de deux ou trois cents milliards si la Belgique et nos autres alliés se font reconnaître la créance qu'ils réclament. Et, une fois que l'Allemagne aura payé, ses moyens d'enrichissement, usines, main-d'œuvre, technique, organisation, lui resteront et lui permettront de poursuivre, pour elle, cette fois, le même enrichissement. Elle sera donc en réalité très forte économiquement, car c'est bien plutôt par la possession des sources de gain qu'on est riche que par le gain lui-même.

L'Allemagne jouait sur le velours en faisant la guerre ; elle le savait sans doute, et cela n'améliore pas son cas.

Elle avait obscurément conscience de ce fait, prouvé par son exemple, qu'il y a quelque chose d'incoercible dans la puissance économique moderne ; quand cette puissance atteint un certain degré de développement, peut-être la ruinerait-on par l'intérieur, par un bolchevisme, mais elle survit à tous les coups extérieurs que lui porte la volonté consciente des hommes ; elle est comme un mur que l'on veut faire sauter ; si on reste près du mur, on sera écrasé par les moellons ; aujourd'hui, les peuples sont trop serrés les uns contre les autres pour pouvoir prendre du champ.

§ 6. — DES ANNEXIONS.

Cette solidarité économique internationale montre combien la valeur de l'annexion est devenue différente de ce qu'elle était autrefois et de ce que le public s'en représente encore.

Supposons que la France annexe toute la rive gauche du Rhin, quels bénéfices va-t-on en tirer?

Il faut que l'Allemagne allège notre budget de quatre ou cinq milliards annuels supplémentaires dont il resterait grevé si les réparations les plus indispensables n'étaient pas effectuées. Or les contrées rhénanes sont riches : demeurant allemandes, elles contribueraient pour une part importante à cet allègement, soit pour un demi-milliard. Incorporées à la France, elles fourniront des recettes : les impôts qu'elles paieront ; elles occasionneront des dépenses : toutes celles qui incomberont à l'Etat français, dans sa nouvelle possession, pour l'enseignement, l'administration, la police, les travaux publics... C'est la différence entre recettes et dépenses qu'il faut mettre en regard du demi-milliard susdit pour estimer le rendement financier de l'annexion, lequel serait donc plutôt négatif.

En d'autres circonstances, le point de vue des finances de l'Etat aurait été très secondaire pour une nation comme la nôtre. Dans notre Etat très centralisé, les provinces pauvres profitent des provinces riches, pour qui, réciproquement, elles sont une charge ; les Hautes et Basses-Alpes, nos départements du plateau central, d'autres encore, ont plus de chemins de fer, de routes, d'écoles, d'hôpitaux, que n'en représentent leur part de contribution aux frais nationaux ; les départements plus riches soldent la différence. On dit que nos régions du Nord fournissaient, avant la guerre, le quart des recettes du budget français ; elles en bénéficiaient assurément dans une proportion moindre. De sorte que, financièrement parlant, il y a intérêt à annexer quand l'État conquérant est, en moyenne, plus pauvre que le pays conquis ; dans tout autre cas l'opération coûte ou ne rapporte rien. Si la France était encore aussi riche que naguère, la question d'argent entrerait peu en ligne de compte dans le calcul des avantages que lui rapporterait la possession de l'Allemagne cis-rhénane, ces territoires ne valant ni plus ni moins, comme ressource fiscale éventuelle, que la moyenne des nôtres. Mais « notre bourse » a tellement pâti de la guerre que ses intérêts spéciaux sont au premier rang, et ils ne plaident pas pour l'annexion.

D'autres intérêts entrent cependant en comparaison avec ceux-là. Il y en a d'économiques. Le territoire français s'agrandissant de contrées où le commerce et l'industrie sont développés, on dira dans le gros public que notre commerce et notre industrie se sont accrus considérablement et que c'est un gros profit pour nous. Jugement sommaire et simpliste. A quelles réalités correspond-il ? Par le déplacement d'une ligne douanière, on aura agrandi d'un côté, diminué de l'autre des surfaces à l'intérieur desquelles les échanges sont libres. A première vue, les commerçants et industriels français y gagnent l'ouverture de débouchés nouveaux, tandis que les Rhénans subissent une réduction des leurs, la France de 1913 plus l'Alsace-Lorraine représentant un nombre de consommateurs moindre que l'Allemagne de la même époque moins l'Alsace-Lorraine. D'autre part, précisément parce qu'ils étaient organisés pour ce plus grand marché, ils vont faire une concurrence victorieuse à leurs nouveaux prétendus concitoyens, concurrence que l'ancienne barrière douanière avait pour but d'empêcher.

Par manière d'illustration grossissante, imaginons que l'on annexe par surcroît la Westphalie, ne sera-ce pas l'industrie du bassin de la Ruhr qui aura conquis l'industrie française, bien plutôt que l'inverse ? Et les Rhénans et Westphaliens, ces Allemands, s'en prévaudront; leurs critiques contre notre régime gouvernemental et administratif, quel qu'il doive être, contre nos fonctionnaires, nos méthodes économiques..., ne seront pas plus violentes que les nôtres — c'est impossible — ni différentes « objectivement »; mais elles prendront le même ton que nous-mêmes prendrions si nous devenions sujets des Marocains (je ne choisis ce nom que pour ne désobliger aucun des peuples européens nos amis). — Voyez, proclameront les Rhéno-Westphaliens à la face du monde, comme les qualités de notre race, notre génie de l'organisation, nous donnent la supériorité, malgré toutes les entraves qu'apporte au développement de nos affaires l'incapacité française en matière économique attestée par tous les auteurs français compétents eux-mêmes ! —

Nos industriels du Nord accusent certes l'incapacité

gouvernementale et administrative française avec beaucoup plus d'âpreté encore, et d'ailleurs de motifs naturels, que les Allemands annexés ne le feront jamais, et, avant leur ruine, ils la dénonçaient ni plus ni moins que les Rhénans ne la dénonceront. Eux aussi avaient conquis l'industrie et le commerce français beaucoup plus que l'industrie et le commerce français ne les avaient conquis, eux aussi se considéraient comme gênés dans leurs affaires par l'influence déprimante des populations méridionales, centrales, occidentales, liées à leur sort politique. Il n'y a qu'une différence, c'est que les gens du Nord formuleront leur supériorité en disant : — Nous sommes les meilleurs parmi les Français. — Et les Rhénans en disant : — Nous sommes meilleurs que les Français. — Nulle activité économique n'est française qu'à condition d'être exercée par des hommes qui se sentent Français.

Le remède est bien simple : on francisera les Rhénans. Par quels procédés ? Ce ne sera certainement pas par la colonisation de peuplement : notre faible natalité ne le permet pas ; celle des Rhénans, encore intense, les fera au contraire déborder sur nous. Qu'ils aillent en Normandie ou en Auvergne, cela ne fera pas de mal, mais ils iront de préférence en Alsace-Lorraine se joindre aux immigrés allemands (il en restera) et former des foyer de germanisme.

On leur enseignera le français. Ils s'y prêteront avec zèle comme à une acquisition utile commercialement; ils sentent déjà très bien qu'il y a une grande place à prendre : celle que laisse libre la répugnance de notre jeunesse à apprendre désormais l'allemand. Ils n'en oublieront pas pour cela leur langage maternel et n'en conserveront pas moins leurs sentiments d'avant-guerre.

Quelles raisons auront-ils d'en changer ? Nous pensons peut-être leur ouvrir les yeux sur les véritables origines de la guerre. Naïve illusion ! Ils croient en la parole de leurs curés, et leurs curés en celle de leurs évêques ; tous ces pasteurs ont formulé une vérité contraire à la nôtre et qui restera définitive pour la foi rhénane jusqu'au jour où ils se se dédiront. Ils ne se dédiront jamais, de peur de perdre leur prestige et leur autorité ; tout au plus se tairont-ils en public.

On rappellera à nos nouveaux « concitoyens » la Révolution à laquelle ils se donnaient de bon cœur. C'était alors parce que les armées françaises les libéraient des souverainetés ecclésiastiques. Aujourd'hui ils sont soumis à l'influence des prêtres dont ils ne nous demandent pas de les débarrasser et à laquelle nous les laissons bien volontiers. Une des raisons de politique intérieure qui conduit beaucoup de gens chez nous à réclamer l'annexion de la rive gauche du Rhin, c'est que le parti catholique y gagnera des électeurs. Les Rhénans répondront donc qu'il y avait maldonne au temps de la première République française et que, dans l'affaire de leur annexion, le souvenir de la Révolution ne doit compter ni pour eux ni pour nous.

S'ils n'aiment pas la Prusse, ils ont adhéré de cœur, peut-être tardivement, à l'idée de l'unité allemande. En quoi ont-ils été moins hostiles à la France que les autres Allemands, soit en 1870, soit en 1914-1918, soit dans l'intervalle ? La vraisemblance indique qu'ils nous détestent plus comme plus voisins.

Cette discussion n'a aucun intérêt d'actualité, puisque le sort des provinces rhénanes sera sans doute réglé quand paraîtront ces lignes. J'ai voulu seulement montrer combien le fait de la possession avait changé depuis les anciens temps, et confirmer Norman Angell quand il dit qu'un territoire appartient à ses habitants ; il leur appartient d'autant plus qu'ils sont plus économiquement développés, et, parmi les facteurs de ce développement, il faut compter la densité de la population. Que prendrons-nous aux Rhénans si nous les annexons ? absolument rien : ni leur commerce, ni leur industrie, ni leurs terres, ni leur argent ; nous ne les coloniserons pas, nous ne prendrons de leur nationalité elle-même que ce qui en fait les marques extérieures.

Notre pouvoir à leur égard sera donc purement négatif, réduit à une capacité de vexation au point de vue moral. Ou bien nous en userons modérément, et ils jouiront de nous narguer par leur germanisme, ou nous les soumettrons à un régime d'exception et ils concentreront leur gallophobie au fond de leur cœur, d'autant plus aisément et intensément qu'ils sont dressés à la dissimulation et sournois.

N'espérons pas, en cette époque de facilité des communications et de diffusion de la presse, les couper du reste de l'Allemagne. C'est le fait que nous soyons entrés dans cette ère, ère économique, ère aussi des nationalités et de la démocratie, qui a changé complètement le fait de la possession territoriale.

Les idées sur cette possession, elles, sont restées anciennes, plus qu'anciennes : archaïques, s'éloignent de plus en plus de la réalité et deviennent en ce sens très idéales, bien qu'au besoin immorales.

Pour le gros public, le pays conquis reste encore vaguement un butin, une terre que l'on exploite, d'où on tire des richesses de toutes sortes que l'on prend aux indigènes sans les leur rendre, une sorte de contrée à razzias permanentes, ou au moins une propriété dans laquelle on jouit de droits d'usage interdits aux autres et, en particulier, aux peuples conquis. Or, maintenant, c'est au contraire en n'annexant pas (quand il s'agit, bien entendu, de pays économiquement développés) que l'on prélève du butin. Quand on annexe, on se donne de nouveaux concitoyens et on les « exploite » comme le Berri « exploite » la Provence ou réciproquement, ni plus ni moins, c'est-à-dire pas du tout. Voilà ce qu'avaient compris les pangermanistes lorsque l'énergumène n'étouffait pas chez eux l'homme de sens pratique. En s'entourant d'Etats nominalement indépendants, mais diminués dans leur souveraineté politique, ils songeaient à leur imposer des servitudes économiques ou autres sans réciprocité, traitement qu'ils n'eussent pu infliger à des pays devenus allemands

Sous l'Ancien Régime encore, le fait de possession avait quelque chose de concret : un personnage, le Roi, acquérait le pouvoir d'imposer sa volonté là où, auparavant, on ne lui obéissait pas. Son trésor se grossissait des taxes levées chez le peuple conquis, bénéfice net, sans contre-partie, car la décentralisation étant alors très grande, les dépenses locales s'alimentaient toutes de ressources locales ; ce qui allait au centre y restait pour subvenir à des magnificences. A défaut de se représenter ce que de nouvelles acquisitions territoriales signifiaient pour eux-mêmes, les sujets se rendaient compte nettement du sens d'augmentation de propriété qu'elles avaient pour quelqu'un : pour le Roi.

Dans une démocratie, les annexés deviennent citoyens, ils ont leur part de pouvoir, de souveraineté, sur la nouvelle patrie qui leur est imposée. Quand ils conservent des sentiments hostiles, on a mis une partie du patrimoine national entre des mains ennemies. C'est une absurdité.

La possession n'a donc aujourd'hui un sens, n'est donc

un fait, qu'en tant que lien coopératif mutuellement consenti. Elle répond à une propriété dans l'ordre sentimental; il s'agit ici de la propriété qu'implique l'expression « les miens » quand vous l'employez pour parler de votre famille, et non des biens dont vous dites : « mes esclaves, mes bœufs, ma maison, mes récoltes ». La France possède l'Alsace-Lorraine au même titre que l'Alsace-Lorraine la possède ; les deux possessions se confondent en une seule, celle, l'une par l'autre, de deux personnes qui s'aiment ; leur amour demeure une propriété indivise tant qu'il dure ; tant qu'il dure, l'aliénation de cette propriété, son morcellement, toutes les atteintes que des tiers peuvent tenter d'y porter sont des entreprises chimériques produisant le contraire de l'effet désiré.

On sent tellement le besoin de ce lien affectif pour justifier les annexions que l'on invente des sympathies de toutes pièces. Les Allemands, en 1871, comptaient sur l'attachement conservé par les Alsaciens-Lorrains pour l'Allemagne dont ils avaient été séparés en 1648. Mais l'Alsace-Lorraine n'existait pas au xviie siècle, et l'Allemagne du xviie siècle n'existait plus du tout en 1871. Et, aujourd'hui, des écrivains français attestent chez les Rhénans de profonds sentiments datant de deux millénaires, effacés depuis dix siècles, et peut-être encore un peu latents, mais qui vont se réveiller et amener dans nos bras nos vieux frères gallo-romains !

Ce qui montre la force et l'importance modernes de l'imagination poétique en pareilles matières, c'est qu'on aime mieux y faire appel que d'annexer pour la seule raison *Ego nominor leo*, et, qu'y faisant appel, on la met au-dessus du contrôle de l'expérience. Car il n'y a qu'une manière de savoir si les Rhénans ont des sentiments gallo-romains plutôt que germaniques, c'est de leur permettre de s'en expliquer librement par un *referendum*.

Or on ne les consultera pas ; pourquoi ? évidemment parce que leur vote serait défavorable à l'annexion.

Mais on n'a pas davantage fait voter les Alsaciens-Lorrains. Cette abstention se justifie par la raison contraire: on sait qu'ils veulent redevenir français.

De là une gêne pour les consciences qui ont un idéal de moralité, de justice internationales.

Il n'y a donc que des idéals en jeu aujourd'hui quand il s'agit de régler le sort des peuples ; même formulés comme des appétits matériels de conquête, ils correspondent à de pures représentations de l'esprit. Le plus réaliste, si l'on peut dire, le moins éloigné des faits, et le plus moral en même temps, c'est celui de justice : il traduit la prévision de mécontentements, d'aliénation de sympathies que produisent des actes contraires aux affections collectives des hommes, le besoin qu'a le monde d'un ordre civilisé. Les autres idéals traduisent aussi des réalités, mais la traduction est beaucoup moins « serrée » comme, par exemple, celle de garanties économiques — le charbon de la Sarre —, stratégiques — la ligne du Rhin —, par notre fraternité gallo-romaine avec les Allemands de Cologne et de Mayence.

§. 7. — Des garanties.

Il y a un fait qui, pour nous, domine tous les autres, c'est que la France ne peut rester isolée en face de l'Allemagne. L'Allemagne sera toujours beaucoup plus forte qu'elle : industrie redoutable, natalité plus que double, population double à brève échéance, car l'appauvrissement, la misère même, ne diminuent pas le pouvoir prolifique des hommes.

et les brèches faites par la guerre auront été proportionnellement beaucoup plus fortes chez nous qu'outre-Rhin. L'écart est tel que les annexions réalisables par nous n'y remédieraient que d'une manière insignifiante.

Il faut donc conserver nos alliances, et il ne faut pas que l'Allemagne puisse recruter des alliés. Elle n'en trouvera que si des querelles graves surgissent dans l'ensemble de peuples que constitue l'Entente et les nationalités libérées. Que les sentiments hostiles entre Italiens et Yougo-Slaves, Ukrainiens et Polonais, deviennent trop aigus dans l'avenir, et l'on assisterait à la renaissance d'une Triplice formée par l'Allemagne, la plus grande partie de l'ancienne Austro-Hongrie et la Russie.

Le maintien et la consolidation de la Société des Nations sont donc notre première garantie, celle qui suppléerait à toutes les autres, et sans laquelle les autres disparaîtraient.

Il n'y a qu'une garantie absolue : anéantir l'ennemi radicalement : morte la bête, mort le venin. Les guerres qui permettent d'atteindre ce but sont les seules clairement intelligibles.

Pour toutes sortes de raisons, on ne supprimera l'Allemagne ni politiquement ni économiquement. Il ne reste que la ressource de la supprimer militairement. Qu'on la désarme donc en ne lui laissant que les forces de police nécessaires pour assurer l'ordre public chez elle. Comment surveiller et régler efficacement le recrutement de ses hommes, la fabrication de ses armes, explosifs et engins, si ce n'est sous les auspices d'une Société des Nations ?

Une fois l'Allemagne rendue ainsi impuissante comme force militaire capable d'agir sur l'extérieur, les autres précautions paraissent assez superflues. J'admets toutefois qu'on n'en saurait trop prendre et que l'on crée une vaste zone neutre protégée par une « bonne barrière ».

On considère comme telle la ligne du Rhin. Si vraiment nous en avons besoin, c'est un besoin militaire, impliquant seulement des mesures militaires, occupation de points fortifiés, etc..., et non l'annexion.

Mais qu'est-ce qu'une bonne frontière? que vaut-elle comme garantie de sécurité?

Le cas, en ce qui concerne aujourd'hui l'Allemagne, est spécial. Par la force des choses, on allègera le fardeau militaire des peuples : il s'alourdirait de nouveau sans une entente, car dès qu'un État accroîtrait la force de ses armées, les voisins en feraient autant, et ce serait de nouveau la course aux armements. Cette entente fait partie du pacte nécessaire de la Société des Nations. La France, même avec ceux de ses alliés qui monteraient la garde sur place contre l'Allemagne, s'acquitterait de cette tâche avec des forces réduites relativement à celles qu'elle avait en 1914. On imagine que, par un coup de surprise, les forces germaniques rompent le cordon de protection. Si celui-ci est le long des frontières françaises et belges, voilà la France et la Belgique envahies; sans doute la Société des Nations vient à la rescousse et refoule l'ennemi, mais on sait ce qu'il en coûte : ravages et destructions pendant la retraite de l'Allemand autant, sinon plus, que pendant son irruption et son séjour. Il vaut mieux que tout cela se passe hors de Belgique et de chez nous, il vaut mieux avoir à bombarder Trèves que Cambrai, il vaut donc mieux que les troupes de couverture de la Société des Nations soient sur le Rhin. Préférence qui plaide encore contre l'annexion, car il vaut mieux aussi que les populations civiles victimes de la guerre soient des étrangers, non des concitoyens, que les provinces rhénanes, si elles doivent être écrasées entre les forces adverses, soient un tampon plutôt qu'un membre de notre corps.

On conviendra qu'il y a un peu de luxe dans de telles précautions. En présence d'une Société des Nations assez forte, les Allemands sauront qu'une offensive inattendue n'aurait pas pour eux de lendemain; pourquoi entreprendraient-ils une opération soldée en fin de compte par des pertes bien supérieures à leur gain? Qu'on les surveille et ils ne pourront, condition essentielle de leur attaque brusquée, brusquer une fabrication intensive d'avions, de tanks, d'artillerie lourde, d'obus, d'explosifs, matériel dont nous resterons jusqu'à un certain point munis et que le traité de paix leur aura supprimé.

On répliquera que la folie, l'insouciance des hommes et les caprices de l'imprévu n'ont pas de limites. La discussion n'en aurait pas non plus. Passons.

Je voudrais faire un peu la philosophie de la bonne frontière.

D'après l'expérience historique, il n'y a pas de bonnes frontières; toutes ont été franchies, même lorsqu'elles s'étendaient entre adversaires de force comparable. Et si elles étaient bonnes, elles n'ont jamais paru assez bonnes. En 1870, le Rhin séparait l'Alsace de l'Allemagne. Fossé bien insuffisant au gré du vieux Guillaume, car ce n'est pas tout qu'une ligne stratégique soit difficile à franchir, encore faut-il que le point de départ de l'agresseur — et l'ennemi éventuel est toujours l'agresseur — soit reculé assez loin; aussi nous repoussa-t-on sur la crête des Vosges. Un trou subsistait; on le boucha; on nous prit Metz. Trop de modération! pensait l'Allemagne: elle ne se jugeait à l'abri qu'avec Toul et Verdun dont elle se disposait à nous réclamer l'occupation le 2 août 1914 si nous avions proclamé notre neutralité dans un conflit germano-russe. Et les garanties économiques indispensables — le bassin de Briey-Longwy pour l'Allemagne — signifient-elles quelque chose sans que les mines conquises soient préservées des bombardements dont la portée pratique courante atteint aujourd'hui plus de quarante kilomètres? cent vingt même, si l'on tient compte du précédent créé par les « Grosses Berthas » et dont les Allemands eussent fait un argument diplomatique pour manger notre territoire. Un fleuve ne protège pas contre l'artillerie qui, assez forte, en assure toujours le franchissement. Comme, d'ailleurs, il importe de se ménager contre un agresseur les ressources de la contre-attaque, il convient de posséder toutes les têtes de pont et, devant elles, un terrain de déploiement suffisant, donc de reporter la frontière au delà du fleuve, de la bonne frontière. De bonne frontière en bonne frontière, l'État le plus fort ne s'arrêtera pas avant d'avoir annihilé les plus faibles.

Un exemple typique de la part de préjugés que renferme l'idée de bonne frontière est fourni par les prétentions roumaines.

Mettons le Danube entre nous, dit la Roumanie à la Serbie, c'est une bonne frontière : les bonnes frontières font les bons amis. Je vous prends deux cent mille Serbes qui sont sur la rive gauche, dans le Banat, et je ne vous réclame pas deux cent mille Roumains, vos sujets, qui habitent sur la rive droite, dans votre région du Timok.

Étrange compensation que celle qui accumule les griefs ! deux cent mille Roumains mécontents d'être Serbes, deux cent mille Serbes mécontents d'être Roumains, cela ne fait pas une soustraction donnant comme total zéro, cela fait une addition donnant comme total quatre cent mille mécontents.

Il y aurait aussi bien compensation si la Roumanie prenait les Roumains du Timok, la Serbie les Serbes du Banat: tête de pont pour tête de pont.

Et surtout la question est de savoir où réside la meilleure garantie. Deux voisins séparés par un bon obstacle naturel ont moins de facilités, donc moins de tentations de s'attaquer, garantie contre la guerre, mais si ce résultat est obtenu au prix de la provocation d'irrédentismes, on augmente d'autre part leur envie de se battre à la première occasion jugée assez favorable, et il s'en présente toujours; on peut toujours en faire naître par des alliances, des intrigues diplomatiques ; garantie de guerre future, surtout à notre époque où il est si difficile, où il devient de plus en plus difficile, de maintenir une population européenne dans un loyalisme contraire à son sentiment réel, ou simplement virtuel, de nationalité.

C'est ainsi qu'il faut peser les garanties économiques cherchées dans l'annexion de certains territoires riches en minerais, pétrole, charbon... Se protège-t-on mieux contre la guerre par la force que l'on gagne à la possession de ces richesses ou en évitant une cause d'hostilités avec des voisins? Et là il est souvent loisible de s'assurer, sans dénationaliser personne, la jouissance des matières premières que l'on convoite. Nous voulons le charbon de la Sarre : qu'il soit nôtre; la nécessité de rendre Français les Allemands de la Sarre n'en découle nullement. Ces houilles appartiennent par la force des choses à l'Alsace-Lorraine; elles y sont appelées comme par l'effet de la pente qui fait couler l'eau des montagnes vers la plaine. Il ne s'agit que de prohiber les moyens artificiels, très onéreux d'ailleurs, par quoi on pourrait faire dévier ce cours naturel : tarifs de chemins de fer, droits de sortie... Rien n'empêche non plus de faire passer la propriété de ces mines aux mains de l'État français substitué à l'État prussien ou de compagnies françaises : le traité de Bucarest attribuait bien la propriété des puits de pétrole roumains à des sociétés allemandes. Les garanties d'observation des clauses qui assurent de tels résultats entrent dans le chapitre des garanties militaires, lesquelles n'impliquent pas du tout l'annexion.

§ 8. — DE LA RÉCONCILIATION ENTRE LES PEUPLES.

Toutes les garanties, quelles qu'on les imagine, sont essentiellement éphémères et précaires. Elles n'ont de valeur que si elles permettent de gagner assez de temps pour que la pratique de la paix amène des mœurs de paix, c'est-à-dire la reconnaissance expérimentale instinctive du caractère antirationnel inhérent au vieux régime de paix instable, du retard énorme des idées qu'il implique sur l'évolution amenée par l'ère économique et démocratique, de l'absence de périls mortels, de l'avantage qu'il y a à rétablir la coïncidence entre états d'âme et états de fait. On arriverait ainsi à la seule garantie définitive : la paix dans les cœurs, la réconciliation entre les peuples.

Il ne faut pas se laisser prendre au mirage émotif de telles expressions. Conservons, certes, l'attachement passionné pour cette Justice et cette Raison qui supprimeraient la guerre si les hommes, dont aucun ne les renie, venaient à communier en elles ; travaillons à leur triomphe, c'est un devoir. Mais il est plus beau et plus intelligent d'accomplir cette tâche en la sachant d'avance pareille à la montée sur une pente raide et sablonneuse où les grands pas se paient de grands reculs. Sachons regarder la vie en face. Que l'expérience, dont l'enseignement se fait surtout à coups de déceptions, nous instruise. Or elle montre à tout instant ce que c'est que la réconciliation.

Lors des grandes crises qui agitent les collectivités, l'homme de bonne foi et de bonne volonté a cette pensée : — Je vais aller trouver tel ou tel, je suis sûr de lui, de sa droiture de sentiments et de pensée ; nous discuterons, nous nous éclairerons mutuellement, il dissipera mes erreurs, je lui montrerai en quoi il se trompe, notre désaccord disparaîtra. — Il le fait comme il le dit et s'aperçoit bientôt que la discussion avec son ami de confiance ne fait qu'accentuer leur dissentiment d'idées, si même elle ne dégénère pas en paroles amères et irréparables. La vue de ces fossés qui se creusent empoisonne la vie de bien des cœurs honnêtes qui croyaient à la possibilité d'une entente indéfectible entre tous les cœurs honnêtes.

Des réconciliations cicatrisent de temps à autre les blessures ainsi produites. Elles ne prennent jamais, sauf exceptions insignifiantes, la forme d'un arbitrage déterminant, par une sentence acceptée de tous, les fautes intellectuelles et morales que chacun a commises contre le Bien, la Vérité, la Justice, la Raison. On ne se reconnaît pas de torts, on consent à colorer ceux d'autrui d'épithètes plus flatteuses. Le criminel d'hier passé aujourd'hui dans la catégorie des *égarés*, ce qu'on exprime par politesse en disant que des passions généreuses l'ont *conduit*. Plus simplement on oublie; on parle d'autre chose, on s'occupe d'autre chose; les évènements ont opéré des diversions.

Il y a eu ainsi une réconciliation patriotique entre anciens dreyfusistes et antidreyfusistes. Est-ce parce qu'il se sont enfin mis d'accord sur les faits historiques de l'Affaire célèbre, la méthode de recherche et de discussion qu'il convient de leur appliquer, la politique qu'il fallait suivre lorsqu'ils se déroulaient, les transactions permises ou défendues entre l'idée de Justice et la Raison d'Etat...? Pas du tout. Chaque parti a couché, comme on dit, sur ses positions. Ces gens qui, à moins d'être énergumènes, admettent dans le camp adverse la présence de personnes ni absurdes ni injustes, n'ont profité en rien de leurs fonds commun d'idéals humains pour arbitrer leur dissentiment. La fatigue, la satiété, l'oubli, et eux seuls, produisaient l'apaisement dès avant la guerre ; la conciliation par la reconnaissance de la vérité n'y était pour rien.

On commet une grande erreur de tactique dans des luttes semblables quand il ne s'agit plus d'obtenir une « décision ». On s'acharne à discuter comme si l'on espérait démontrer qu'on a raison. Il vaudrait beaucoup mieux expliquer à son adversaire qu'on ne peut pas avoir raison à ses yeux et que la logique de sa doctrine — s'il s'agit de questions « brûlantes » — l'oblige à vous traiter en esprit faux ou en homme de mauvaise foi. La réciproque en découle d'elle-même, sans qu'il soit besoin d'insister. De là cette conclusion : — Si nous ne voulons pas nous battre, changeons de conversation.

C'est la connaissance des désaccords irréductibles qui assure la paix, beaucoup plus que les recherches d'accords. Ainsi les guerres religieuses confessionnelles ont cessé, bien qu'elles fussent les plus saintes et les seules raisonnables : quoi de plus vraiment utile et glorieux que de risquer sa vie pour exterminer les hérétiques et sauver ainsi la multitude d'âmes vouée par leur propagande à l'enfer ! Le fait que cette forme de l'apostolat soit tombée en désuétude ne vient pas du tout de ce qu'on ait trouvé un terrain de rapprochement entre le protestantisme et le catholicisme : ils restent aussi opposés qu'auparavant dans leurs doctrines. Je ne vois pas d'explication logique de la tolérance; il y en a une pratique : on supporte certains antagonismes de pensée parce qu'on a fini par reconnaître l'impossibilité absolue de les résoudre, sauf dans un délai indéterminé, croire, en effet, que tels ou tels antagonismes de pensée seraient faciles à supprimer, c'est admettre qu'ils se manifestent à propos de vérités assez éclatantes pour s'imposer aussitôt à ce que l'on considère comme des consciences et des esprits normalement constitués, pour faire un accord immédiat entre eux ; or on traite nécessairement les hommes réfractaires à de telles vérités en êtres dangereux ou dégénérés, donc ne devant pas bénéficier d'une tolérance intégrale.

Cette psychologie de la réconciliation entre hommes de partis opposés s'applique aussi entre Etats, à cela près que les peuples n'ont pas la ressource de ces gestes qui terminent les différends, gestes presque toujours évocateurs d'oubli, il faut le remarquer : — Embrassons-nous, ne pensons plus à…, ne parlons plus de…, effaçons de notre souvenir… —

Ceux qui croyaient à une réconciliation avec l'Allemagne par la paix se trompaient donc complètement. Ils escomptaient un rapprochement sur le terrain de la Justice, de la Vérité, de la Démocratie; ils oubliaient que si les hommes d'une même famille, d'un même pays, cessent de se quereller, leurs idées, leurs interprétations des faits, restent en guerre; à plus forte raison quand il s'agit d'hostilités sanglantes comme celles qui viennent de prendre fin : il n'y a pas d'armistice, il n'y aura pas de paix entre l'histoire que rédige l'Entente et l'histoire écrite par les Allemands. Sauf quelques apôtres comme Kurt Eisner, ils remplaceront les haines nationales par des haines de classes non moins féroces, ou ne reconnaîtront pas leurs torts. Ceux qui professeront la pureté de conscience de l'Allemagne seront les seuls capables de gouverner : il n'y a d'ordre, dans notre ère, qu'avec un État, et il n'y a pas d'État si les dirigeants plaident coupables devant l'étranger.

Donc attendons patiemment l'oubli qui, cette fois, sera lent à venir, bien que les peuples, en général, oublient vite, si on ne leur laisse pas des aide-mémoire sous forme d'irrédentismes.

En ce qui concerne l'Allemagne, une raison conduit à espérer la réconciliation pratique sous la forme que l'expérience nous enseigne. Ce qui a rendu l'Allemagne si particulièrement dangereuse pour l'Europe, c'est qu'elle combinait, avec une intimité et une intensité jusque-là inédites, le comble de la force militaire et le comble de la force économique. La Grande Guerre a opéré la dissociation entre ces deux éléments, faisant disparaître l'un, pour quelque temps du moins ; l'autre subsiste, un peu amoindri, mais intact dans ce qu'il a d'essentiel. Celui-ci, notre intérêt le plus clair nous défend de le supprimer ; il est protégé comme par une loi de la nature, une nécessité inéluctable qu'il faut subir sous peine de dommages. Nous finirons bien par nous en apercevoir, les Allemands aussi. Pourquoi donc, dès lors, ne se contenteraient-ils pas de ce pouvoir dont la sécurité leur est garantie par l'impossibilité, pour ainsi dire physique, où se trouvent les autres hommes d'y attenter ? pourquoi s'embarrasseraient-ils d'une machine de guerre excessivement coûteuse, et dangereuse même pour ceux qui s'en servent, et qui serait destinée à défendre l'inexpugnable?

Il n'y avait qu'à propos de l'Allemagne vaincue que pouvait s'imposer, comme une leçon de choses, l'absurdité pratique de la guerre. On n'empêchera jamais que la force de production d'une population laborieuse et disciplinée de 70 millions d'hommes soit une partie désormais indispensable du trésor commun de l'humanité civilisée. Que cette force ait servi à accumuler des ruines, il y a là une contradiction évidente. Si on la résout — et on l'a résolue pour un temps — ce sera donc un succès de la logique. La capacité de travail est un bien, la capacité de nuire un mal. L'Allemagne survivra et prospèrera un jour par l'une, qu'on ne lui enlèvera certainement pas, tandis qu'elle aura été durement frappée à cause de l'autre. La Morale triomphe d'autant mieux que son accord avec la Raison apparaît là comme l'œuvre même des réalités.

CONCLUSION

Y aura-t-il toujours des guerres?

La guerre est un fait historique, un accident. Il restait à savoir si c'était là un accident pareil à ceux que provoquent les moyens de transport et dont on peut dire hardiment qu'il y en aura toujours, du moins tant que les hommes se mouvront sur la face de la terre.

Je crois qu'à défaut d'une victoire décisive de l'Entente, j'aurais incliné à conclure que le règne de la guerre durerait, sinon toujours, du moins jusqu'à une époque trop lointaine pour être accessible à une pensée moderne, ou bien, autre alternative, qu'on aurait une paix romaine avec Berlin en guise de Rome.

Cette opinion est suggérée par ce que j'ai déjà appelé le problème de la simultanéité[1]. Insistons sur lui : c'est la clef de toute la question de la guerre.

Des gens pronant le néo-malthusisme comme pratique favorable à la paix, disent : — Si l'Allemagne avait fait moins d'enfants, elle n'aurait pas été tentée par le sentiment de sa force, elle n'aurait pas fait la guerre; il convient donc

---

1. Voir aussi plus haut : III⁰ Partie, Chap. II, § 3 : *Le Problème du droit de souveraineté.*

SAGERET.

que, partout, l'on restreigne les naissances. — On n'ajoute pas que le remède contraire produisait exactement les mêmes résultats : si la France avait fait autant d'enfants que l'Allemagne, l'Allemagne, n'ayant pas la supériorité de force numérique, n'aurait pas été tentée... La vraie recette pacifiste consistait donc en l'adoption *simultanée*, par la France et l'Allemagne, du même taux de natalité.

Qu'arrivera-t-il si on fait, en faveur du néo-malthusisme, une propagande efficace? Evidemment qu'elle ne réussira pas aussi bien partout. Alors l'État économiquement développé où elle aura le moins de succès obtiendra sur les autres l'avantage du nombre, élément et suggestion d'hégémonie.

Toutes les solutions relatives à une organisation pacifique du monde en sont là : on en trouve tant qu'on veut, mais dès que l'on passe à leur mise en œuvre réelle, on crée aussitôt une prime à l'hégémonie pour l'État qui les refuse ou les diffère le plus.

La plus générale de ces solutions, c'est la suppression de tout nationalisme, des Patries, de toute assimilation des personnalités collectives aux personnalités individuelles comme vous et moi qui avons notre Moi irréductible, toujours absolument distinct du Non-Moi. Comment se fait-il qu'une frontière, de part et d'autre de laquelle il n'y a souvent aucune différence ni dans les choses, ni dans les hommes, constitue une délimitation aussi rigoureuse que notre peau ? Rien ne paraît plus arbitraire, plus artificiel — ou plus mystique! — que ce fait. Sans lui il n'y aurait pas de guerre. Il suffit donc, pour que la paix persiste indéfiniment, que les États soient de simples circonscriptions administratives comme nos départements français. Égalité de tous les hommes, étrangers ou non, devant les lois locales, liberté du commerce, du drapeau, de la littérature, des manifestations de préférences ethniques, des souvenirs historiques, en n'importe quelle région, cela satisferait tout le monde sans amener de gêne insupportable à personne et ôterait tout objet à une « politique nationale »; des occasions de conflits comme celles que font naître les « intérêts vitaux » des États, leur honneur, leur souveraineté, leur indépendance, n'existeraient plus.

A merveille! mais cet internationalisme, qu'on désignerait mieux comme le *non-nationalisme*, est encore une prime à l'hégémonie pour l'État qui s'y montre le plus réfractaire : il aura sur les autres toute la supériorité que donne une individualité forte sur des organismes inconsistants.

Là encore le problème de la paix est un problème de simultanéité. Pour que le non-nationalisme serve à la paix, il faut qu'il se développe partout à la fois, et dans une égale mesure.

Or, la simultanéité est, en général, très improbable[1].

Mais un fait historique, le plus considérable de l'histoire, est survenu : la Grande Guerre. Elle a réalisé, elle, virtuellement sinon directement, des simultanéités nécessaires au régime de la paix stable.

Et notamment la plus essentielle : la similitude de régime, la démocratisation.

1. Pour les États prépondérants, parce qu'ils sont peu nombreux. Au sein des grandes communautés humaines, l'effet de masse impose des simultanéités de mœurs et bien d'autres; pourtant, là encore, le problème de la simultanéité existe : si personne n'achetait de beurre, proposait-on récemment, le prix du beurre baisserait bientôt; mettez la menace en pratique, vous créez une prime aux gens qui ne suivront pas le mouvement : ils auront du beurre, eux, pendant que vous vous en privez. De même pour la grève générale : si tous les ouvriers se croisaient les bras, la bourgoisie capitulerait, mais..

Le militarisme est mort sous sa forme la plus dangereuse, celle de pouvoir d'État : pouvoir occulte, influence de caste en Allemagne, essence même de l'État dans cette Autriche-Hongrie qui n'avait d'existence réelle que par une dynastie et une armée, pouvoir même de l'autocrate en Russie.

Réalisation simultanée des exigences du droit des peuples, suppression — en gros — des irrédentismes.

Suppression du principal obstacle aux simultanéités, de l'égoïsme absolu des États, par la nécessité où les nations de l'Entente se sont trouvées, et se trouvent encore, de se maintenir en une association militaire, économique, financière, de fonder une Société de Nations, la masse principale de *la* future Société des Nations.

Triomphe d'une coalition non hégémonique, à plusieurs têtes, où les États prépondérants se limitent les uns les autres dans leurs ambitions, garantie pour la liberté de l'Europe, et que l'on n'aurait pas connue avec une victoire germanique.

Obligation de solidarité économique entre ennemis. On alimentera l'Allemagne, on lui fournira des matières premières, on respectera ses moyens de travail et d'organisation, non pas par humanité, mais sous l'aiguillon d'un besoin urgent des vainqueurs.

Ce qui fait, en effet, la valeur de ces réalisations, c'est qu'elles s'imposent indépendamment de la volonté et des passions des hommes, par la seule force irrésistible des faits.

Une telle situation n'avait jamais existé auparavant. Les hommes d'État échoueront à la compromettre tout à fait. Ils réussiront cependant à la compromettre jusqu'à un certain point, malgré leur bonne volonté ou même à cause d'elle. Car il n'y a rien de plus décevant que cette parole de l'Évangile : « Paix sur la terre aux hommes de bonne volonté » : c'est « guerre » ou « lutte » qu'il faudrait lire au lieu de « paix ». Pour être en paix, il faut s'accorder; on ne s'accorde qu'en faisant abstraction de ses passions; impassibles, les hommes n'auraient de volonté ni mauvaise ni bonne, ils auraient une volonté absente. Ils ne parviennent donc à des arrangements que par des compromis entre désirs, préjugés, idéaux, intérêts de toutes sortes, par des cotes *mal* taillées; on les aurait appelées « bien taillées » si elles avaient pour effet ordinaire de promettre aux satisfactions une part plus grande qu'aux mécontentements.

Et la situation n'est pas parfaite, il s'en faut! bien qu'on en exagère grandement la noirceur, quand on dit, par exemple, que la Révolution n'a rien changé en Allemagne. Je ne vois vraiment pas cependant comment pourrait renaître le féodalisme prussien, la domination occulte de la caste militaire des Junkers; si passif qu'il soit, le peuple allemand ne pourra pas se sentir disposé à reprendre le joug insupportable que ce régime représentait pour lui; il n'a pas su s'en débarrasser tout seul, répliquera-t-on; il a fallu la défaite; assurément, mais entre subir une gêne sans avoir le courage de s'en affranchir, et s'y soumettre de nouveau lorsqu'elle a disparu et qu'on a les moyens d'empêcher son retour, il y a une nuance. Le nationalisme allemand que l'on peut raisonnablement redouter diffère du féodalisme prussien; il sera démocratique; c'est une atténuation du péril.

La chance la plus sérieuse de paix du côté de l'Allemagne c'est que sa force économique persistera envers et contre tous, parce que dans l'intérêt de tous, pendant l'éclipse de sa force militaire. Celle-ci paraîtra donc inutile à celle-là, donc, tout compte fait, nuisible.

C'est en ce qui concerne le bolchevisme que les prévisions sombres sont le plus légitimes. La Russie bolchevique n'entrera pas dans la Société des Nations et retardera tout règlement territorial de l'Europe orientale, et, par conséquent, l'achèvement réel du traité de paix.

Quand on entrera d'ailleurs vraiment dans l'ère bolchevique, laquelle se caractérise par un régime tout à fait distinct, celui de la dictature du prolétariat, les simultanéités seront de nouveau rompues, exactement comme elles le furent par l'avènement des démocraties et des nationalités. Des guerres se déchaîneront, pareilles aux guerres dites de Religion du xvie siècle. Mais le bolchevisme se heurtera aux difficultés d'organisation économique dans les pays très développés industriellement, de sorte que son règne durable n'est pas très certain. Vision d'avenir, un peu trop lointaine d'ailleurs, malgré les convulsions récentes.

En résumé, la situation est beaucoup plus propice aujourd'hui qu'avant la guerre à l'inauguration d'une ère de Paix réelle. On le doit aux combattants. Leur œuvre propre est accomplie, aussi complète, aussi parfaite que le rêve le plus exigeant eût pu la décrire d'avance. Si j'ai dit que la Grande Guerre est un fait historique, résultant d'un concours de circonstances si rare qu'il ne se retrouvera pas, je n'entends nullement la présenter comme un de ces hasards où l'action de l'âme humaine n'entre pour rien. Bien au contraire, elle a été essentiellement une affaire d'Idéal et de volonté. C'est parce que les soldats de l'Entente n'ont voulu céder ni à la mort qui les a fauchés par millions, ni à des souffrances d'enfer, ni aux pires moyens de terrorisme, ni à la démoralisation causée par une nombreuse série de défaites, qu'ils ont été vainqueurs, c'est parce que les populations civiles de l'Entente, quand elles étaient captives, n'ont pas voulu céder à l'épouvante employée par l'ennemi comme sytème de gouvernement, ni à la misère, ni à la famine, parce que les populations restées libres et leurs gouvernements n'ont pas voulu écouter les apôtres des paix de trahison ou de compromis que les soldats ont pu achever leur œuvre de guerre à la guerre.

Si la France, pierre d'attente de la victoire, accablée par l'ennemi de coups de masse, n'avait résisté, ni les Britanniques, ni les Américains n'eussent pu concourir avec elle à l'affranchissement du monde. Elle n'a jamais été aussi grande.

Et maintenant, tout ce que le plus sublime héroïsme pouvait faire est fait.

Il n'appartient plus qu'à quelques dizaines d'hommes d'Etat d'empêcher, par leurs paroles et leurs écritures, que les morts innombrables aient atteint le seul but égal à leur sacrifice : l'abolition à jamais de la grande horreur.

C'est pourquoi je ne me hasarderai pas à prophétiser l'avènement de la Grande Paix. Les hommes d'Etat sont myopes, encore plus que nous autres, simples mortels, qui pourtant ne voyons pas loin, car ils sont contraints à ne scruter qu'un horizon politique très proche que notre condition nous permet de dépasser.

Et à quoi bon prophétiser? C'est après notre mort qu'on verra si la Grande Paix est venue; nous ne serons plus là pour recevoir des faits le démenti ou la confirmation de notre opinion; ayons celle que nous voudrons, elle sera toujours bonne, et c'est ce qui lui enlève toute valeur.

Je ne puis cependant me défendre d'affirmer, et je souhaite avoir montré, que de graves obstacles au régime de la paix définitive ont été écartés et qu'il est raisonnable d'espérer.

FIN

TABLE DES MATIÈRES

Avant-Propos.. 1

PREMIÈRE PARTIE

LA GUERRE EST-ELLE UNE LOI NATURELLE

CHAPITRE I. — Sens de la question : la guerre est-elle une loi naturelle?

§ 1. — Ni la Guerre ni la Paix ne représentent une loi universelle, sinon par métaphore. 3
§ 2. — La Guerre est-elle une loi naturelle? Cette question revient à la suivante : la Guerre se range-t-elle parmi les faits scientifiques ou parmi les faits accidentels ou historiques? 6
§ 3. — Si la Guerre est une loi naturelle, un fait scientifique, c'est comme agent général de sélection dans le monde animal. 10

CHAPITRE II. — La lutte pour la vie et la sélection naturelle.

§ 1. — La lutte pour la vie n'est qu'un concours de survivance 13
§ 2. — La lutte biologique pour la vie ne prend jamais, sauf de rares exceptions, la forme de lutte violente entre groupes d'animaux. 15

§ 3. — La lutte meurtrière entre groupes d'animaux est le contraire de la concurrence vitale. 16
§ 4. — Pourquoi la guerre est à peu près absente du monde animal. 18
§ 5. — La sélection naturelle. 20
§ 6. — Le combat sexuel. 23

CHAPITRE III. — La Guerre chez les Bêtes.

§ 1. — Les chiens des villes d'Orient. 25
§ 2. — Les Abeilles. 27
§ 3. — Les Mélipones. 28
§ 4. — Les Fourmis. — Guerres esclavagistes. 31
§ 5. — Les Fourmis. — Guerres ordinaires 32
§ 6. — Quelques conséquences à tirer de la Guerre chez les Bêtes. 34

CHAPITRE IV. — La « Question des Races ».

§ 1. — Position moderne de la « Question des Races ». . . 38
§ 2. — Bref historique de la genèse de la « Question des Races ». 41
§ 3. — Gobineau. L'Aryanisme historique. 45
§ 4. — Le « germanisme » allemand. 50
§ 5. — L'Aryanisme sans Aryens. M. Vacher de Lapouge . 52
§ 6. — L'Anthroposociologie. 57
§ 7. — La Race « historique ». Professeur Gumplowitz, Docteur Gustave Le Bon. 60
§ 8. — Théorie de la similitude foncière des races humaines. 64

CHAPITRE V. — Les Races et la Science.

§ 1. — Les Races et l'Anthropologie. 66
§ 2. — Métissage des Races 69
§ 3. — Races, Nationalités, domaines linguistiques. . . . 71
§ 4. — Psychologie des Races. 73
§ 5. — La langue et la nationalité produisent l'illusion de la race, le milieu l'illusion de l'hérédité. 81

CHAPITRE VI. — Valeur indifférente de la Guerre pour la sélection des races humaines.

§ 1. — Les guerres de race ne sont ni plus fréquentes ni plus violentes que les autres. 84
§ 2. — La guerre et la sélection des races humaines. . . . 88

CHAPITRE VII. — La Guerre n'est pas une loi naturelle. Comment il faut la considérer. 92

DEUXIÈME PARTIE

LES PERSONNALITÉS COLLECTIVES, LEURS PASSIONS, CAUSES DES GUERRES.

CHAPITRE I. — Psychologie collective

§ 1. — La personnalité collective. 97
§ 2. — La dualité humaine. 101
§ 3. — Aperçus généraux du champ d'études de la psychologie collective. 108
§ 4. La mort d'un soldat. Exemple du dévouement de l'*homme-abeille* à sa ruche humaine. 117

CHAPITRE II. — L'Évolution des sociétés politiques.

§ 1. — Cités et empires anciens. 121
§ 2. — Rome. 125
§ 3. — L'État d'Ancien Régime. 128
§ 4. — L'État moderne. 130
§ 5. — Les Nationalités. 132
§ 6. — Les Confédérations. 139
§ 7. — L'Empire d'Allemagne. 140
§ 8. — Concentration, dissolution. 145

CHAPITRE III. — L'Opinion.

§ 1. — Qu'est-ce que l'opinion?.................. 148
§ 2. — Caractères de l'opinion.................. 152
§ 3. — Formation de l'opinion par la parole.......... 157
§ 4. — Formation de l'opinion par l'écriture......... 160
§ 5. — Évolution de l'opinion................... 163
§ 6. — Pouvoir de l'opinion.................... 169

CHAPITRE IV. — La Haine entre les Peuples.

§ 1. — La xénophobie animale élémentaire.......... 173
§ 2. — La xénophobie animale chez l'homme......... 177
§ 3. — La Haine entre les peuples ne correspond aujourd'hui qu'à un antagonisme d'Idéals............ 181
§ 4. — Les haines internationales et la Guerre, les sympathies internationales et la Paix................ 187

CHAPITRE V. — La passion belliqueuse. Le Militarisme.

§ 1. — L'amour du combat. La guerre sportive........ 193
§ 2. — La gloire militaire...................... 200
§ 3. — Le Militarisme........................ 204
§ 4. — Variétés et évolution du militarisme. Le militarisme prussien.............................. 208

CHAPITRE VI. — Nationalisme. Impérialisme.

§ 1. — Leur différence : esprit de conservation, esprit d'expansion............................. 214
§ 2. — Comment se rejoignent le nationalisme et l'impérialisme : l'égoïsme national.................. 217
§ 3. — L'impérialisme monarchique.............. 220
§ 4. — Évolution de l'égoïsme d'État.............. 223
§ 5. — Sentiments et intérêts nationaux............ 228
§ 6. — L'impérialisme de race ou colonial........... 232

CHAPITRE VII. — Le Patriotisme.

§ 1. — Les Patries, le Patriotisme et la Guerre.......... 234
§ 2. — Les patries sont des faits, pour le moment, irréductibles.. 237
§ 3. L'Évolution du patriotisme.................. 240
§ 4. Loyalisme et patriotisme. Leur conciliation est le grand problème de la paix....................... 252

CHAPITRE VIII. — Les causes économiques des guerres

§ 1. — La guerre économique chez les bêtes......... 258
§ 2. — Évolution du point de vue économique dans les guerres.. 262
§ 3. — L'ère actuelle est essentiellement l'ère économique. La paix représente, dans cette ère, l'intérêt économique fondamental....................... 267
§ 4. — L'illusion économique................... 271
§ 5. — Des passions qui interviennent derrière les causes économiques des guerres....................... 276
§ 6. — Le seul intérêt économique de la guerre : supprimer la guerre.. 282

TROISIÈME PARTIE

L'AVENIR DE LA GUERRE ET DE LA PAIX

CHAPITRE I. — Évolution générale des causes de guerre.

§ 1. — Est-il possible ou impossible de supprimer les guerres? Comment se pose cette question......... 285
§ 2. — Progrès de l'importance des causes morales.... 288
§ 3. — Effets de l'évolution moderne sur l'augmentation et la diminution des causes de guerre................ 291

CHAPITRE II. — Le Problème de la Paix.

§ 1. — L'évolution des causes de guerre et le problème de la paix 300
§ 2. — Le cercle vicieux de l'organisation mondiale. 306
§ 3. — Le problème du droit de souveraineté. 311

CHAPITRE III. — Le Droit des Peuples.

§ 1. — Le Droit et la Force. 318
§ 2. — Les droits. Leur conflit. 324
§ 3. — Le Droit des Peuples est la seule base juridique possible d'un droit international. 327
§ 4. La valeur « réaliste » du Droit des Peuples. 337

CHAPITRE IV. — La Solution du Problème de la Paix.

§ 1. — Le régime de la paix stable ne peut être inauguré que par une grande liquidation 346
§ 2. — La Grande Guerre, seule occasion de tuer la Guerre. 349
§ 3. — La paix d'hégémonie ou paix germanique. La victoire de l'Entente *ne peut pas* amener une paix d'hégémonie. 351

CHAPITRE V. — La Société des Nations.

§ 1. — La Société des Nations considérée avant et après la Guerre. 356
§ 2. — L'Arbitrage entre Nations. 359
§ 3. — La Police de la Société des Nations. 361
§ 4. — Le désarmement. 364
§ 5. — La liberté des mers. 366
§ 6. — Fondation et développement de la Société des Nations. 371

CHAPITRE VI. — Réflexions sur les Clauses générales de Paix.

§ 1. — De quelques difficultés du traité de paix. Le problème de l'ex-Autriche-Hongrie. 377
§ 2. — Les colonies. 384
§ 3. — Les clauses économiques. 385
§ 4. — Les clauses de justice « pénale » et réparatrice. . . 388
§ 5. — La solidarité économique entre vainqueurs et vaincus. 391
§ 6. — Des annexions. 396
§ 7. — Des garanties. 404
§ 8. — De la réconciliation entre les peuples. 410

CONCLUSION. — Y aura-t-il toujours des Guerres ? 417
Table des matières. 425

SAINT-DENIS. — IMP. J. DARDAILLON.

www.ingramcontent.com/pod-product-compliance
Lightning Source LLC
Chambersburg PA
CBHW072215240426
43670CB00038B/1494